"十四五"职业教育国家规划教材

人力资源和社会保障部技工教育和职业培训"十四五"规划教材

二手车鉴定与评估

（第二版）

主　编　李　敏

副主编　刘　岩　庞成立

U0361386

南京大学出版社

图书在版编目（CIP）数据

二手车鉴定与评估 / 李敏主编. —2 版. —南京：
南京大学出版社，2022.2(2024.12 重印)
ISBN 978 - 7 - 305 - 25371 - 3

Ⅰ. ①二… Ⅱ. ①李… Ⅲ. ①汽车－鉴定－高等职业
教育－教材②汽车－价格评估－高等职业教育－教材
Ⅳ. ①U472.9②F766

中国版本图书馆 CIP 数据核字(2022)第 032080 号

出版发行　南京大学出版社
社　　址　南京市汉口路 22 号　　邮　编　210093
书　　名　二手车鉴定与评估
　　　　　ERSHOUCHE JIANDING YU PINGGU
主　　编　李　敏
责任编辑　吴　华　　　　　　编辑热线　025 - 83596997

照　　排　南京开卷文化传媒有限公司
印　　刷　南京人民印刷厂有限责任公司
开　　本　787 mm×1092 mm　1/16　印张 15.75　字数 383 千
版　　次　2022 年 2 月第 2 版　　2024 年 12 月第 3 次印刷
ISBN　978 - 7 - 305 - 25371 - 3
定　　价　48.00 元

网　　址：http://www.njupco.com
官方微博：http://weibo.com/njupco
微信服务号：njuyuexue
销售咨询：(025)83594756

扫一扫可免费获取教学资源

前　言

随着中国汽车市场的逐步发展和成熟，二手车市场的交易量和交易规模也逐步提升，国内二手车交易量从 2011 年的 433 万辆增长到 2021 年 1 758.5 万辆，二手车交易规模从 2 110 亿元增长到 11 316.9 亿元，这充分证明了二手车已被越来越多老百姓所接受，未来我国的二手车市场前景将十分广阔。伴随着行业的飞速发展，二手车相关的政策法规也逐步完善。2014 年推出了《二手车鉴定评估技术规范》国家标准。目前现行的《二手车流通管理办法》已于 2017 年进行修订。2021 年国家发布了《关于推进二手车交易登记跨省通办便利二手车异地交易的通知》，为二手车转移登记提供了极大的便利。2022 年，商务部在《关于搞活汽车流通扩大汽车消费的若干措施》中要求全面取消二手车限迁政策。在《关于支持在条件成熟地区开展二手车出口业务的通知》中推出首批二手车出口试点地区，进一步扩大二手车出口规模。

伴随行业政策的不断完善，教材编写应与时俱进。二十大报告强调深入实施科教兴国战略，强化现代化建设人才支撑。而二手车人才培养和行业发展存在脱节，人才缺乏问题仍然严重，高级二手车鉴定评估师更是供不应求。所以，加强二手车鉴定评估师人才的培养势在必行。本教材坚持落实立德树人根本任务，有效融入课程思政，认真贯彻党的二十大精神，为二手车行业培养综合素质过硬的高层次人才。

本教材坚持职教特色，编写实时跟踪二手车鉴定评估政策法规与市场形势的最新变化，参考汽车职业教育相关的教学计划与课程标准，按专业培养目标强化学生职业素养养成和专业技术积累，以基础适度、实用、够用为原则，进行内容重构。本书作为基于工作过程的理实一体化教材，将典型实例和课程思政贯穿全书，可以很好地应用于课程项目教学。本书还配备了覆盖全面的文本资源（课程标准、PPT 课件、教学设计书、思政案例、任务工单和配套习题等）和形式多样的数字化资源（微课、操作视频、二维动画、思政素材库等），满足在校学生和社会人员多样化的学习需求。

本书由大连职业技术学院李敏任主编，并对全书统稿。大连职业技术学院刘岩、庞成立担任副主编，其中李敏负责项目二、三、五、六的编写，刘岩负责项目四的编写，庞成立负责项目一的编写。在本书编写过程中，大连优士得二手车估价公司胡嵩和大连易捷汽车服务有限公司王信罡全程参与和指导。

本书第一版入选"十三五"职业教育国家规划教材，改版后又入选"十四五"职业教育国家规划教材及人力资源和社会保障部技工教育和职业培训"十四五"规划教材。在编写过程中，引用了许多文献资料，在此，全体编者向所有原作者们表示衷心的感谢！由于作者水平有限，书中难免有错误和不当之处，诚请专家和广大读者批评指正。

编　者
2023 年 7 月

目　录

项目 一

二手车鉴定评估概述

 **学习目标**

1. 解释二手车相关概念及其鉴定评估八要素；
2. 阐释二手车鉴定评估机构职能和二手车鉴定评估师要求；
3. 准确寻找和识别车辆 VIN 的能力，识别各种品牌车型、年款的能力；
4. 理解汽车的使用寿命及其影响因素，从中认识到事物发展的一般规律；
5. 理解并认可汽车报废标准相关政策，培养绿色环保、循环经济意识；
6. 了解本区域和全国性的二手车行业动态和发展趋势，结合国外行业发展，培养爱国情感和勇担时代责任的意识。

任务一　二手车鉴定评估基础

一、二手车的概念

二手车英文为 Second Hand Vehicle，译为"第二手的汽车"，在中国也称为"旧机动车"。目前二手车已理解成"用过的汽车"，即不单指第一次转让的车辆，也有可能是被多次转让的车辆。商务部、公安部、工商总局、税务总局令 2005 年第 2 号《二手车流通管理办法》第二条给出了二手车的定义。所谓二手车是指从办理完注册登记手续到达到国家强制报废标准之前进行交易并转移所有权的汽车（包括三轮汽车、低速载货汽车，即农用运输车）、挂车和摩托车。

在国外，二手车确实不等于旧机动车，我国目前体现得不充分，不少国家对新车销售年限有严格的规定。比如国外年生产 600 万辆新车，只卖掉了 500 万辆，那么剩下的 100 万辆车过了规定的新车销售时间，便不能再进入新车的渠道销售，这些车只能进入拍卖场，归入二手车范围。

二、二手车鉴定评估的相关概念（扫项目一二维码，见视频 1-1）

1. 二手车鉴定

二手车鉴定是指有鉴定评估资格的人员，按照特定的目的，遵循法定或公允的标准程序，运用科学的手段和方法，对二手车进行手续查验，对车辆的技术状况进行检测的过程。

2. 二手车评估

二手车评估是指有鉴定评估资格的人员,经过对二手车鉴定之后,对二手车现时价格进行的预测过程。

3. 二手车鉴定评估

二手车鉴定评估实质是由鉴定和评估两个过程组成的,而实际工作中没有严格的界限,因此,统称为二手车鉴定评估。为了方便理解和运用,二手车鉴定评估又可定义为:由专门的鉴定评估资格人员,按照特定的目的,遵循法定或公允的标准程序,运用科学的手段和方法,对二手车进行技术鉴定,并根据鉴定结果对二手车在鉴定评估基准日的价值进行评定估算的过程。

4. 二手车交易

二手车交易是指以二手车为交易对象,在国家规定的二手车交易市场或其他经合法审批的交易场所中进行的二手车的商品交换和产权交易。相关的二手车经营行为还包括二手车经销、拍卖、经纪、鉴定评估和置换等。

5. 二手车交易市场

二手车交易市场是指依法设立、为买卖双方提供二手车集中交易和相关服务的场所。它具有中介服务商和商品经营者的双重属性。目前国外二手车市场相对比较成熟,如美国、日本、德国等。而我国的二手车市场处于快速增长的阶段,由单一集贸式向品牌专卖、拍卖、经纪公司等多种经营模式发展。国内外二手车市场的交易方式和特点可扫项目一二维码,见视频1-2。

三、二手车评估的基本要素

1. 二手车鉴定评估的主体

二手车鉴定评估的主体是指二手车鉴定评估业务的承担者,即从事二手车鉴定的评估机构及专业评估人员。二手车鉴定评估机构是由专业汽车鉴定评估人员构成的。

2. 二手车鉴定评估的客体

二手车鉴定评估的客体是指被评估的车辆,它是鉴定评估的具体对象。

3. 二手车鉴定评估的依据

二手车鉴定评估的依据是指评估工作所遵循的法律、法规、经济行为文件以及其他参考资料。一般包括行为依据、法律依据、产权依据和价格依据四部分。

(1) 行为依据

行为依据是指实施二手车鉴定评估的依据。一般包括经济行为成立的有关决议文件以及评估当事方的评估业务委托书。

(2) 法律依据

法律依据是指二手车鉴定评估所遵循的法律法规,其主要包括《国家资产评估管理办法》《国有资产评估管理办法实施细则》《汽车报废标准》《中华人民共和国机动车登记规定》《汽车报废管理办法》《汽车产业发展政策》《二手车流通管理办法》《机动车运行安全技术条件》以及其他方面的政策法规。

（3）产权依据

产权依据是指表明机动车权属证明的文件，主要包括机动车来历凭证、《机动车登记证书》《机动车行驶证》《出租车营运证》《道路营运证》等。

（4）价格依据

价格依据是指实施二手车鉴定评估的机构或人员，在评估工作中直接或间接取得或使用对二手车鉴定评估有借鉴或佐证作用的资料。价格依据有两方面：历史依据和现实依据。历史依据主要是二手车辆的账面原值、净值等资料，它具有一定的客观性，但不能作为评估的直接依据；现实依据是以基准日这一时点的现时条件为准，即现时的价格、现时的车辆功能状态等。

4. 二手车鉴定评估的目的

二手车鉴定评估的目的是为了正确反映二手车的价值及变动，为将要发生的经济行为提供公平的价格尺度。在二手车鉴定评估市场，二手车鉴定评估的主要目的可分为两大类：一类为变动汽车产权，另一类为不变动汽车产权。

（1）变动汽车产权

变动汽车产权是指车辆所有权发生转移的经济行为。它包括汽车的交易、置换、转让、并购、拍卖、投资、抵债和捐赠等。

① 车辆交易转让。二手车在交易市场上进行买卖时，买卖双方对二手车交易价格的期望是不同的，甚至相差甚远。因此，需要鉴定评估人员对被交易的二手车进行鉴定评估，评估的价格作为买卖双方成交的参考底价。

② 车辆置换。置换业务有两种情况。一种是以旧换新业务，另一种是以旧换旧业务。两种情况都会涉及对置换车辆的鉴定评估。车辆的置换业务直接关系置换双方的利益，所以需要鉴定评估师对预置换的车辆进行公平合理的鉴定评估，为置换双方提供现时价值依据。在我国的二手车市场，车辆的置换业务是一个崭新的业务，尤其是以旧换新业务，有着广阔的市场前景。

③ 车辆拍卖。拍卖是指以公开竞价的形式，将特定物品或者财产权利转让给最高应价者的买卖方式。对于公务车、执法机关罚没车辆、抵押车辆、企业清算车辆、海关获得的抵税车辆和私家车等，都需要对车辆进行鉴定评估，为拍卖车辆活动提供拍卖底价。

④ 其他。其他经济行为，如在企业发生联营、兼并、出售、股份经营或破产清算时，也需要对企业所拥有的汽车进行鉴定评估，以充分保证企业的资产权益。

（2）不变动汽车产权

不变动汽车产权是指车辆所有权未发生转移的经济行为。它包括汽车的纳税、保险、抵押、典当，事故车损和司法鉴定（海关罚没、盗抢、财产纠纷等）。

① 车辆保险。在对车辆进行投保时，所缴纳的保险费高低直接与车辆成本的价值大小有关。同样当被保险车辆发生保险事故，保险公司需要对事故进行理赔。为了保障保险双方的利益，需要对保险理赔车辆进行公平的鉴定评估。

② 抵押贷款。贷款人以机动车辆作为贷款抵押物，向银行进行贷款时，银行为了确保放贷安全，需要车辆鉴定评估机构对车辆进行准确的鉴定评估，并作为银行放贷的依据。而这种贷款安全性的高低在一定程度上取决于对抵押车辆评估的准确性。一般情况下，其估值要比市价略低。

③ 车辆典当。当车辆产权人要将车辆进行典当时,若典当双方对典当车辆的价值出现异议,为了保障典当业务的正常进行,可以委托二手车鉴定评估人员对典当车辆的价值进行评估,典当行以此作为放款的依据。当典当车辆发生绝当时,对绝当车辆的处理,同样也需要委托二手车鉴定评估人员为其提供鉴定评估服务。

④ 车辆担保。车辆担保是指车辆产权人用其拥有的机动车辆为他人或单位的经济行为进行担保时,需要二手车鉴定评估师对预担保车辆的价值进行公平评估,为担保人提供价值依据。

⑤ 司法鉴定。当事人遇到机动车辆诉讼时,可以委托鉴定评估师对车辆进行评估,有助于把握事实真相。同时,法院在判决时,可以依据鉴定评估师的结论为法院司法裁定提供现时价值依据。此外评估机构亦接受法院等司法部门或个人的委托鉴定和识别走私车、盗抢车、非法拼装车等非法车辆。

在接受车辆评估委托时,明确车辆的评估目的,十分重要。对车辆的鉴定评估是一种市场价格的评估,所以对客户提出不同的委托目的,需要采用不同的评估方法。对于同一辆车,由于不同的评估目的,其评估出来的结果可能会有所不同。

5. 二手车鉴定评估的原则

二手车鉴定评估工作的原则是对二手车鉴定评估行为的规范,是调解车辆评估当事人各方关系、处理鉴定评估业务的行为准则。评估的基本原则主要包括:

(1) 公平性原则

公平性原则是二手车鉴定评估工作人员应遵守的最基本的道德规范。鉴定评估人员的思想作风、工作态度应当公正无私。评估结果应该是公正、合理的,而绝对不能偏向任何一方

(2) 独立性原则

独立性原则是要求二手车鉴定评估工作人员应该依据国家的有关法规和规章制度及可靠的资料数据,对被评估的二手车价格做出合理评定。不应受外界干扰和委托者意图的影响,从而使评估公正客观地进行。

(3) 客观性原则

客观性原则是指评估结果应以充分的事实为依据。它要求对二手车计算所依据的数据资料必须真实,对技术状况的鉴定分析应该真实客观。为此,应加大仪器检查项目,使检测结果更加科学。

(4) 科学性原则

科学性原则是指在二手车评估过程中,必须根据评估的特定目的,选择适用的评估标准和方法,使评估结果准确合理。

(5) 专业性原则

专业性原则要求鉴定评估人员接受国家专门的职业培训,经职业技能鉴定合格后由国家统一颁发执业证书,持证上岗。

(6) 可行性原则

可行性原则亦称有效性原则。要想使鉴定评估的结果真实可靠又简便易行,就要求鉴定评估人员是合格的,具有较高的素质;评估中利用的资料数据是真实可靠的;鉴定评估的程序与方法是合法的、科学的。

6. 二手车鉴定评估的程序

二手车鉴定评估作为一个重要的专业领域,情况复杂、作业量大。在进行二手车鉴定评估时,应分步骤、分阶段地实施相应的工作。从专业评估角度而言,二手车鉴定评估大致要经历以下几个阶段:

(1)接待客户、明确评估的基本事项

接待客户具体应该了解的内容包括:

① 客户基本情况。客户基本情况包括车辆权属和权属性质。

② 客户要求。客户要求的评估目的、期望使用者和完成评估的时间。

③ 车辆使用性质。了解车辆是生产营运车辆还是生活消费车辆。

④ 车辆基本情况。车辆基本情况包括车辆类别、名称、型号、生产厂家、初次登记日期、行驶里程数、所有权变动或流通次数、落籍地和技术状态等。

(2)验明车辆合法性

验明车辆合法性主要应该检查:

① 来历和处置的合法性。查看《机动车登记证》或产权证明。

② 使用和行驶的合法性。检查手续是否齐全、真实和有效,是否通过年检,检查《机动车行驶证》登记的事项与行驶牌照和实物是否相符。

(3)鉴定委托协议

根据鉴定评估的要求,二手车鉴定评估工作需要与委托方鉴定评估委托协议书,并向委托方收集有关资料、了解情况。鉴定评估协议应写明的内容有:

① 委托方和二手车交易市场的名称、住所、工商登记注册号、上级单位、二手车鉴定评估师资格类型及证件编号。

② 鉴定评估目的、汽车类型和数量。

③ 委托方需做好的基础工作和配合工作,提供汽车的相关资料和信息。

④ 鉴定评估工作的起止时间。

⑤ 鉴定评估收费金额及付款方式。

⑥ 反映协议双方各自的责任、权利、义务以及违约责任的其他内容。

涉及国有资产占有单位要求申请立项的二手车鉴定评估业务,应由委托方提供国有资产管理部门关于评估立项申请的批复文件,方能接受委托,签署委托协议书。一旦评估机构接受委托,双方签订委托书,明确双方在评估活动中各自的权利、责任和义务,也就完成了评估的委托程序。

(4)拟订鉴定评估计划

二手车鉴定评估机构要根据评估项目的规模大小、复杂程度和评估目的制订评估计划,以便保证在预计时间内完成评估项目。评估人员应当重点考虑以下因素:

① 被评估车辆和评估目的。

② 评估风险、评估业务的规模和复杂程度。

③ 相关法律、法规及宏观经济近期的发展变化对评估对象的影响。

④ 被评估车辆的结构、类别、数量和分布。

⑤ 与评估有关资料的齐全情况及变现的难易程度。

⑥ 评估小组成员的业务能力、评估经验及其优化组合。

⑦ 对专家及其他评估人员的合理使用。

（5）二手车技术状况的现场勘察

现场勘察是在核查委托人提供的被委托车辆的资料后，进行车辆的技术鉴定工作，填写二手车鉴定评估登记表。主要内容包括：结构特点、工作性质、工作条件、现实状态、事故情况、现实技术状况等。

（6）市场调查与资料搜集

进行市场调查与资料搜集的目的是确定被评估车辆的现行市场价格。进行市场询价时，应重点做好如下工作：

① 确定被评估车辆的基本情况，如车辆类型、厂牌型号、生产厂家和主要技术参数等。

② 确定询价参照对象及询价单位（询价单位名称、询价单位地址、询价方式、联系电话等），并将询价参照对象情况与被评估车辆基本情况进行比较，在两者相一致的情况下，询到的市场价格才是可比的和可行的。

③ 确定询价结果。市场调查和询证资料经过整理，就可以编制成车辆询价表，车辆询价表也是二手车鉴定评估主要的工作底稿之一。

（7）评定估算

评定估算是评估机构的评估人员在查勘检验的基础上，根据评估的特定对象和目的，选择适当的评估方法，本着客观、公正的原则对汽车进行估算，确定评估结果。

（8）撰写评估报告

对鉴定评估依据的参数再进行一次全面的核对，在重新核对无误的基础上，撰写评估报告书。评估报告中必须包括的内容是：估价的依据、鉴定估价的目的、评估范围和评估基础准确时间、评估前提和鉴定估价结论等。

（9）归档工作底稿

7. 二手车鉴定评估的标准

评估的标准是指评估计价时选用的价值类型。选用何种评估标准评估汽车，是由评估的目的决定的。

（1）现行市价标准

现行市价标准是指以类似被评估车辆在公开市场的交易价格为基础，根据被评估车辆的实际技术状况进行修正，从而评定被评估车辆现行价值的一种计价标准。

现行市价标准适用的前提条件有以下两个：

① 需要存在一个充分发育、活跃、公平的二手车交易市场。

② 与被评估车辆相同或类似的车辆在市场上有一定的交易量，能够形成市场行情。

（2）重置成本标准

重置成本标准是指在现时条件下，通过按功能重置被评估车辆来确定被评估车辆现时价值的一种计价标准。重置成本的构成与历史成本一样，都是反映车辆在购置、运输、注册登记等过程中所支出的全部费用，但重置成本是按现有技术条件和价格水平计算的。

重置成本标准适用的前提是车辆处于在用状态，一方面反映车辆已经投入使用；另一方面反映车辆能够继续使用，对所有者具有使用价值。

（3）收益现值标准

收益现值标准是指根据被评估车辆未来将产生的预期收益,按适当的折现率将未来收益折算成现值,以评定被评估车辆现时价值的一种计价标准。在折现率相同的情况下,车辆未来的效用越大,获利能力越强,其评估值就越大。投资者购买车辆时,一般要进行可行性分析,只有在预期回报率超过评估时的折现率时,才可能支付货币购买车辆。收益现值标准适用的前提条件是车辆投入使用后可连续获利。

（4）清算价格标准

清算价格是指在非正常市场上限制拍卖的价格。它与现行市价相比,两者的根本区别在于:现行市价是公平市场价格;而清算价格是非正常市场上的拍卖价格,这种价格由于受到期限限制和买主限制,一般大大低于现行市价。清算价格标准适用于企业破产清算,以及因抵押、典当等不能按期偿债而导致的车辆变现清偿等汽车评估业务。

8. 二手车评估的方法

二手车评估方法按照国家规定分为现行市价法、收益现值法、清算价格法和重置成本法等四种方法。

（1）现行市价法

现行市价法又称市场法、市场价格比较法。通过比较被评估车辆与最近售出类似车辆的异同,并将类似车辆的市场价格进行调整,从而确定被评估车辆价值的一种评估方法。

（2）收益现值法

收益现值法,是将被评估的车辆在剩余寿命期内用适用的折现率折现为评估基准日的现值,并以此确定评估价格的一种方法。

（3）清算价格法

清算价格法,是以清算价格为标准,对二手车辆进行价格评估。清算价格是指企业由于破产或其他原因,在一定的期限内将车辆变现,在企业清算之日预期出售车辆可回收的快速变现价格。

（4）重置成本法

重置成本法,是指在现时条件下重新购置一辆全新状态的被评估车辆所需的全部成本减去该被评估车辆的各种陈旧贬值后的差额作为被评估车辆现时价格的一种评估方法。

四、二手车鉴定评估的基本条件

1. 二手车鉴定评估的特点

① 二手车鉴定评估以技术鉴定为基础。

② 二手车鉴定评估都以单台为评估对象。

③ 二手车鉴定评估要考虑其手续构成的价值。

2. 二手车鉴定评估的基本假设

二手车鉴定评估的基本假设有三个,即继续使用假设、公开市场假设和清算假设。设定假设形式的目的在于反映被评估物在评估时的状态及其条件。相同的评估对象在不同的假设条件下,需采用不同的评估标准和评估方法,其评估结果往往差别很大。

（1）继续使用假设

在评估中,继续使用假设是将按现行用途继续使用,或将转换用途继续使用。这一假设的核心是强调车辆对未来的有效性。

在采用继续使用假设时,需考虑以下几个条件:

① 车辆尚有显著的剩余使用寿命。这是继续使用假设最基本的前提要求。

② 车辆能用其提供的服务或用途满足所有者或占有使用者经营上期望的收益,这是投资者持有或购买车辆的前提条件。

③ 车辆所有权的明确,能够在评估后满足汽车交易或抵押等业务需要,这同时也是转换用途的前提条件。

④ 充分考虑车辆的使用功能,即无论车辆的现行用途,还是转换用途继续使用,都是在法律许可的范围内,按车辆的最佳效用使用。

⑤ 车辆从经济上或法律上允许转作他用。

(2) 公开市场假设

公开市场假设是假定被评估车辆可以在公开的市场上交易,价格取决于市场供求。采用这个假设前提,被评估车辆需要符合以下条件:

① 车辆公开出售和改变用途在法律上是允许的。

② 在公开市场上该车辆的交易比较普遍,既有一定的需求,也有一定的供给,存在着供需双方的竞争。

③ 车辆有一定的寿命。

④ 评估值不高于该车辆新建或购置的投资额。

被评估车辆的公开市场假设可以在完全竞争的交易市场上,按市场原则进行交易,其价格的高低取决于该车辆在公开市场上的行情。

(3) 清算假设

清算假设是假定被评估车辆的整体或部分在某种强制状态下进行出售,交易双方地位不平等,并要求在短时间内变现。因此,被评估车辆的评估价值一般低于继续使用假设和公开市场假设条件下的评估值。清算假设一般只适用于企业破产或停业清算等及时变现时的评估。

因此,二手车鉴定评估人员在评估业务活动中要充分分析和了解,判断认定被评估二手车最可能的效用,以便得出有效结论。

五、二手车鉴定评估机构

1. 二手车鉴定评估机构的职能

(1) 评估职能。二手车鉴定评估机构对二手车进行评估,得出评估结论,并说明得出结论的充分依据和推理过程,体现出其评估职能。评估职能是二手车鉴定评估机构的关键职能。

(2) 公证职能。二手车鉴定评估机构对二手车评估结论做出符合实际,可以信赖的证明。二手车鉴定评估机构之所以具有公证职能,是因为以下两点:

① 二手车鉴定评估人员有丰富的二手车评估知识和技能,在判断二手车评估结论准确与否的问题上最具资格和权威性。

② 作为当事人之外的第三方,二手车鉴定评估机构完全站在中立、公正的立场上就事论事、科学办事。

（3）中介职能。作为中介人，二手车鉴定评估机构以当事人之外的第三方身份从事二手车评估经营活动，不参与相关利益的分配。

2. 二手车鉴定评估机构的市场地位

二手车鉴定评估机构的市场地位是独立的，主要表现在以下三个方面：

① 不受利益机制所左右。

② 保持独立的判断标准和思维方式。

③ 评估结果的独立性。

六、二手车鉴定评估师

1. 职业简介

二手车鉴定评估师是指运用目测、路试及借助相关仪器设备对二手车的技术状况进行综合检验和检测，结合车辆相关文件资料对二手车的技术状况进行鉴定，并根据评估的特定目的，选择适用的评估标准和方法进行二手车价格评估工作的专业技术人员。

2. 申报条件与资格认证

我国实行二手车鉴定评估师职业资格和就业准入制度。从事二手车鉴定评估工作的人员，必须取得劳动和社会保障部颁发的二手车鉴定评估师职业资格证书。没有取得职业资格证书的人员，不得从事二手车鉴定评估工作。

（1）二手车鉴定评估师申报条件

详见表1-1。

表1-1 二手车鉴定评估师申报条件

条件分类	二手车鉴定评估师	二手车高级鉴定评估师
1. 文化条件	高中毕业，从事本行业工作5年以上	高中毕业，从事本行业工作8年以上
	中专毕业，非汽车专业，从事本行业工作4年以上；汽车专业，从事本行业工作2年以上	中专毕业，非汽车专业，从事本行业工作6年以上；汽车专业，从事本行业工作4年以上
	大专以上，非汽车专业，从事本行业工作2年以上；汽车专业，从事本行业工作1年以上	大专以上，非汽车专业，从事本行业工作5年以上；汽车专业，从事本行业工作3年以上
2. 驾驶水平	会驾驶汽车，并考取驾驶证	具有汽车驾驶证，驾龄不低于3年
3. 汽车性能判断能力	具有一定的车辆性能判断能力	具有较强的汽车性能判别能力
4. 汽车营销知识水平	具有一定的汽车营销知识	具有丰富的汽车营销知识和经验

（2）二手车鉴定评估师的资格认证

二手车鉴定评估师职业资格分为鉴定评估师和高级鉴定评估师两个等级。其考核颁证工作实行全国统一标准，即统一教材、统一命题、统一考核和统一证书。图1-1所示为二手车鉴定评估师证书。中华人民共和国人力资源和社会保障部负责全国二手车鉴定评估师职业资格制度的政策制定、组织协调和监督管理,并委托中华人民共和国人力资源和社会保障部职业技能鉴定中心和中国汽车流通协会具体组织实施。

图 1-1 二手车鉴定评估师证

3. 二手车鉴定评估师的要求

(1) 基本要求

① 职业道德要求。热爱本职工作,遵守职业道德,具有较高的政治素质和法制观念,从事业务要保证公平、公开,不得利用职业之便损害国家、集体和个人利益。

② 基础知识要求。二手车鉴定评估师应具备以下基础知识:

Ⅰ. 机动车结构和原理知识。

Ⅱ. 二手车价格及营销知识。

Ⅲ. 机动车驾驶技术。

Ⅳ. 国家关于二手车管理的政策及法规。

(2) 二手车鉴定评估师的技能要求

① 二手车鉴定评估师的技能要求。二手车鉴定评估师的技能要求见表 1-2。

表 1-2 二手车鉴定评估师的技能要求

职业功能	工作内容	技能要求	相关知识
一、评估准备	(一) 接受委托	1. 能介绍二手车鉴定评估程序 2. 能介绍二手车鉴定评估方法 3. 能签订二手车鉴定评估委托协议	1. 社交礼仪 2. 二手车鉴定评估委托协议使用方法
	(二) 核查证件、税费	1. 能确认被评估车辆及评估委托人的车辆来历凭证、机动车登记证书是否合法有效 2. 能核实被评估车辆税费缴纳情况 3. 能按要求对评估车辆进行拍照	1. 机动车证件类型 2. 机动车证件识别方法 3. 车辆税费种类 4. 车辆税费凭证识别方法 5. 拍照技巧

（续表）

职业功能	工作内容	技能要求	相关知识
二、技术状况鉴定	（一）静态检查	1. 能根据资料核对车辆基本情况 2. 能检查发动机技术状况 3. 能检查底盘技术状况 4. 能检查车身技术状况 5. 能检查电气电子技术状况 6. 能识别事故车辆	1. 机动车识伪检查方法 2. 发动机静态检查方法 3. 底盘静态检查方法 4. 车身静态检查方法 5. 电气电子静态检查方法 6. 事故车静态检查方法
	（二）动态检查	1. 能进行路试前的准备工作 2. 能动态检查机动车性能 3. 能进行路试后的检查工作	1. 机动车制动性能检查方法 2. 机动车动力性能检查方法 3. 机动车操纵性能检查方法 4. 机动车滑动性能检查方法 5. 机动车噪声废气检查方法
	（三）技术状况综合评定	1. 能分析二手车的技术状况 2. 能提出机动车检测建议 3. 能识读机动车综合性能检测报告	1. 机动车技术等级标准 2. 机动车技术状况分析方法 3. 机动车技术状况检测项目和内容
三、价值评估	（一）选择评估方法	1. 能区分评估类型 2. 能根据评估目的选定评估方法	1. 评估类型分析 2. 评估方法分类
	（二）评估计算	1. 能用重置成本法评估二手车价值 2. 能用现行市价法评估二手车价值 3. 能用收益现值法评估二手车价值 4. 能用清算价格法评估二手车价值	1. 重置成本法的计算模型和估算方法 2. 二手车贬值及其估算 3. 成新率确定方法 4. 现行市价法的评估流程和计算方法 5. 收益现值法的评估流程和计算方法 6. 清算价格法的基本方法
	（三）撰写二手车鉴定评估报告	1. 能与委托方交流，确认鉴定评估结论 2. 能编写二手车鉴定评估报告 3. 能归档二手车鉴定评估报告	1. 撰写二手车鉴定评估报告要求 2. 二手车鉴定评估报告要素 3. 二手车鉴定评估报告内容

② 二手车高级鉴定评估师的技能要求。二手车高级鉴定评估师的技能要求见表1-3。

表1-3 二手车高级鉴定评估师的技能要求

职业功能	工作内容	技能要求	相关知识
一、故障判断	（一）判断发动机常见故障	能判断发动机起动困难、怠速不良、动力不足、排烟异常、机油消耗异常、异响等故障原因	1. 发动机故障表现形式 2. 发动机故障诊断方法 3. 发动机传感器、执行器、电子控制器（ECU）检测方法
	（二）判断底盘常见故障	能判断传动系、转向系、行驶系、制动系等故障原因	1. 传动系、转向系、行驶系、制动系等故障表现形式 2. 传动系、转向系、行驶系、制动系等故障诊断方法

职业功能	工作内容	技能要求	相关知识
一、故障判断	（三）判断电器电子常见故障	1. 能判断蓄电池、发电机、起动机、空调、电子元件等故障原因 2. 能判断汽车起火自燃原因	1. 汽车电路常见故障 2. 汽车常见电器电子元件 3. 汽车电器电子故障诊断程序 4. 汽车电器电子检修常用仪表
	（四）判断对车价影响较大的故障	1. 能分析汽车故障与车价的关系 2. 能判断对车价影响较大的故障	1. 汽车维修配件价格相关标准 2. 汽车修理成本核算方法
二、高配置装置识别与技术状况鉴定	（一）发动机技术状况鉴定	1. 能识别和鉴定涡轮增压发动机 2. 能识别和鉴定多气门发动机	1. 电控燃油喷射结构原理 2. 涡轮增压装置结构原理 3. 多气门发动机结构原理
	（二）底盘高配置装置识别与技术状况鉴定	1. 能识别和鉴定动力转向装置 2. 能识别和鉴定防抱死制动系统（ABS） 3. 能识别和鉴定巡航控制装置	1. 自动变速器（AT）、无级变速器（CVT）结构原理 2. 动力转向装置结构原理 3. 防抱死制动系统（ABS）结构原理 4. 巡航控制装置结构原理
	（三）车身高配置装置识别与技术状况鉴定	1. 能识别和鉴定倒车雷达装置 2. 能识别和鉴定防盗装置 3. 能识别和鉴定汽车音响	1. 安全气囊结构原理 2. 倒车雷达装置结构原理 3. 防盗装置结构原理 4. 汽车音响结构原理 5. 电动天窗结构原理
三、专项作业车和大型客车鉴定评估	（一）专项作业车鉴定评估	1. 能判别专项作业车技术状况好坏 2. 能静、动态检查专项作业 3. 能评估专项作业车价值	1. 专项作业车分类、型号和技术指标 2. 专项作业车基本结构和技术参数
	（二）大型客车鉴定评估	1. 能判别大型客车技术状况好坏 2. 能静、动态检查大型客车 3. 能评估大型客车价值	1. 大型客车分类、型号和技术指标 2. 大型客车基本结构和技术参数
四、二手车营销	（一）二手车收购、销售、置换	1. 能确定二手车收购价格 2. 能确定二手车销售定价方法 3. 能制订二手车销售定价目标 4. 能确定二手车销售最终价格 5. 能制订二手车置换流程	1. 二手车收购评估方法 2. 二手车收购估价与鉴定估价的区别 3. 二手车销售定价应考虑的因素 4. 二手车营销实务 5. 二手车置换方法
	（二）二手车质量认证	能制订二手车质量认证流程	二手车质量认证内容
	（三）二手车拍卖	能确定二手车拍卖底价	1. 二手车拍卖方式 2. 拍卖相关法规 3. 二手车拍卖的运作过程

（续表）

职业功能	工作内容	技能要求	相关知识
五、事故车辆鉴定评估	（一）事故车辆的鉴定	1. 能检查事故车技术状况 2. 能鉴定事故车辆的损伤程度	车辆损伤类型
	（二）事故车辆的评估	1. 能对碰撞车辆进行评估 2. 能对泡水车辆进行评估 3. 能对火烧车辆进行评估	1. 损失项目的确定 2. 损失费用的确定
六、培训指导	（一）指导操作	能指导二手车鉴定评估师及从业人员进行实际操作	二手车鉴定评估实际操作流程
	（二）理论培训	能指导二手车鉴定评估师及从业人员进行理论培训	二手车鉴定评估师培训讲义编写方法

任务实施

一、任务目标与要求

1. 小组成员分工协作，利用网络、图书馆资料，依据任务工单分析制定工作计划，并通过小组自评或互评检查工作计划。

2. 了解其他发达国家二手车市场情况、二手车交易方式、交易特点。

3. 了解国内二手车市场情况，并针对国内二手车市场现状，提出合理建议，促进二手车市场健康有序发展。

二、准备工作

小组接受工作任务，组长带领组内成员阅读任务工单，查阅相关资料，合理分工，制定任务计算，并检查计划有效性。

项目	二手车市场分析			
任务	二手车市场分析		姓名	
班级		组号	日期	
任务目的	1. 了解其他发达国家二手车市场情况、二手车交易方式、交易特点。 2. 了解国内二手车市场情况，并针对国内二手车市场现状，提出合理建议，促进二手车市场健康有序发展。			

任务描述	按照学习领域课程安排,通过机房上网查阅资料,教师提供参考书、视频资料等教学资源,在教师指导下完成二手车市场分析这一教学任务。请分组查阅相关资料,了解发达国家二手车市场交易模式、交易特点等;了解国内二手车市场交易模式、交易特点,并针对国内二手车市场现状,请提出合理建议,促进二手车市场健康有序发展。
任务要求	通过教师的引导、自学和查找资料等方式,按照工作过程的完整性和连贯性(资讯—决策—计划—实施—检查)评估要求,逐步养成就业岗位的隐性工作方法,最终以小组协作形式完成二手车市场分析资料收集、记录、处理。
资讯	掌握二手车含义,了解美国二手车市场和国内二手车市场。
决策	每6人一组,每组选出一名负责人,负责人对小组任务进行分配,组员按负责人要求完成相关任务内容。 序号/个人职责(任务)/负责人 1 2 3 4 5 6
制定计划	根据任务内容制定任务计划,并反复修改、讨论工作方案。
任务实施	各小组成员按照制定的工作计划查阅相关资料,并进行总结。
检查评估	成果展示,小组自评与互评,并讨论、总结、反思学习过程中的不足,撰写工作报告并交流。

任务二　汽车基础知识

一、汽车分类及型号编制规则

(一)汽车分类

在 GB/T 3730.1—2001《汽车和挂车类型的术语和定义》中对汽车分类进行详细表述,将汽车细分为有动力的汽车、无动力的挂车以及由有动力的汽车和无动力的挂车组成的汽车列车,其中将有动力的汽车(下文简称"汽车")分为乘用车和商用车,如图1-2所示,扫码见视频1-3。

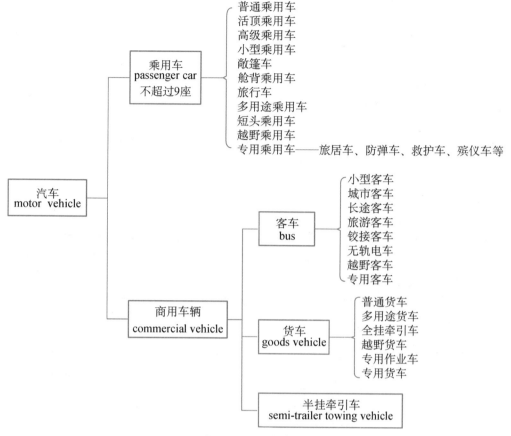

图 1-2 汽车类型

（二）汽车型号编制规则

目前我国汽车编制规则使用的是 GB/T 9417—1988《汽车产品型号编制规则》,该标准规定了编制各类汽车产品型号的术语及构成,并且适用于新设计定型的各类汽车和半挂车,不适用于军用特种车辆（如装甲车、水陆两用车、导弹发射车等）。

1. 汽车产品型号的构成

汽车产品型号由企业名称代号、车辆类别代号、主参数代号、产品序号组成,必要时附加企业自定代号,如图 1-3 所示。

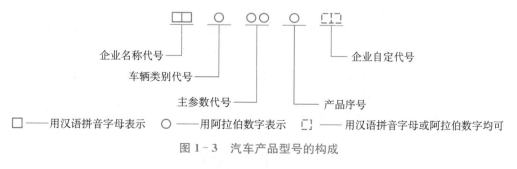

图 1-3 汽车产品型号的构成

对于专用汽车及专用半挂车还应增加专用汽车分类代号,如图 1-4 所示。为了避免与数字混淆,不应采用汉语拼音字母中的"I"和"O"。

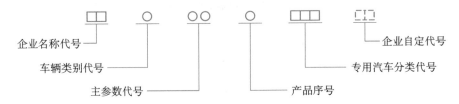

图1-4 专用汽车及专用半挂车的分类代号

2. 汽车产品型号的内容

(1) 企业名称代号

企业名称代号位于产品型号的第一部分,用代表企业名称的两个或三个汉语拼音字母表示。

(2) 车辆类别代号

各类汽车的类别代号位于产品型号的第二部分,用一位阿拉伯数字表示,见表1-4。

表1-4 各类汽车类别代号

车辆类别代号	车辆种类	车辆类别代号	车辆种类
1	载货汽车	5	专用汽车
2	越野汽车	6	客车
3	自卸汽车	7	轿车
4	牵引汽车	9	半挂车及专用半挂车

注:本表也适用于所列车辆的底盘。

(3) 主参数代号

各类汽车的主参数代号位于产品型号的第三部分,用两位阿拉伯数字表示。

① 载货汽车、越野汽车、自卸汽车、牵引汽车、专用汽车与半挂车的主参数代号为车辆总质量(t)。牵引汽车的总质量包括牵引座上的最大总质量。当总质量在100 t以上时,允许用三位数字表示。

② 客车及客车半挂车的主参数代号为车辆长度(m)。当车辆长度小于10 m时,应精确到小数点后一位,并以长度(m)值的十倍数值表示。

③ 轿车的主参数代号为发动机排量(L)。应精确到小数点后一位,并以其值的十倍数值表示。若一个轿车产品同时选装不同排量的发动机,且其变化范围大于10%时,允许企业以其中的一个排量为主参数,其他排量用企业自定代号加以区别。

④ 专用汽车及专用半挂车的主参数代号,当采用定型汽车底盘或定型半挂车底盘改装时,若其主参数与定型底盘原车的主参数之差不大于原车的10%,则应沿用原车的主参数代号。

⑤ 主参数的数字按GB 8170《数字修约规则》的规定。

⑥ 主参数不足规定位数时,在参数前以"0"占位。

（4）产品序号

各类汽车的产品序号位于产品型号的第四部分，用阿拉伯数字表示，数字由0,1,2,…依次使用。

当车辆主参数有变化，但不大于原定型设计主参数的10%时，其主参数代号不变；大于10%时，应改变主参数代号；若因为数字修约而主参数代号不变时，则应改变其产品序号。

（5）专用汽车分类代号

专用汽车分类代号位于产品型号的第五部分，用反映车辆结构和用途特征的三个汉语拼音表示。结构特征代号按表1-5的规定，用途特征代号按ZB/T50005规定，如图1-5所示。

表1-5 专用汽车结构特征代号

结构类型	结构特征代号	结构类型	结构特征代号
厢式汽车	X	特种结构汽车	T
罐式汽车	G	起重举升汽车	J
专用自卸汽车	Z	仓栅式汽车	C

图1-5 专用汽车用途特征代号

（6）企业自定代号

企业自定代号位于产品型号的最后部分，同一种汽车结构略有变化而需要区别时（例如汽油、柴油发动机，长、短轴距，单、双排驾驶室，平、凸头驾驶室，左、右置转向盘等），可用汉语拼音字母和阿拉伯数字表示，位数也由企业自定。供用户选装的零部件（如暖风装置、收音机、地毯、绞盘等）不属结构特征变化，应不给予企业自定代号。

3. 汽车产品型号示例

（1）EQ1141

EQ代表生产企业名称第二汽车制造厂，第一个1代表汽车类型为载货汽车，后面的14代表主参数为总质量14t，最后的1代表第二代产品。

（2）VF7160GIF

VF代表生产企业名称一汽大众汽车有限公司，7代表汽车类型为轿车，16代表主参数为排量1.6 L，0代表第一代产品，G代表发动机为每缸5气门，I代表发动机为电子喷射式，F代表第三代车身。

（三）发动机型号编制规则

1. 发动机型号组成

按GB/T 725—2008的规定，内燃机型号包括下列四部分，如图1-6所示。

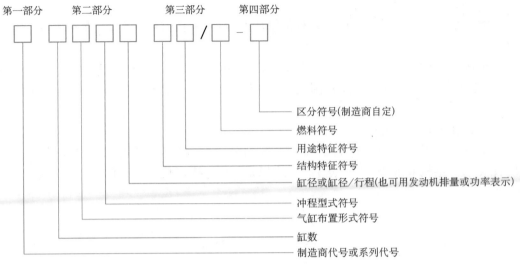

图 1-6 发动机型号的表示方法

第一部分:由制造商代号或系列符号组成。本部分代号由制造商根据需要选择相应1~3位字母表示。

第二部分:由气缸数、气缸布置型式符号、冲程型式符号、缸径符号组成。

① 气缸数用1~2位数字表示。

② 气缸布置型式符号按表1-6规定。

表 1-6 气缸布置型式符号

符号	含义	符号	含义
无符号	多缸直列及单缸	H	H 型
V	V 型	X	X 型
P	卧式		

注:其他布置型式符号见GB/T 1883.1。

③ 冲程型式为四冲程时符号省略,二冲程用 E 表示。

④ 缸径符号一般用缸径或缸径/行程数字表示,也可用发动机排量或功率数表示。其单位由制造商自定。

第三部分:由结构特征符号、用途特征符号组成,其符号分别按表1-7和表1-8的规定。

表 1-7 结构特征符号及含义

符号	结构特征	符号	结构特征
无符号	冷却液冷却	Z	增压
F	风冷	ZL	增压中冷
N	凝气冷却	DZ	可倒转
S	十字头式		

表 1-8 用途特征符号及含义

符号	用途	符号	用途
无符号	通用型及固定动力(或制造商自定)	D	发电机组
T	拖拉机	C	船用主机、右机基本型
M	摩托车	CZ	船用主机、左机基本型
G	工程机械	Y	农用三轮车(或其他农用车)
Q	汽车	L	林业机械
J	铁路机车		

注:内燃机左机和右机的定义按 GB/T726 的规定。

第四部分:区分符号。同系列产品需要区分时,允许制造商选用适当符号表示。第三部分与第四部分可用"-"分隔。

2. 发动机型号编制举例

(1) JC12V26/32ZLC——济南柴油机股份有限公司生产的 12 缸、V 型、四冲程、缸径 260 mm、行程 320 mm、冷却液冷却、增压中冷、船用主机、右机基本型柴油机。

(2) 492Q/P-A——四缸、直列、四冲程、缸径 92mm、冷却液冷却、汽车用(A 为区分符号)。

(3) G12V190ZLS——12 缸、V 型、缸径 190 mm、冷却液冷却、增压中冷、燃料为柴油/天然气双燃料(G 为系列代号)。

二、车辆识别代码与汽车标牌(扫码见视频 1-4)

(一) 车辆识别代号(VIN)

1. 车辆识别代码(VIN)的基本内容

目前世界各国汽车公司生产的汽车大部分使用了 VIN (Vehicle Identification Number)车辆识别代号。"VIN 车辆识别代号"由一组字母和阿拉伯数字组成,共 17 位,又称 17 位识别代号。它是识别一辆汽车不可缺少的工具,可以把它看作是汽车的身份证号码。

车辆识别代号由三个部分组成:第一部分,世界制造厂识别代号(WMI);第二部分,车辆说明部分(VDS);第三部分,车辆指示部分(VIS),如图 1-7 所示。

2. 正确查找和识别 VIN 码标牌

(1) 正确查找 VIN 码标牌

为了使车辆 VIN 码容易被查到,ISO 国际标准和各国的标准中都规定了 VIN 码标牌的固定位置,但各个国家规定的位置不尽相同。例如,美国规定 VIN 码应安装在仪表板左侧,在车外透过挡风玻璃可以清楚地看到,而欧盟则规定 VIN 码应安装在汽车右侧的底盘车架上或刻在车辆铭牌上。为防止车辆盗窃后的拆件交易,英国高速公路交通安全管理局(NHTSA)还规定,轿车、MPV 及轻型卡车的主要零部件(如发动机、变速器、保险杠、翼子板等)上必须标记车辆的 VIN 码。图 1-8 所示为各种车型主要零部件上的 VIN 码部位。

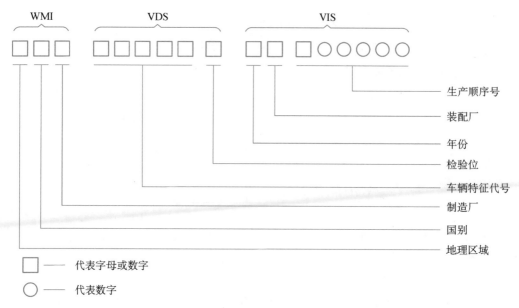

图 1-7　车辆识别代号

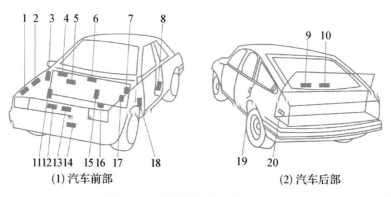

图 1-8　主要零部件上的 VIN 码

例如,宝马公司的 VIN 标牌位置为 1、2、15、17 位置,本田公司的 VIN 标牌位置为 6 和 8。

对大多数车辆而言,车辆识别代号均安装在汽车前半部易于看到且能防止磨损或替换的部位。如汽车仪表与风窗玻璃左下角交界处、发动机前横梁上、左前门边或立柱上、驾驶员左腿前方、前排左侧座椅下部、风窗玻璃下车身处等。VIN 码的安装部位详见图 1-9。

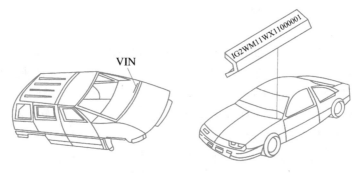

图 1-9　车辆识别代码安装部位示意图

（2）VIN码识别系统的使用

二手车仅仅通过VIN标牌不容易识别是否是该车真实身份,所以对于二手车的识别主要是查看打印在车身上的VIN(俗称车架号码)。

由于我国对机动车的管理是实行双码制,新车在车管所办理登记的时候就要提交车上的车辆识别代号和发动机号,为此汽车经销商还要把车上的车辆识别代号和发动机号人工拓印出来。车管所将拓印下来的编码放进档案内,当需要核实车辆身份时,就将档案内的拓码调出,跟现场拓码进行对比核对,字体大小、形状、间距完全一致才行。因此,作为一名合格的二手车鉴定评估师,不仅需要了解VIN信息,还要具备判断车架号码是否被改动的能力。

（二）汽车标牌

国家标准GB/T 18411—2001《道路车辆产品标牌》对于汽车标牌的形式、尺寸、位置、内容等做了明确的规定。图1-10为某汽车标牌的形式,上部为规定区,虚线下部为自由区。

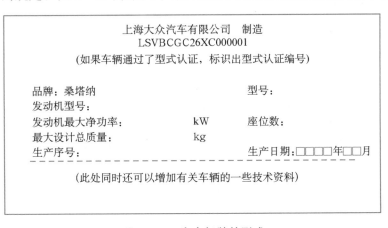

图1-10　汽车标牌的形式

1. 标牌的位置

标牌应位于汽车右侧,应位于不易磨损、替换和遮盖,并且易于观察处,且须在产品说明书中标明。

如果受汽车结构限制无法放置,亦可放在便于接近和观察的其他位置,例如:

（1）半承载式车身及非承载式车身汽车可置于右纵梁上。

（2）一厢式车身汽车可置于车身内部右侧。

（3）两厢式车身汽车或三厢式车身汽车可置于发动机室内右侧。

（4）客车标牌应置于车内前乘客门的前方。

2. 标牌的固定

（1）应永久地固定在不易拆除或更换的汽车结构件上。如车架、底盘或其他类似的结构件上。

（2）标牌应牢固、永久地固定,不损坏,不能拆卸,应保证标牌不能完整地被拆下移作他处使用。

3. 标牌的内容

标牌在规定区应标识出的内容要求如下:

（1）汽车制造厂厂标、商标或品牌的文字或图案。

（2）汽车制造厂合法的名称全称及备案的世界制造厂识别代号（WMI）。

（3）如果车辆通过了型式认证，应标识出型式认证编号。

（4）备案了的车辆识别代号（VIN 码）。

（5）汽车产品型号。

（6）发动机型号、最大净功率或排量。

（7）汽车的主要参数。

（8）汽车产品的生产序号。

（9）汽车产品的生产年月。

三、汽车使用寿命与影响因素（扫码见视频 1－5）

汽车使用寿命是指汽车从开始使用，直至其主要机件达到技术极限状态而不能继续修理时的汽车总工作时间或总行驶里程。

（一）汽车使用寿命的定义与分类

汽车使用寿命主要可分为技术使用寿命、经济使用寿命和合理使用寿命等。

1. 汽车技术使用寿命

汽车的技术使用寿命是指车辆从开始使用，直至其主要机件到达技术极限状态而不能再继续修理时的总年限或总行驶里程。其技术极限在结构上表现为零部件的工作尺寸、工作间隙极度超标，在性能上常表现为汽车的动力性、使用经济性、使用安全性和可靠性极度下降。

当汽车到达技术使用寿命时，应对车辆进行报废处理，其零部件也不能再作备件使用。

2. 汽车经济使用寿命

汽车经济使用寿命，是指机动车使用到相当里程和使用年限，对其进行全面经济分析之后，认为已经达到使用成本高到不经济合理的时刻。

汽车经济使用寿命是保证汽车总使用成本最低的使用期限，是确定汽车最佳更新时机的依据。

3. 汽车合理使用寿命

汽车合理使用寿命是以汽车经济使用寿命为基础，考虑整个国民经济的发展和能源节约等因素，制定出符合我国实际情况的使用期限。也就是说汽车已经到达了经济使用寿命，但是否要更新，还要视国情而定，如更新汽车的来源、更新资金等因素。为此，国家根据上述情况制定出汽车更新的技术政策，考虑国民经济的实际情况并加以修正，规定车辆更新期限。

汽车技术使用寿命、经济使用寿命和合理使用寿命三者的关系可用下式表达：

汽车技术使用寿命＞汽车合理使用寿命≥汽车经济使用寿命。

（二）汽车经济使用寿命

研究汽车的使用寿命，主要是研究汽车的经济使用寿命。汽车经济使用寿命是汽车经济效益最佳时期，使用者对汽车要做到合理使用与及时更新。当汽车需要更新时，要在国家政策允许的情况下,以经济使用寿命为依据。

1. 汽车经济使用寿命常用的评价指标

评价汽车经济使用寿命的主要指标有年限、行驶里程、使用年限和大修次数等。

（1）年限

年限是指以汽车从开始投入运行到报废所经过的年度。年限不仅包括了车辆运行时间,还包括了车辆停驶期。这种计量方法虽然比较简单,但是不能真实反映汽车的使用强度和使用条件,造成同年限的车辆差异很大。

（2）行驶里程

行驶里程指标是指以汽车从开始投入运行到报废期间累计行驶里程数。行驶里程反映汽车的真实使用强度,但不能反映出运行条件的差别和停驶期间的自然损耗。

（3）使用年限

使用年限指标是汽车总的行驶里程与年平均行驶里程之比所得的折算年限。

（4）大修次数

大修次数是指车辆报废之前所经历的大修次数。汽车在使用过程中,当动力性和经济性下降到一定程度,已无法用正常的维护和小修方法使其恢复正常技术状况时,就要进行大修。

运输技术部门除用里程作为指标外,也用大修次数作为指标。汽车报废之前,截止到第几次大修最为经济,需权衡买新车的费用、旧车未折完的费用、大修费用、经营费用的损失,来预测截止到某次大修最经济合算。

2. 影响汽车经济使用寿命的因素

为了提高对二手车的评估质量,我们以提高经济效益的观点来进行分析,找出影响汽车经济使用寿命的主要因素,主要有汽车的各类损耗、汽车来源与使用强度及汽车的使用条件。

1）汽车的损耗

汽车的损耗可归纳为有形损耗和无形损耗两个方面。

（1）无形损耗

无形损耗是指由于科学技术进步、生产的发展,出现了性能好、生产效率高的新车型,或原车型价格下降等情况,促使在用车辆提前更新。实际上是旧车型相对新车型的贬值。

（2）有形损耗

有形损耗是指车辆在使用过程中本身的消耗。

2）车辆的来源与使用强度

不同的使用者,对车辆的使用强度差异比较大,由于使用条件不同,管理和维修水平相差较大,按使用部门不同,我们把车辆来源归纳为如下几类:

（1）交通专业运输车辆。是指专门从事运输生产的营运车辆。这些车辆是为整个社会服务的,使用条件复杂,使用强度比较大。一般客车年平均行驶里程为 5 万公里左右,货车为 4.5 万公里左右。

（2）社会专业运输车辆。是指各行各业专门从事运输的车辆,主要是为本行业的运输生产服务的。如商业、粮食、冶金、林业等部门的运输车辆。

（3）社会零散运输车辆。是指机关、企事业单位和个人的非营运车辆,主要是为一般零

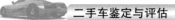

散运输和生活服务的公务、商务用车。这些车辆一般没有专门的管理机构和维修基地,使用情况差异很大。

(4)城市出租车辆。是指城市和乡镇为客运和货运服务的车辆,多集中在大中城市,多以国产轿车、轻型客车从事客运出租经营,以微型、轻型货车从事货运出租经营。客运出租车辆其使用强度很大,对于轿车一般年平均行驶里程在10万公里左右,货运出租车辆,其使用强度受货运市场影响较大。

(5)城市公共交通车辆。是指城市公共汽车,一般这些车辆常年服役,不参与二手车市场交易。

上述车辆中,来二手车交易市场交易较多的是社会零散车辆和城市出租车辆,前者使用强度不大,一般车况较好;后者使用强度大,车况普遍较差。

3)汽车的使用条件

汽车的经济使用寿命除受使用对象影响外,还受复杂的使用条件影响。我国地域辽阔,各地自然条件差别很大,具体考虑以下使用条件:

(1)道路条件

道路条件对汽车使用寿命影响很大,直接影响车辆技术速度,使其年平均行驶里程相差比较大。道路对车辆使用寿命的影响主要是道路等级和路面情况两种因素。道路条件可分为二类六个等级。

第一类:高速公路、一级公路、二级汽车专用公路。

第二类:一般二级公路、三级公路、四级公路。

高速公路具有特别的政治、经济意义,是专供汽车分道高速行驶,并全部控制出入的公路;一级公路为连接重要政治、经济中心,通往重点工矿区、港口、机场,专供汽车分道行驶并部分控制出入、部分立体交叉的公路;二级汽车专用公路为连接政治、经济中心或大工矿区、港口、机场等地的专供汽车行驶的公路,一般二级公路为连接政治、经济中心或大矿区、港口、机场等地的城郊公路;三级公路为沟通县或县以上城市的干线公路;四级公路为沟通县、乡(镇)、村等的支线公路。

(2)特殊使用条件

特殊使用条件主要指一些特殊自然条件和地理环境,如寒冷、沿海、风沙、高原、山区等地区。在这些特殊使用条件下工作的汽车,都将缩短汽车的经济使用寿命。

四、汽车报废标准与报废汽车

(一)汽车报废标准

随着使用里程或使用年限的增加,汽车的某些性能将逐渐下降,直到报废,这是自然规律。如果为了某些原因而无限期地延长汽车的使用寿命,将致使其车况大幅下降,使用成本增加,进而导致大气环境污染以及噪声污染加重。因此,根据汽车的使用状况,要制定相应的报废政策。汽车报废标准《机动车强制报废标准规定》已于2013年5月1日起实施。

凡达到报废标准的机动车,其所有人可以将机动车交售给报废机动车回收拆解企业,由报废机动车回收拆解企业按规定进行登记、拆解、销毁等处理,并将报废的机动车登记证书、号牌、行驶证交公安机关交通管理部门注销。

国家《机动车强制报废标准规定》从累计行驶里程数和使用年限两个方面,对各类汽车的报废年限(里程)做了具体规定,见表1-9。

表1-9 机动车使用年限及行驶里程参考值汇总

车辆类型与用途				使用年限/年	行驶里程/万千米
汽车	载客	营运	出租营运 小、微型	8	60
			出租营运 中型	10	50
			出租营运 大型	12	60
			租赁	15	60
			教练 小型	10	50
			教练 中型	12	50
			教练 大型	15	60
			公交客运	13	40
			其他 小、微型	10	60
			其他 中型	15	50
			其他 大型	15	80
		专用校车		15	40
		非营运	小、微型客车、大型轿车*	无	60
			中型客车	20	50
			大型客车	20	60
	载货	微型		12	50
		中、轻型		15	60
		重型		15	70
		危险品运输		10	40
		三轮汽车、装用单缸发动机的低速货车		9	无
		装用多缸发动机的低速货车		12	30
	专项作业	有载货功能		15	50
		无载货功能		30	50
挂车	半挂车	集装箱		20	无
		危险品运输		10	无
		其他		15	无
	全挂车			10	无

（续表）

车辆类型与用途		使用年限/年	行驶里程/万千米
摩托车	正三轮	12	10
	其他	13	12
轮式专用机械车		无	50

注：1. 表中机动车主要依据《机动车类型术语和定义》(GA802—2008)进行分类；标注＊的车辆为乘用车。

2. 对小、微型出租客运汽车（纯电动汽车除外）和摩托车，省、自治区、直辖市人民政府有关部门可结合本地实际情况，制定严于表中使用年限的规定，但小、微型出租客运汽车不得低于6年，正三轮摩托车不得低于10年，其他摩托车不得低于11年。

针对上述规定，《机动车强制报废标准规定》还做了如下相关说明。

① 机动车使用年限起始日期按照注册登记日期计算，但自出厂之日起超过2年未办理注册登记手续的，按照出厂日期计算。

② 部分机动车的使用期限既规定了累计行驶里程数，又规定了使用年限，那么当其中的一个指标达到报废标准时，即认为该车辆已达到报废年限。

③ 营运载客汽车与非营运载客汽车相互转换的，按照营运载客汽车的规定报废，但小、微型非营运载客汽车和大型非营运轿车转为营运载客汽车的，应按照如下公式核算累计使用年限，且不得超过15年。

$$累计使用年限＝原状态已使用年限＋\left(1-\frac{原状态已使用年限}{原状态使用年限}\right)×状态改变后年限$$

式中，"原状态已使用年限"不足1年的按1年计，如已使用2.5年的，按3年计；"原状态使用年限"取定值17；"累计使用年限"计算结果向下取整为整数，且不超过15年。

④ 不同类型的营运载客汽车相互转换，按照使用年限较严的规定报废。

⑤ 小、微型出租客运汽车和摩托车需要转出登记所属地省、自治区、直辖市范围的，按照使用年限较严的规定报废。

⑥ 危险品运输载运汽车、半挂车与其他载货汽车、半挂车相互转换的，按照危险品运输载货车、半挂车的规定报废。

⑦ 距本规定要求使用年限1年以内（含1年）的机动车，不得变更使用性质、转移所有权或者转出登记地所属地市级行政区域。

（二）报废汽车

报废汽车是指已经达到国家《机动车强制报废标准规定》以及各地制定的有关机动车报废规定、报废标准的；或虽未达到报废年限或行驶里程，但因交通事故或车辆超负荷使用造成发动机和底盘严重损坏，经检验不符合国家《机动车运行安全技术条件》规定的有关汽车安全、尾气排放要求的各种汽车、摩托车、农用运输车、拖拉机、轮式专用机械车等机动车辆。

国家实施汽车强制报废制度。依照《报废汽车回收管理办法》和《汽车贸易政策》的规定，报废汽车是一种特殊商品，报废汽车所有人应当将报废汽车及时交售给具有合法资格的报废汽车回收拆解企业，任何单位或者个人不得将报废汽车出售、赠予或者以其他方式转让给非报废机动车回收企业的单位或者个人，国家鼓励老旧汽车报废更新，并制定了老旧汽车报废更新补贴资金管理办法,符合有关规定的报废汽车所有人可申请相应的资金补贴。

报废机动车回收企业凭公安机关交通管理部门出具的"机动车报废证明"收购报废汽车,并向报废汽车拥有单位或者个人出具"报废汽车回收证明"。依据《机动车修理业、报废机动车回收业治安管理办法》,报废机动车回收企业回收报废机动车应如实登记下列项目:报废机动车车主名称或姓名、送车人姓名、居民身份证号码,按照"机动车报废证明"登记报废车车牌号码、车型代码、发动机号码、车架号、车身颜色及收车人姓名等。报废机动车拥有单位或者个人凭"报废汽车回收证明",向汽车注册登记地的公安机关办理注销登记。

除上述规定外,国家相关法规还规定下述车辆应该报废。

① 由各种原因造成严重损坏或技术状况低劣,无法修复的车辆。

② 车型已淘汰,已无配件来源的车辆。

③ 长期使用,油耗超过国家定型出厂标准值 15% 的车辆。

④ 经修理和调整仍达不到国家标准的车辆。

一、任务目标与要求

1. 小组成员分工协作,根据给定车辆,完成任务工单所列内容,并通过小组自评或互评进行检查。

2. 掌握汽车型号的编制规则,掌握车辆的识别代码(VIN),尽可能多地找到 VIN 码在车上的位置。

3. 掌握汽车常用的主要技术参数。

二、准备工作

小组接受工作任务,组长带领组内成员阅读任务工单,查阅相关资料,合理分工,制定任务计划,并检查计划有效性。

项目	汽车基础知识		
任务	汽车识别代码与汽车标牌	姓名	
班级	组号	日期	
任务目的	1. 掌握汽车型号的编制规则,掌握车辆的识别代码(VIN),尽可能多地找到 VIN 码在车上的位置。 2. 掌握汽车常用的主要技术参数。		
任务描述	按照学习领域课程安排,按照给定的汽车示意图,解释其各标号的车辆技术参数名称;根据给定车辆,查找其车辆铭牌、发动机型号和车辆识别代码,并标出所在位置;能掌握车辆识别代码的含义。		

任务要求	通过教师的引导、自学和查找资料等方式,按照工作过程的完整性和连贯性(资讯—决策—计划—实施—检查)评估要求,逐步养成就业岗位的隐性工作方法,最终以小组协作形式完成车辆基本信息的记录。
资讯	解释下图中车辆常用技术参数含义: 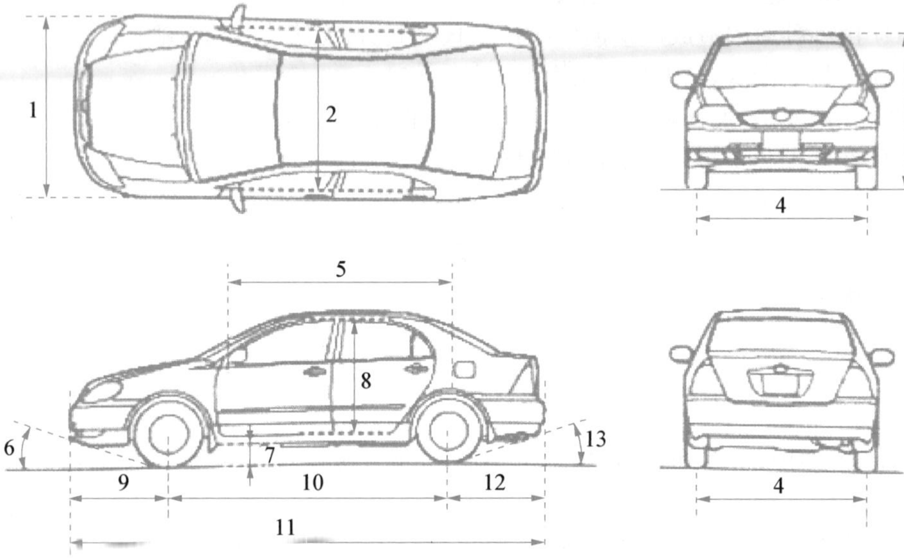
决策	每6人一组,每组选出一名负责人,负责人对小组任务进行分配,组员按负责人要求完成相关任务内容。 <table><tr><td>序号</td><td>个人职责(任务)</td><td>负责人</td></tr><tr><td>1</td><td></td><td></td></tr><tr><td>2</td><td></td><td></td></tr><tr><td>3</td><td></td><td></td></tr><tr><td>4</td><td></td><td></td></tr><tr><td>5</td><td></td><td></td></tr><tr><td>6</td><td></td><td></td></tr></table>
制定计划	根据任务内容制定任务计划

（续表）

任务实施	各小组成员按照制定的工作计划查看车辆和相关资料,并进行总结。 1. 车辆铭牌所在车上位置：_____ 你在车上找到几处车辆识别代码（VIN）？_____ 它们分别在车上的位置是：_____ 2. 请根据车辆实际情况,填写如下信息： 品牌：_____　　整车型号：_____　　VIN 码：_____ 制造年月：_____　　最大允许总质量：_____　乘坐人数：_____　发动机排量：____ 　　发动机型号：_____　发动机最大净功率：_____ 3. 请解释 VIN 码的含义：第 1—3 位是_____,表达的含义是_____;第 10 位是_____ ____,表达的含义是_____。

检查评估

1. 成果展示,各小组人员进行本任务时的表现情况依据以下评分表记录进行评价。

评分表

考核项目	评分标准	分数	学生自评	小组互评	教师评价	小计
团队合作	是否和谐	5				
活动参与	是否主动	5				
安全生产	有无安全隐患	10				
现场 7S	是否做到	10				
任务方案	是否合理	15				
操作过程	是否标准规范	40				
任务完成情况	是否圆满完成	5				
劳动纪律	是否严格遵守	5				
工单填写	是否完整、规范	5				
总分		100				
教师签名				得分		

2. 在操作过程中,你认为自己还有哪些地方有待进一步提高？

项目小结

1. 掌握二手车、二手车鉴定评估、二手车交易等相关的基本概念。

2. 掌握二手车鉴定评估的基本要素是评估的主体、客体、依据、目的、原则、程序、价值类型和评估方法。其中,二手车评估的主体即评估业务的承担者,客体为评估的对象车辆。二手车评估的目的可以分为变动汽车产权和不变动汽车产权两大类。

3. 理解二手车鉴定评估机构的评估、中介和公证职能。

4. 了解二手车鉴定评估师的条件与技能要求。

5. 了解汽车型号的编制规则。

6. 能够读懂车辆的识别代码(简称 VIN 码),它由 17 位字母和阿拉伯数字组成。

7. 理解汽车的使用寿命和影响因素。汽车使用寿命是指汽车从开始使用,直至其主要机件达到技术极限状态而不能继续修理时的汽车总工作时间或总行驶里程。汽车使用寿命可分为技术使用寿命、经济使用寿命和合理使用寿命三类。

8. 掌握汽车报废标准。规定中明确各类机动车使用年限方面,规定明确了小、微型出租客运汽车使用 8 年,中型出租客运汽车使用 10 年,大型出租客运汽车使用 12 年;公交客运汽车使用 13 年;专用校车使用 15 年;大、中型非营运载客汽车(大型轿车除外)使用 20 年;正三轮摩托车使用 12 年,其他摩托车使用 13 年等。

一、单项选择题

1. 2005 年 10 月 1 日,商务部颁布实行了(　　),对二手车交易做出了调整。

A.《旧机动车交易管理办法》　　　　　B.《二手车流通管理办法》

C.《机动车注册登记工作规范》　　　　D.《机动车强制报废标准规定》

2. 二手车评估机构对下列(　　)不负法律责任。

A. 评估的价格结果　　　　　　　　　B. 评估的车辆技术状况结果

C. 是否为事故车辆　　　　　　　　　D. 是否为非法车辆

3. 下列关于二手车鉴定评估的目的与任务的叙述,(　　)不正确。

A. 确定二手车交易的成交额　　　　　B. 协助借、贷双方实现抵押贷款

C. 法律诉讼咨询服务　　　　　　　　D. 拍卖

4. 下列(　　)不是二手车价格评估人员的岗位职责。

A. 接受客户对二手车交易的咨询,引导客户合法交易

B. 负责收集二手车鉴定估价的市场价格信息

C. 不准走私、非法拼装、报废车辆进场交易

D. 为交易后二手车提供技术服务

5. 下列(　　)不是二手车鉴定评估的职能。

A. 评估职能　　　B. 公证职能　　　C. 罚没职能　　　D. 中介职能

6. 下列(　　)不是二手车鉴定评估的计价标准。

A. 折扣率标准　　　　　　　　　　　B. 重置成本标准

C. 收益现值标准　　　　　　　　　　D. 清算价格标准

7. 下列(　　)不是二手车鉴定评估的主要方法。

A. 预期收益法　　　　　　　　　　　B. 现行市价法

C. 收益现值法　　　　　　　　　　　D. 清算价格法

8. 新的《机动车强制报废标准规定》于(　　)年 5 月 1 日起实施。

A. 2010　　　　　　B. 2011　　　　　　C. 2012　　　　　　D. 2013

9. 汽车的经济使用寿命的量标——规定使用年限是汽车从投入运行到报废的年数,没有考虑(　　)。

A. 使用条件和使用强度　　　　　B. 使用状况

C. 运行时间　　　　　　　　　　D. 闲置时间的自然损耗

10. 二手车的技术状态受使用强度的直接影响,一般来说,下列哪种使用性质的车,使用强度较大(　　)。

A. 单位员工班车　　　　　　　　B. 私人生活用车

C. 公务用车　　　　　　　　　　D. 专业货运车辆

11. 利用报废车辆的零、部件拼、组装的二手车(　　)交易。

A. 可以　　　　　　　　　　　　B. 通过安全排放检测可以

C. 使用年限满 2 年可以　　　　　D. 不可以

12. 车辆的 17 位 VIN 代号编码经过排列组合,结果使车型生产在(　　)年之内不会发生重号现象。

A. 40　　　　　B. 50　　　　　C. 20　　　　　D. 30

13. 二手车鉴定评估的主体是(　　)。

A. 二手车　　　B. 评估程序　　　C. 评估师　　　D. 评估方法和标准

14. 二手车鉴定评估价以(　　)为基础。

A. 账面原值　　B. 税费附加值　　C. 技术鉴定　　D. 市场价格

15. 乘用车是指(　　)座以下、以载客为主的车辆。

A. 4　　　　　　B. 6　　　　　　C. 7　　　　　　D. 9

16. 确定汽车最佳更新时机的依据是(　　)。

A. 技术使用寿命　　B. 经济使用寿命　　C. 合理使用寿命　　D. 极限使用寿命

17. 技术使用寿命、经济使用寿命和合理使用寿命三者之间的关系是(　　)。

A. 技术使用寿命＞合理使用寿命＞经济使用寿命

B. 经济使用寿命＜合理使用寿命≤技术使用寿命

C. 技术使用寿命＞经济使用寿命≥合理使用寿命

D. 合理使用寿命＞经济使用寿命≥技术使用寿命

18. 一台车辆 VIN 码是 LSVHJ1330K2221761,这个车是(　　)年生产的。

A. 2009　　　　B. 2010　　　　C. 2016　　　　D. 2019

19. 下列信息中不属于车型标牌记录内容的是(　　)。

A. 车架号　　　　　　　　　　　B. 发动机型号和排量

C. 车身总长度　　　　　　　　　D. 制造厂编号

二、多项选择题

1. 国家颁布《机动车强制报废标准规定》的目的有(　　　)。

A. 确保机动车辆驾驶人员和乘员及其他交通参与者(包括行人等)的安全

B. 节省能源,保护环境

C. 鼓励技术进步和公平竞争

D. 促进汽车产业的发展

2. 下列(   )属于报废汽车。

A. 已经达到国家《机动车强制报废标准规定》的

B. 达到地方制定的有关报废规定的

C. 交通事故车辆

D. 连续 3 次检验不符合国家标准《机动车运行安全技术条件》规定的

3. 下列(   )是二手车鉴定评估的原则。

A. 有效性　　　　B. 公平性　　　　C. 可行性　　　　D. 客观性

4. 下列(   )是二手车鉴定评估师的岗位职责。

A. 接受客户对二手车交易的咨询,引导客户合法交易

B. 负责检查二手车交易的各项证件

C. 负责收集二手车鉴定估价政策法规、车辆技术资料和市场价格信息资料

D. 负责报告鉴定估价结果,与客户商定确认评估价格

5. 汽车经济使用寿命常用的评价指标有(   )。

A. 年限　　　　B. 行驶里程　　　　C. 使用年限　　　　D. 大修次数

6. 以下属于二手车鉴定评估目的为变动汽车产权的有(   )。

A. 车辆拍卖　　　B. 抵押贷款　　　C. 车辆典当　　　D. 车辆置换

7. 以下车辆不允许进行交易(   )。

A. 在抵押期间或者未经海关批准交易的海关监管车辆

B. 在人民法院、人民检察院、行政执法部门依法查封、扣押期间的车辆

C. 通过盗窃、抢劫、诈骗等违法犯罪手段获得的车辆

D. 发动机号、车辆识别代号或者车架号码与登记号码不相符,或者有凿改迹象的车辆

8. 下列(   )体现了二手车鉴定评估的公证职能。

A. 二手车鉴定评估人员在判断二手车评估结论准确与否问题上最具权威性

B. 二手车鉴定评估机构完全站在中立、公正的立场上就事论事、科学办事

C. 二手车评估人员持有职业资格证书

D. 二手车评估人员有良好的思想素质

三、判断题

1. 商用车是指大于 9 座的客车、载货车、挂车,以及客车与载货车非完整车辆等 5 类品种。　　　　　　　　　　　　　　　　　　　　　　　　　　　　(　　)

2. 新的汽车分类标准将汽车分为乘用车、商用车两大类。　　　　　(　　)

3. EQ1141 货车的总质量为 4 吨。　　　　　　　　　　　　　　(　　)

4. 企业代号位于国产汽车型号的第一部分,用汉语拼音表示。　　　(　　)

5. 车辆代号(VIN)码的字号不小于 7 毫米。　　　　　　　　　　(　　)

6. 国产汽车类别代号中的 6 代表轿车。　　　　　　　　　　　　(　　)

7. 汽车的经济使用寿命大于技术使用寿命。　　　　　　　　　　(　　)

8. 营运车辆转为非营运车辆,其报废年限按营运车辆年限计算。　　(　　)

9. 汽车使用寿命是指汽车从投入使用到被淘汰报废的整个过程。　　(　　)

10. 9 座以下非营运载客汽车的延长年限不超过 10 年。　　　　　　(　　)

11. 二手车交易必须按照二手车鉴定评估的结果执行。 （ ）

12. 只要未达到国家《机动车强制报废标准规定》的车辆，就可以进行交易。 （ ）

13. 只要进入二手车交易市场进行交易的车辆，二手车鉴定评估机构有责任为其进行评估工作。 （ ）

14. 二手车交易必须经过二手车交易市场。 （ ）

15. 机动车使用年限起始日期按照注册登记日期计算，但自出厂之日起超过 2 年未办理注册登记手续的，按照出厂日期计算。 （ ）

16. 不同类型的营运载客汽车相互转换，按照使用年限较严的规定报废。 （ ）

17. 二手车鉴定评估的客体是二手车鉴定评估人员和二手车评估机构。 （ ）

18. 当汽车需要更新时，要在国家政策允许的情况下，以汽车合理使用寿命为依据。
（ ）

四、简述题

1. 如何从汽车后市场来看二手车行业的发展？

2. 二手车鉴定评估的主体和客体各有哪些？

3. 二手车鉴定评估的目的是什么？

4. 简述二手车鉴定评估的程序。

5. 汽车经济使用寿命的指标有哪些？

二手车评估前期准备

1. 完成二手车业务接洽工作,培养交流沟通和解决实际问题的能力;
2. 拟定二手车鉴定评估委托书和作业方案,培养法律意识和契约精神;
3. 描述二手车相关证件、税费凭证的种类,鉴别其真伪,并列举相关的政策法规,培养诚信从业、法治意识和风险防范意识;
4. 应用二手车拍照要求和常见拍摄位置,完成车辆拍照,传达严谨认真、用心服务的匠人态度;
5. 通过学习各项评估前期准备工作,培养客户服务意识和团队合作精神。

扫码可见
项目二视频

二手车鉴定评估作为一个重要的专业领域,情况复杂、作业量大。在进行二手车鉴定评估时,要按照国家相关法律和法规进行操作,进行二手车鉴定评估前,需要做好鉴定评估的前期准备工作。前期准备工作主要包括业务洽谈、接受委托、签订二手车鉴定评估委托书、核查证件、核查税费、车辆拍照、拟订评估作业方案等。

任务一　业务接洽与签订委托书

一、鉴定评估业务接洽(扫码见视频 2–1)

(一)业务接待

二手车鉴定评估的第一项工作就是接待客户,接待是二手车评估中的一项重要的日常性工作。业务接待的好坏直接影响二手车鉴定评估机构的形象和信誉,也是企业生存的基础。因此,二手车鉴定评估人员应该重视并做好业务接待工作。

1. 办公室接待

首先,要将办公室布置得美观整洁,工作人员在办公室不得有吸烟、饮食、打牌、闲谈、喧哗等不文明行为。其次,接待客户要认真、热情、耐心、文明,要专心致志地听来访者谈话,不要东张西望,漫不经心。

2. 电话接待

电话接待应该准备记录簿,电话接待语言讲究简练、周全。一般是在对方放下话筒后再放下自己的话筒。

（二）业务洽谈

业务洽谈方式有面谈和电话洽谈，与客户洽谈的主要内容有：车主基本情况、车辆情况、委托评估的意向和时间要求等。通过业务洽谈，应该初步了解下述情况：

1. 车主单位（或个人）的基本情况

车主即机动车的所有人，指车辆所有权的单位或个人。接受委托前应了解委托者是否是车主，核查车主身份证（机构代码证）号码、地址是否与有效证件相符，是否具有车辆的处置权；同时还应了解车主单位（或个人）名称、隶属关系和所在地等。

2. 车主要求评估的目的

评估目的是评估所服务的经济行为的具体类型，根据评估目的，选择计价标准和评估方法。一般来说，委托二手车交易市场评估的大多数是属于交易类业务，车主要求评估价格的目的大都是作为买卖双方成交的参考底价。

3. 被评估车辆的基本情况

1）二手车类别。是乘用车，还是商用车等。

2）二手车名称、型号、生产厂家、使用燃料种类、出厂日期。

3）二手车初次注册登记日期、已使用年限、行驶里程。

4）二手车来历。是市场上购买，还是走私罚没处理，或是捐赠免税车。

5）车籍。指车辆牌证发放地。

6）使用性质。是公务用车、商用车，还是专业运输车或是出租营运车。

7）各种证件税费等是否齐全，是否有年检和保险。

8）事故情况。有无发生过事故，如果有，事故的位置，更换的主要部件和总成情况。

9）现时技术状况。了解发动机异响、排烟、动力、行驶等情况。

10）大修次数。有无大修，大修次数等。

11）选装件情况。是否加装音响、真皮座椅、桃木内饰等选装件，与基本配置的差异等。

（三）实地考察

安排到实地考察，以便了解鉴定评估的工作量、工作难易程度、车辆现实状态，是在用，还是在修，还是停驶待修。

（四）业务接洽的注意事项

1）接待客户时，用语要清晰、完整、快速、确切地表达意思。

2）洽谈中陈述意见时语速尽量平稳，中速进行，要对自己的话语表达加强控制、运用，不能出现音调、音量失控的情况。

3）体态要端正，手势要注意与说话的语速、音调、声音大小密切配合，不能出现脱节的情况。

4）与客户洽谈的距离要保持在 $1\sim1.5$ m，视线接触对方面部的时间应占全部谈话时间的 $30\%\sim60\%$。

5）着装要合体、合时，装饰要适当，化妆应自然。

6）与客户进行电话交谈时，要认真做好记录，使用礼貌用语。

7）与客户进行业务洽谈应主要了解车主基本情况、车辆情况、委托评估的意向、时间要求等。

8) 与客户签订二手车鉴定评估委托合同时要认真填写合同中反映双方各自的责任、权利、义务以及违约责任的相关内容。

9) 对涉及国有资产占有单位要求申请立项的二手车鉴定评估业务,应由委托方提供国有资产管理部门关于评估立项申请的批复文件,经核实后,方能接受委托,签署委托合同。

对上述基本情况了解清楚以后,就可以做出是否接受委托的决定。如果不能接受委托,应该说明原因,客户对交易中有不清楚的地方,应该接受咨询,耐心地解答和指导;如果接受委托,就要签订二手车鉴定评估委托书。

二、签订二手车鉴定评估委托书(合同)(扫码见视频 2 – 2)

二手车鉴定评估委托书又称为二手车鉴定评估委托合同,是指二手车鉴定评估机构与法人、其他组织或自然人相互之间为实现二手车鉴定评估的目的,明确相互权利义务关系所订立的协议。

二手车鉴定评估委托合同是受托方与委托方对各自权利、责任和义务的协定,是一项具有经济合同性质的契约。二手车鉴定评估委托合同应写明的内容有:

1) 委托方和二手车鉴定评估机构的名称、住所、工商登记注册号、上级单位、二手车鉴定评估人员资格类型及证件编号。

2) 鉴定评估目的、车辆类型和数量。

3) 委托方须做好的基础工作和配合工作。

4) 鉴定评估工作的起止时间。

5) 鉴定评估收费金额及付款方式。

6) 反映协议双方各自的责任、权利、义务以及违约责任的其他内容。

二手车鉴定评估委托书应写明的内容和样式见表 2 – 1。

表 2 – 1   二手车鉴定评估委托书(示范文本)

委托书编号:_____

委托方名称(姓名):   法人代码证(身份证)号:

鉴定评估机构名称: 法人代码证:

委托方地址: 鉴定评估机构地址:

联系人: 电话:

因 □交易 □典当 □拍卖 □置换 □抵押 □担保 □咨询 □司法裁决需要,委托人与受托人达成委托关系,号牌号码为_____ __,车辆类型为_____,车架号(VIN 码)为_____的车辆进行技术状况鉴定并出具评估报告书,_____年_____月_____日前完成。

委托评估车辆基本信息

			使用用途	营运　　□
车辆情况	厂牌型号			非营运　□
	总质量/座位/排量		燃料种类	
	初次登记日期	年　　月　　日	车身颜色	
	已使用年限	年　个月　　累计行驶里程(万公里)		
	大修次数	发动机(次)　　　整车(次)		
	维修情况			
	事故情况			

（续表）

价值反映	购置日期	年　　月　　日	原始价格（元）	
备注：				

委托方：（签字、盖章）　　　　　　　　　　受托方：（签字、盖章）

（二手车鉴定评估机构盖章）

年　　月　　日　　　　　　　　　　　　年　　月　　日

1. 委托方保证所提供的资料客观真实，并负法律责任。
2. 仅对车辆进行鉴定评估。
3. 评估依据：《机动车运行安全技术条件》《二手车鉴定评估技术规范》等。
4. 评估结论仅对本次委托有效，不做它用。
5. 鉴定评估人员与有关当事人没有利害关系。
6. 委托方如对评估结论有异议，可于收到《二手车鉴定评估报告》之日起10日内向受托方提出，受托方应给予解释。

　　二手车评估委托书是一项经济合同性质的契约，是受托方与委托方对各自权利、责任和义务的协定。二手车鉴定评估委托书必须符合国家法律、法规和资产评估业的管理规定。涉及国有资产占有单位要求申请立项的二手车鉴定评估业务，应由委托方提供国有资产管理部门关于评估立项申请的批复文件，经核实后，方能接受委托，才能签署委托书。

　　在二手车交易市场不可避免会出现一些走私车辆、拼装车辆、盗抢车辆以及事故车辆，如何鉴别这部分车辆，就必须凭借技术人员所掌握的专业知识和丰富经验，结合有关部门的信息材料，对评估车辆进行全面细致的鉴别，将这部分车辆与其他正常车辆区分开，从而使二手车交易规范、有序地进行。

任务实施

一、任务目标与要求

　　（1）小组成员分工协作，利用所学知识点，借助网络、图书馆资料，依据任务工单分析制定工作计划，并通过小组自评或互评进行检查。

　　（2）了解车主基本情况、车辆评估目的、评估对象基本情况和委托评估意向。

　　（3）能够规范地签订二手车鉴定评估委托书。

二、任务准备及实施

　　小组接受工作任务，组长带领组内成员阅读任务工单，查阅相关资料，合理分工，制定任务计划，并检查计划有效性。

项目	业务洽谈		
任务	业务洽谈	姓名	
班级		组号	日期
任务目的	1. 了解车主基本情况、车辆评估目的、评估对象基本情况和委托评估意向。 2. 能够规范地签订二手车鉴定评估委托书。		
任务描述	按照学习领域课程安排,通过机房上网查阅资料,教师提供参考书、视频资料等教学资源,在教师指导下完成业务洽谈这一教学任务。两名学生自由组合为一个小组,分别互相扮演委托人及二手车评估师,模拟业务接待洽谈现场,进行二手车委托评估业务洽谈。在充分掌握上述知识与技能的前提下,完成任务工单。		
任务要求	通过教师的引导、自学和查找资料等方式,按照工作过程的完整性和连贯性(资讯—决策—计划—实施—检查)评估要求,逐步养成就业岗位的隐性工作方法,最终以小组协作形式完成二手车业务洽谈资料的收集、记录、处理。		
任务实施	1. 请描述你所了解到的车主的基本情况。 _____ 2. 请描述车主要求评估的目的。 _____ 3. 请描述委托评估二手车的基本情况。 ① 二手车的类别:_____ ② 二手车名称:_____、型号:_____ ③ 二手车生产厂家:_____、生产日期:_____ ④ 二手车初次注册登记日期:_____、行驶里程:_____ ⑤ 新车来历:_____ ⑥ 车籍:_____ ⑦ 使用性质:_____ ⑧ 手续是否齐全(如果不齐全,请记录缺少的相关材料种类):_____ ⑨ 是否进行了年检(如果没进行年检,请记录原因):_____ 4. 请记录你还了解到的其他信息。 _____ 5. 是否达成委托鉴定评估意向? □是　 □否 如果达成委托鉴定评估意向,请记录车主要求的评估时限及期望的价格。 _____ 如果没达成委托鉴定评估意向,请记录原因。 6. 自我评价(个人技能掌握程度): □非常熟练　 □比较熟练　 □一般熟练　 □不熟练		
检查评估	成果展示,小组自评与互评,并讨论、总结、反思学习过程中的不足,撰写工作报告并交流。		
实施考核	教师评语:(包括与客户沟通情况、语言表达、任务工单填写情况、委托书填写等方面,并按等级制给出成绩) 记录成绩:_____　　　 教师签字:_____　 ____年___月___日		

任务二 手续鉴定

手续鉴定是检查被鉴定评估车辆的证件资料,这些资料包括法定证件和税费两类。如对这些证件资料有疑问,应向委托方提出,由委托方向发证机关(单位)索取证明材料,或自行向发证机关(单位)查询核实。

检查并核对车辆证件是非常重要的程序,它能有效预防非法车辆的交易,防止交易纠纷,减少经营风险。

一、二手车法定证件(扫码见视频2-3)

法定证件主要有机动车来历证明、机动车行驶证、机动车登记证书、机动车号牌、道路运输证、机动车安全技术检验合格标志等。

1. 机动车来历证明

机动车来历证明是二手车来源的合法证明。通过检查机动车来历证明可以及时发现该车是否合法、是否为涉案车辆,同时,登录公安机关交通管理部门"全国被盗抢汽车查询系统",确认车辆为非盗抢车。杜绝盗抢车、走私车、拼装车和报废车的非法交易,避免二手车交易市场成为非法车辆销赃的场所,切实维护消费者的合法权益。机动车来历证明主要包括以下几个方面:

1)在国内购买的机动车来历凭证,是全国统一的机动车销售发票,可分为新车来历证明和二手车来历证明。在国外购买的机动车,其来历凭证是该车销售单位开具的销售发票及其翻译文本。

(1)新车来历证明,是指经国家工商行政管理机关验证(加盖工商验证章)的机动车销售发票,如图2-1所示。通常在购买新车时,可在当地的工商行政管理局机动车市场管理分局办理工商验证手续。

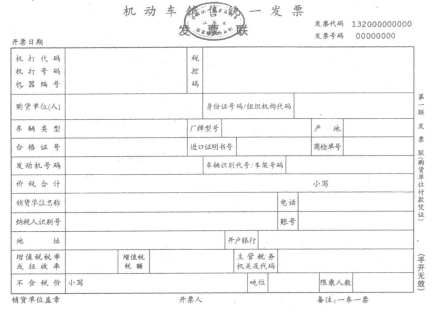

图2-1 机动车销售统一发票票样

（2）二手车来历证明,是指经国家工商行政管理机关验证(加盖工商验证章)的二手车交易发票。二手车交易发票反映了即将交易的车辆曾是一辆已经交易过的合法使用的二手车。2005 年 10 月,《二手车流通管理办法》颁布实施,全国统一了二手车销售发票,发票式样如图 2-2 所示。

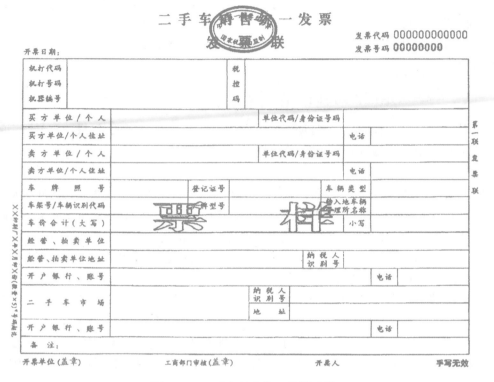

图 2-2　二手车销售统一发票式样

2）人民法院调解、裁定或者判决转移的机动车,其来历凭证是人民法院出具的已经生效的《调解书》《裁定书》或者《判决书》以及相应的《协助执行通知书》。

3）仲裁机构仲裁裁决转移的机动车,其来历凭证是《仲裁裁决书》和人民法院出具的《协助执行通知书》。

4）继承、赠予、中奖和协议抵偿债务的机动车,其来历凭证是继承、赠予、中奖和协议抵偿债务的相关文书和公证机关出具的《公证书》。

5）资产重组或者资产整体买卖中包含的机动车,其来历凭证是资产主管部门的批准文件。

6）国家机关统一采购并调拨到下属单位未注册登记的机动车,其来历凭证是全国统一的机动车销售发票和该部门出具的调拨证明。

7）国家机关已注册登记并调拨到下属单位的机动车,其来历凭证是该部门出具的调拨证明。

8）经公安机关破案返还的被盗抢且已向原机动车所有人理赔完毕的机动车,其来历凭证是保险公司出具的《权益转让证明书》。

9）更换发动机、车身、车架的来历凭证,是销售单位开具的发票或者修理单位开具的发票。

2. 机动车行驶证(扫码见视频2-4)

《机动车行驶证》是由公安车辆管理机关依法对车辆进行注册登记核发的证件。它是机动车取得合法行驶权的凭证。《中华人民共和国道路交通安全法》第十一条规定,《机动车行驶证》是车辆上路行驶必需的证件。《中华人民共和国机动车登记管理办法》规定《机动车行驶证》是二手车过户、转籍必不可少的证件,在二手车鉴定评估的手续检查中,《机动车行驶证》也是检查二手车合法性的凭证之一,如图2-3所示。

(a) 正面   (b) 副面

图2-3 机动车行驶证

通过查验机动车行驶证上的号牌号码、车辆识别代号、发动机号、车架号与车辆实物是否一致,是否有改动、凿痕、锉痕、重新打刻等情况,车辆颜色与车身装置是否与行驶证一致等项目可以初步判断二手车是否合法。

3. 机动车登记证书

《机动车登记证书》是由公安车辆管理部门核发和管理的,是机动车的"户口本"和所有权证明,具有产权证明的性质。所有机动车的详细信息及机动车所有人的资料都记载在上面,如图2-4所示。

机动车所有人申请办理机动车各项登记业务时,均应出具《机动车登记证书》;当证书上所记载的原始信息发生变动时,机动车所有人应当及时到车辆管理所办理变更登记;当机动车所有权转移时,原机动车所有人应当将《机动车登记证书》做变更登记后随车交给现机动车所有人。因此,《机动车登记证书》是机动车从"生"到"死"的完整记录。目前《机动车登记证书》还可作为有效资产证明,到银行办理抵押贷款。

(a)封皮   (b)信息页

图2-4 机动车登记证书

《机动车登记证书》是二手车鉴定评估人员必须认真查验的手续。《机动车登记证书》与《机动车行驶证》相比它的内容更详细，一些评估参数必须从《机动车登记证书》获取，如使用性质、国产或进口和变更等。例如从机动车登记证书中可以得到该车变更的情况，如图2-5所示。

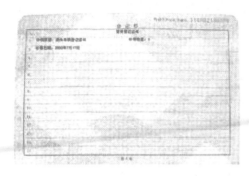

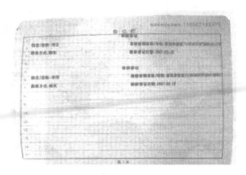

(a) 有变更   (b) 多次过户

图 2-5　机动车变更情况

2002年之前购买的车辆大部分都没有登记证书，在车辆交易的时候需要先到车辆管理部门进行补办。补办登记证书时需携带机动车所有人的身份证明和交验车辆，按以下要求补办：

① 填写《补领、换领机动车牌证申请表》，见表2-2所示。

表 2-2　补领、换领机动车牌证申请表

机动车登记证书编号			号牌号码	
申请事项	☐ 补领机动车号牌　　☐ 补领行驶证　　☐ 补领登记证书　　☐ 换领机动车号牌 ☐ 换领行驶证　　☐ 换领登记证书			
机动车所有人	姓名，名称		联系电话	
	住所地址		邮政编码	
	身份证明名称	号码 ▯▯▯▯▯▯▯▯▯▯▯	☐ 常住人口　☐ 暂住人口	
	居住，暂住证明名称		号码	
机动车	机动车品牌型号			
	车辆识别代号/车架号			
	发动机号码			
申请明细	相关凭证	☐ 未得到登记证书证明　☐《协助执行通知书》	机动车所有人签章：	
	补换领原因	☐ 丢失　☐ 灭失　☐ 损坏　☐ 未得到登记证书　☐ 首次申领登记证书		
	补换领机动车号牌	☐ 1面　☐ 2面	（个人签字，单位盖章） 　年　　月　　日	
申请方式	☐ 由机动车所有人申请 ☐ 机动车所有人委托　代理申请			

（续表）

代理人		姓名/名称			联系电话	
		住所地址				
		身份证明名称	号码		代理人签章：	
	经办人	姓名				
		身份证明名称	号码		（个人签字，单位盖章）	
		住所地址			年 月 日	
		签　字	年 月 日			

填表说明

1. 填写时使用黑色、蓝色墨水笔，字体工整；

2. 标注有"口"符号的为选择项目，选择后在"口"中划"√"；

3. 机动车所有人的住所地址栏，属于个人的，填写实际居住的地址，属于单位的，填写组织机构代码证书上签注的地址；

4. 机动车栏的"机动车厂牌型号""车辆识别代码/车架号""发动机号码"项目，按照车辆的技术说明书、合格证等资料标注的内容与车辆核对后填写；

5. 申请方式栏，属于由机动车所有人委托代理单位或者代理人代为申请的，除在"口"内划"√"外，还应当在下划线处填写代理单位或者代理人的全称；

6. 机动车所有人的签字/盖章栏，属于个人的，由机动车所有人签字，属于单位的，加盖单位公章；

7. 代理人栏，属于个人代理的，填写代理人的姓名、住所地址、身份证明名称、号码，在代理人栏内签名，不必填写经办人姓名等项目，属于单位代理的，应填写代理人栏的所有内容，代理单位应盖单位公章，经办人应签字。

② 机动车所有人的身份证明。

③ 属于补领《机动车登记证书》的，还需提交车辆识别代号（车架号码）拓印膜。

④ 属于换领《机动车登记证书》的，应将原《机动车登记证书》交回。

⑤ 因被行政执法部门依法没收并拍卖，或者被仲裁机构依法仲裁裁决，或者被人民法院调解、裁定、判决的机动车，现机动车所有人未得到《机动车登记证书》的，需持行政执法部门、仲裁机构或者人民法院出具的证明，或者人民法院出具的《协助执行通知书》。

⑥ 机动车所有人为自然人办理补领《机动车登记证书》业务的，应本人到场申请，不能委托他人代理。机动车所有人因死亡、出境、重病伤残和不可抗力等原因不能到场补领《机动车登记证书》的，应当出具有关证明。

4. 机动车号牌（扫码见视频2-5）

机动车号牌是由公安车辆管理机关依法对机动车进行注册登记核发的号牌，它和机动车行驶证一同核发，其号码与行驶证一致，它是机动车取得合法行驶权的标志，如图2-6所示。《中华人民共和国道路交通安全法》中第十一条规定，机动车号牌应当按照规定悬挂并保持清晰、完整，不得故意遮挡、污损。目前，我国规定使用的机动车号牌按《中华人民共和国机动车号牌》（GA36-2007）标准制作。机动车号牌分类、规格、颜色及其适用范围，见表2-3所示。

图2-6 机动车号牌

表 2-3 机动车号牌分类、规格、颜色及其适用范围

序号	分类	外廓尺寸 mm×mm	颜色	数量	适用范围
1	大型汽车号牌	前：440×140 后：440×220	黄底黑字、黑框线	2	符合 GA802 规定的中型（含）以上载客、载货汽车和专项作业车；电车。
2	挂车号牌	440×220		1	符合 GA802 规定的挂车。
3	小型汽车号牌		蓝底白字、白框线		符合 GA802 规定的中型以下的载客、载货汽车和专项作业车。
4	使馆汽车号牌		黑底白字、红"使""领"字，白框线		驻华使馆的汽车。
5	领馆汽车号牌	440×140		2	驻华领事馆的汽车。
6	港澳入出境车号牌		黑底白字、白"港""澳"字，白框线		港澳地区入出内地的汽车。
7	教练汽车号牌		黄底黑字，黑"学"字，黑框线		教练用汽车。
8	警用汽车号牌		白底黑字，红"警"字，黑框线		汽车类警车。
9	普通摩托车号牌		黄底黑字，黑框线		符合 GA802 规定的两轮普通摩托车、边三轮摩托车和正三轮摩托车。
10	轻便摩托车号牌		蓝底白字，白框线		符合 GA802 规定的两轮轻便摩托车和正三轮轻便摩托车。
11	使馆摩托车号牌	220×140	黑底白字，红"使"字，白框线	1	驻华使馆的摩托车。
12	领馆摩托车号牌		黑底白字，红"领"字，白框线		驻华领事馆的摩托车。
13	教练摩托车号牌		黄底黑字，黑"学"字，黑框线		教练用摩托车。
14	警用摩托车号牌		白底黑字，红"警"字，黑框线		摩托车类警车。
15	低速车号牌	300×165	黄底黑字，黑框线	2	符合 GA802 规定的低速载货汽车、三轮汽车和轮式专用机械车。
16	临时行驶车号牌	220×140	天（酞）蓝底纹黑字黑框线	2	行政辖区内临时行驶的载客汽车。
				1	行政辖区内临时行驶的其他机动车。
			棕黄底纹黑字黑框线	2	跨行政辖区临时移动的载客汽车。
				1	跨行政辖区临时移动的其他机动车。

（续表）

序号	分类	外廓尺寸 mm×mm	颜色	数量	适用范围
16	临时行驶车号牌	220×140	棕黄底纹 黑字黑框线 黑"试"字	2	试验用载客汽车。
				1	试验用其他机动车。
			棕黄底纹 黑字黑框线 黑"超"字	1	特型机动车,质量参数和/或尺寸参数超出 GB1589 规定的汽车、挂车和汽车列车。
17	临时入境汽车号牌	88×60	白底棕蓝色专用底纹,黑字黑边框	1	临时入境汽车。
18	临时入境摩托车号牌			1	临时入境摩托车。
19	拖拉机号牌	按 NY 345.1—2005 执行。			上道路行驶的拖拉机。

5. 道路运输证

道路运输证是县级以上人民政府交通主管部门设置的道路运输管理机构对从事旅客运输（包括城市出租客运）、货物运输的单位和个人核发的随车携带的证件。营运车辆转籍过户时,应到运管机构及相关部门办理营运过户有关手续。道路运输证只有运营车辆才有,非运营车辆没有此证。道路运输证如图 2-7 所示。

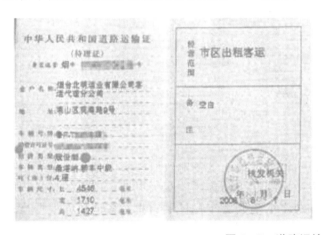

图 2-7　道路运输证

6. 机动车检验合格标志

机动车必须进行安全技术检验,检验合格后,公安机关发放合格标志。根据《中华人民共和国道路交通安全法实施管理条例》第十三条的规定,机动车检验合格标志应贴在机动车前窗右上角。若无合格标志或无效,则不能交易,如图 2-8 所示。

但从 2017 年 1 月 1 日起,环保检验标志和年审标志将合二为一,车主将不用领取机动车环保合格标志。机动车检

图 2-8　机动车检验合格标志

验合格标志的颜色分为黄、绿、蓝,每3年循环一次。按照惯例,2011年的标志为黄色,2012年的标志为绿色,2013年的标志为蓝色,以此类推。以检验有效期的截止日期为准,2017年的标志为黄色。

7. 准运证

对于有资格进口车辆的口岸,进口的车辆必须要有国家商务部门核发的批准的证件,准运证必须要确保一车一证,如图2-9所示。

图2-9 准运证

8. 轿车定编证

轿车是国家规定的专项控制商品之一,轿车定编证是各地政府落实国务院关于严格控制社会集团购买力的通知精神,由各地方政府控制社会集团购买力办公室签发的证件。国家为了支持轿车工业的发展,后来又通知决定取消购买车辆控购审批。各地政府根据当地实际情况,所执行控购情况各不相同。

二、二手车各种税费单据

根据《二手车流通管理办法》规定,二手车交易必须提供车辆购置税完税证明、车船使用税缴付凭证、车辆保险单等。

1. 车辆购置税完税证明

车辆购置税是国家向所有购置车辆的单位和个人,包括国家机关和单位以纳税形式征收的一项费用。其目的是切实解决发展公路运输事业与国家财力紧张的突出矛盾,将车辆购置税作为我国公路建设的一项长期稳定的资金来源。二手车交易时应检查车辆购置税完税证明(如图2-10、图2-11)。

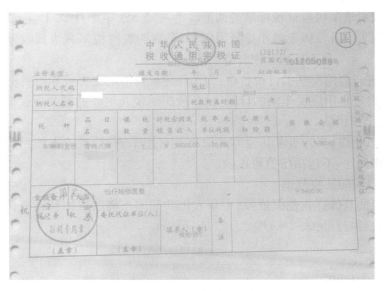

图 2 - 10　车辆购置完税发票

图 2 - 11　车辆购置完税证明

1) 车辆购置税的计算

车辆购置税的征收标准,是按车辆计税价的 10% 计征,由车辆登记注册地的主管税务机关征收。它是购买车辆后支出的最大一项费用。

$$车辆购置税应纳税额＝计税价格×10\%$$

计税价格根据不同情况,按照下列情况确定。

① 纳税人购买自用应税车辆的计税价格,为纳税人购买应税车辆而支付给销售者的全

部价款和价外费用,不包括增值税税款。

应注意国家对该项税收计税标准的调整政策,如 2009 年 1 月 20 日至 12 月 31 日期间,购置的排气量在 1.6 升及以下的小排量乘用车,车辆购置税税率减半征收(5%),2010 年提高到 7.5%,2019 年 7 月 1 日后又恢复到 10%。

② 纳税人进口自用车辆的计税价格,为关税完税价格加上关税和消费税。

③ 纳税人自产自用应税车辆的计税价格,按照纳税人生产的同类应税车辆的销售价格确定,不包括增值税税款。

④ 纳税人以受赠、获奖或者其他方式取得并自用车辆,计税依据按照购置车辆时相关凭证载明的价格确定,不包括增值税税款。

2)车辆购置税的征收范围

车辆购置税的具体征收范围依照《中华人民共和国车辆购置税暂行条例》所附《车辆购置税征收范围表》执行(见表 2-4)。

表 2-4 车辆购置税征收范围表

应税车辆	具体范围	注　释
汽车	各类汽车	
摩托车	轻便摩托车	最高设计车速不大于 50 km/h,发动机气缸总排量不大于 50 cm³ 的两个或者三个车轮的机动车
	二轮摩托车	最高设计车速大于 50 km/h,或者发动机气缸总排量大于 50 cm³ 的两个车轮的机动车
	三轮摩托车	最高设计车速大于 50 km/h,或者发动机气缸总排量大于 50 cm³,空车质量不大于 400 kg 三个车轮的机动车
电动车	无轨电车	以电能为动力,由专用输电电缆线供电的轮式公共车辆
	有电轨车	以电能为动力,在轨道上行驶的公共车辆
挂车	全挂车	无动力设备,独立承载,由牵引车辆牵引行驶的车辆
	半挂车	无动力设备,与牵引车辆共同承载,由牵引车辆牵引行驶的车辆
农用运输车	三轮农用运输车	柴油发动机,功率不大于 7.4 kW,载质量不大于 500 kg,最高车速不大于 40 km/h 的三个车轮的机动车
	四轮农用运输车	柴油发动机,功率不大于 28 kW,载质量不大于 1 500 kg,最高车速不大于 50 km/h 的四个车轮的机动车

3)车辆购置税的免税范围

以下车辆免征车辆购置税:

① 依照法律规定应当予以免税的外国驻华使馆、领事馆和国际组织驻华机构及其有关人员自用的车辆;

② 中国人民解放军和中国人民武装警察部队列入装备订货计划的车辆;

③ 悬挂应急救援专用号牌的国家综合性消防救援车辆;

④ 设有固定装置的非运输专用作业车辆；
⑤ 城市公交企业购置的公共汽电车辆。

2. 车船税

车船税征收依据是 2012 年 1 月 1 日起实施的《中华人民共和国车船税法》。根据规定，凡在中华人民共和国境内，车辆、船舶(以下简称车船)的所有人或者管理人为车船税的纳税人，应当依照本条例的规定缴纳车船税，车船税标如图 2 - 12 所示。

图 2 - 12 车船税标

2018 年 8 月 1 日，财政部、税务总局、工信部、交通运输部下发《关于节能新能源车船享受车船税优惠政策的通知》，要求对符合标准的新能源车船免征车船税，对符合标准的节能汽车减半征收车船税。

车船税属于地方税，应根据各地税务局制定的具体管理办法予以确定，可与交强险一并缴纳。

3. 机动车保险费

机动车保险是各种机动车在使用过程中发生事故，造成车辆本身以及第三者人身伤亡和财产损失后的一种经济补偿制度。

我国机动车保险险种分为基本险和附加险两大类。其中机动车交通事故责任强制保险(简称"交强险")就属于基本险中的第三者责任险。第三者责任险是我国绝大多数地区强制实行的保险险种，没有投保第三者责任险的新车，公安车辆管理机关不发牌证，每年的汽车检验不能通过。所以交易时应检查强制保险标志，如图 2 - 13 所示。交强险具有强制性、广泛覆盖性及公益性的特点，如图 2 - 14 所示。

图 2 - 13 强制保险标志

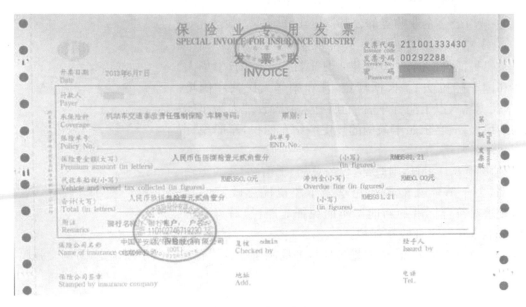

图 2 - 14　交强险发票

一、任务目标与要求

1. 小组成员分工协作,利用所学知识点,查询相关资料,依据任务工单分析制定工作计划,并通过小组自评或互评进行检查。

2. 了解二手车法定证件及相关税费单据类型。

3. 对二手车法定证件及相关税费单据进行检查并辨别真伪。

二、任务准备及实施

小组接受工作任务,组长带领组内成员阅读任务工单,查阅相关资料,合理分工,制定任务计划,并检查计划有效性。

项目	评估前期准备		
任务	手续核查	姓名	
班级	组号	日期	
任务目的	1. 了解二手车法定证件及相关税费单据类型。 2. 对二手车法定证件及相关税费单据进行检查并辨别真伪。		

（续表）

任务描述	按照学习领域课程安排,通过机房上网查阅资料,教师提供参考书、视频资料等教学资源,在教师指导下完成查验可交易车辆这一教学任务。请各组情景模拟证件检查场景,对教师提供的车辆证件进行检查,并辨别真伪,判别车辆是否能够进行鉴定评估,是否能够接受这一委托。
任务要求	通过教师的引导、自学和查找资料等方式,按照工作过程的完整性和连贯性评估要求,逐步养成就业岗位的隐性工作方法,最终以小组协作形式查验可交易车辆。
任务实施	1. 你所核查的车辆是否有来历证明:□有 □没有。 (1) 如果有来历证明,则来历证明是_____,□真 □伪, (2) 如果没有来历证明,原因是_____。是否可以补办? □是 □否。 ① 如果可以补办,理由是_____。补办时需要的费用应该是____元。 ② 如果不能补办,理由是_____。你应该采取的措施是_____ _____。 2. 你所核查的车辆是否有行驶证:□有 □没有。 (1) 如果有行驶证,□真 □伪。 (2) 如果没行驶证,原因是_____。是否可以补办? □是 □否。 ① 如果可以补办,理由是_____。补办时需要的费用应该是____元。 ② 如果不能补办,理由是_____。你应该采取的措施是_____ _____。 3. 你所核查的车辆是否有登记证:□有 □没有。 (1) 如果有登记证,□真 □伪。 (2) 如果没登记证,原因是_____。是否可以补办? □是 □否。 ① 如果可以补办,理由是_____。补办时需要的费用应该是____元。 ② 如果不能补办,理由是_____。你应该采取的措施是_____ _____。 4. 你所核查的车辆是否有号牌:□有 □没有。 (1) 如果有号牌,号牌的种类是_____,□真 □伪。 (2) 如果没号牌,原因是_____。是否可以补办? □是 □否。 ① 如果可以补办,理由是_____。补办时需要的费用应该是____元。 ② 如果不能补办,理由是_____。你应该采取的措施是_____ _____。 5. 你所核查的车辆各类检验标志(包括交强险标志)是否齐全:□齐全 □不齐全。 (1) 如果齐全,是否有伪造的:□有 □没有。伪造的标志是_____,你应该采取的措施是_____。 (2) 如果不齐全,缺少的是_____。是否可以补办? □是 □否。 ① 如果可以补办,理由是_____。补办时需要的费用应该是_____元。 ② 如果不能补办,理由是_____。你应该采取的措施是_____ _____。

（续表）

	6. 你所核查的车辆是各类税费证明是否齐全：□齐全　□不齐全。 （1）如果齐全，是否有伪造的：□有　□没有。伪造的标志是_____，你应该采取的措施是_____。 （2）如果不齐全，缺少的是_____。是否可以补办？□是　□否。 ① 如果可以补办，理由是_____。补办时需要的费用应该是_____元。 ② 如果不能补办，理由是_____。你应该采取的措施是_____ _____。 7. 自我评价（个人技能掌握程度）： □非常熟练　□比较熟练　□一般熟练　□不熟练
实施考核	教师评语：（包括核查的方法、全面性、准确性等方面，并按等级制给出成绩） 记录成绩_____　　　教师签字：_____　　____年____月____日

任务三　车辆拍照

车辆拍照是评估人员根据车牌号或评估登记号，对被评估车辆拍照，并存入系统存档。

一、二手车拍照的技术要求

1. 拍摄距离

拍摄距离是指拍摄立足点与被拍照二手车的远近。拍摄距离远，则拍摄范围大，所拍的二手车影像小。一般要求全车影像尽量充满整个像面。

2. 拍摄角度

拍摄角度是指拍摄立足点与被拍照二手车的方位关系。拍摄角度方位一般分为上下关系和左右关系。

（1）上下关系

拍摄角度的上下关系可分为俯拍、平拍和仰拍三种。俯拍是指拍摄者站在比被拍摄物高的位置向下拍摄。平拍是指拍摄点在物体的中间位置，镜头平置的拍摄，此种拍摄方法的效果就是人两眼平视的效果。仰拍是指相机放置在较低部位，镜头由下向上仰置的拍摄，这种拍摄效果易发生变形。

（2）左右关系

拍摄角度的左右关系一般根据拍摄者确定的拍摄方位，分为正面拍摄和侧面拍摄两种。正面拍摄是指面对被拍摄的物体或部位的正面进行拍摄。侧面拍摄是指在被拍摄物体的侧面所进行的拍摄。

对二手车的拍照宜采用平拍且车左前侧呈 45°方向拍摄。

3. 光照方向

光照方向是指光线与相机拍摄方向的关系，一般分为正面光、侧面光和逆光三种。对二手车拍照应尽量采用正面光拍照，以使二手车的轮廓分明、牌照号码清晰、车身颜色真实。

二、二手车拍照的一般要求

（1）选择宽敞、平坦的场地，背景尽量简单。

（2）二手车拍摄前车身要擦洗干净。

（3）前挡风玻璃及仪表盘上无杂物。

（4）机动车号牌无遮挡。

（5）关闭各车门。

（6）转向盘回正，前轮处于直线行驶状态。

三、二手车常见拍摄位置（扫码见视频 2－6）

对二手车拍照一般要拍摄前面、侧面和后面三个方向的整体外形照，发动机舱、驾驶室、后备厢等局部位置的照片。

1. 整体外形照

整体外形照采用平拍，其中，前面照（也称为标准照）是在与车左前侧呈 45°方向拍摄，这个角度拍摄的照片可以清晰地展现车辆的全貌，让消费者对二手车有一个直观的了解，如图 2－15 所示。侧面照是侧面拍摄，如图 2－16 所示。后面照是在与车右后侧呈 45°方向拍摄，如图 2－17 所示。

图 2－15 二手车标准照

图 2－16 二手车侧面照

图 2－17 二手车后面照

2. 局部位置照

局部位置照采用俯拍，如图 2－18、图 2－19 所示。

图 2-18　驾驶室局部照　　　　　　　　　图 2-19　发动机舱局部照

四、拍摄注意事项

（1）光照方向应采用正面光，尽量避免强烈或昏暗光照，不采用侧面光和逆光。

（2）以平拍方式进行，不要采用俯拍或仰拍。

（3）所拍车辆要进行认真准备。

（4）所拍照片要使二手车的轮廓分明、牌照号码清晰、车身颜色真实。

一、任务目标与要求

1. 小组成员分工协作，利用网络、图书馆资料，依据任务工单分析制定工作计划，并通过小组自评或互评检查工作计划。

2. 对二手车进行拍照，并将照片存档。

二、准备工作

1. 小组接受工作任务，组长带领组内成员阅读任务工单，查阅相关资料，合理分工，制定任务计划，并检查计划有效性。

2. 准备实验场地、实验车辆、实验器材。

三、实施指导

1. 检查车辆是否符合拍照的要求，视需要进行必要的处理。

2. 调整好照相机。

3. 拍摄外观图片。分别从车辆左前部与右后部45°角拍摄外观图片各1张。拍摄外观破损部位带标尺的正面图片1张。

4. 拍摄驾驶室图片。分别拍摄仪表台操纵杆、前排座椅、后排座椅正面图片各1张，拍摄破损部位带标尺的正面图片1张。

5. 拍摄发动机室图片 1 张。

6. 将拍摄的照片整理保存。

项目	二手车评估前期准备		
任务	二手车拍照	姓名	
班级	组号	日期	
任务目的	1. 拍摄二手车外观、驾驶室、发动机室照片。 2. 将拍摄的二手车照片进行存档。		
任务描述	按照学习领域课程安排,通过情景模拟,教师提供待鉴定评估车辆、参考资料、视频资料等教学资源,在教师指导下完成二手车拍照这一教学任务。请各组对教师提供的车辆进行拍照,并将照片进行存档。		
任务要求	通过教师的引导、自学和查找资料等方式,按照工作过程的完整性和连贯性(资讯—决策—计划—实施—检查)评估要求,逐步养成就业岗位的隐性工作方法,最终以小组协作形式完成二手车拍照。		
资讯	掌握二手车拍照要求。		
决策	每 6 人一组,每组选出一名负责人,负责人对小组任务进行分配,组员按负责人要求完成相关任务内容。 表格见下		
制定计划	根据任务内容制定任务计划,并反复修改、讨论工作方案。		
任务实施	各小组成员按照制定的工作计划查阅相关资料,对二手车进行拍照并将照片存档。 1. 外观图片 2. 驾驶室图片 3. 发动机室图片		
检查评估	成果展示,小组自评与互评,并讨论、总结、反思学习过程中的不足,撰写工作报告并交流。		
实施考核	教师评语:(包括与客户沟通情况、语言表达、任务工单填写情况、委托书填写等方面,并按等级制给出成绩) 记录成绩:_____　　教师签字:_____　　___年___月___日		

决策栏内表格:

序号	个人职责(任务)	负责人
1		
2		
3		
4		
5		
6		

任务四 拟定鉴定评估作业方案

接受委托后,评估机构要根据委托书的要求制定相应评估作业方案。

鉴定评估方案是二手车鉴定评估机构根据二手车鉴定评估委托书的要求而制定的规划和安排。

一、二手车鉴定评估作业流程(扫码见视频 2－7)

二手车鉴定评估机构开展二手车鉴定评估经营活动按相关流程作业,并填写《二手车鉴定评估作业表》。二手车经销、拍卖、经纪等企业开展业务涉及二手车鉴定评估活动的,查验可交易车辆登记基本信息判别事故车鉴定技术状况,并填写《二手车技术状况表》。二手车鉴定评估流程包括以下内容:

(1)受理鉴定评估,明确评估目的、评估对象和其他业务基本事项。

(2)查验可交易车辆,对不可交易车辆的,除特殊需要外,不进行技术鉴定和价值评估。

(3)签订委托书,拟定评估计划,安排鉴定评估人员。

(4)登记基本信息,车辆类别、名称、型号、生产厂家、初次登记日等。

(5)判别事故车。

(6)鉴定技术状况,检查车身及重要部件、计算技术状况分值、描述缺陷、评定技术等级。

(7)评估车辆价值。

(8)撰写并出具鉴定评估报告,向委托方出具鉴定评估报告。

(9)归档工作底稿。

二、鉴定评估作业方案的内容

鉴定评估作业方案的主要内容包括:评估目的、评估对象和范围、评估基准日、安排具有鉴定评估资格的评估人员及协助评估人员工作的其他人员、现场工作计划、评估程序、评估具体工作和时间安排、拟采用的评估方法及其具体步骤等。

1. 评估目的

本次评估目的是为某某拟转让(或其他目的)的车辆提供价值参考依据。

2. 评估对象

根据本次评估的经济行为和评估目的,评估对象为固定资产——车辆××台。具体评估对象和评估范围详见资产占有单位填写的评估明细表。

3. 评估基准日

本项目评估基准日是某年某月某日。本次评估中的一切取价标准均为评估基准日有效的价格标准。评估基准日是根据本次评估目的要求,由委托方、资产占有方确定。

4. 评估过程

本次评估工作主要分四个阶段进行。

1)前期准备阶段

接受委托后,根据评估工作需要,首先制定资产评估工作方案,确定评估目的和评估对象,选定评估基准日,按照评估机构规范化要求指导资产占有方填报《固定资产(车辆)清查评估明细表》,并根据填报的明细内容进行账表、账账、账实核对,做到账实相符,向资产占有方了解委估资产的有关情况,同时收集资产评估所需的各种文件资料。

2)现场调查阶段

某年某月某日,评估人员对委托评估的车辆现场进行勘察和鉴定。

(1)评估人员根据评估申报表的内容,到现场对车辆进行核查与鉴定,并对车辆的运行状况进行了认真的观察和记录,同时与有关人员就车辆的技术状况、工作环境及维护保养情况等进行了了解。

(2)查阅车辆有关会计账簿、行驶证等资料,核对其相关产权,确定其产权归属。

3)进行市场调研、询价及评定估算阶段

(1)根据现场记录,计算车辆的成新率。

(2)据车辆的具体情况,搜集相关市场价格数据,分析价格数据的真实性和有效性,依据价格影响因素进行相关调整,以掌握的资料为基础,对委估实物资产进行重置成本测算。

(3)计算评估值。

4)评估汇总和分析阶段

根据对资产的初步评估结果,编制资产评估结果明细表和分类汇总表。在核实确认具体资产项目评估结果准确合理、评估对象没有重复和遗漏的基础上,进行资产评估数据的汇总分析工作,并根据汇总分析情况对资产评估结果进行调整、修改和完善,分析评估结果,确定评估结论,撰写评估说明及资产评估报告书。

三、典型评估作业方案样式

不同的地区或不同的评估机构,其二手车鉴定评估作业方案形式有所不同,但基本内容是一样的。下面以某评估机构的二手车鉴定评估作业方案为例进行介绍。表2-5是二手车鉴定评估作业表。

表2-5　二手车鉴定评估作业方案

二手车鉴定评估作业方案

一、委托方与车辆所有方简介
委托方田××
委托方联系人田××,联系电话133×××××××××

二、评估目的
根据委托方的要求,本项目评估目的(在□处填√):
☑ 交易　□ 转籍　□ 拍卖　□ 置换　□ 抵押　□ 担保　□ 咨询　□ 司法裁决

三、评估对象
评估车辆的厂牌型号:(×××);号牌号码:(×××)。

四、鉴定评估基准日
鉴定评估基准日:＿＿＿＿年＿＿＿＿月＿＿＿＿日。

五、拟定评估方法(在□处填√)
☑ 重置成本法　□ 现行市价法　□ 收益现值法　□ 其他

六、拟定评估人员
负责评估师:张××

（续表）

协助评估人员:杨×× 七、现场工作计划 负责评估师组织相关人员,于_____年_____月_____日8:00时前,参照各项工作的参考时间,完成下列工作。 （1）证件核对:20分钟。 （2）鉴定二手车现时技术状况。静态检查与动态检查:30分钟;仪器设置检查:送×××检测站:2小时。 （3）车辆拍照:10分钟。 （4）评定估算:2小时。 （5）撰写评估报告:2小时。 八、评估作业程序 按照接受委托、验证、现场查勘、评定估算和提交报告的程序进行。 九、拟定提交评估报告时间 _____年_____月_____日

任务实施

一、任务目标与要求

1. 小组成员分工协作,利用所需鉴定车辆,依据任务工单分析制定工作计划,并通过小组自评或互评进行检查;

2. 能够根据委托方要求,合理组织安排人员,拟定二手车评估作业方案。

二、任务准备及实施

小组接受工作任务,组长带领组内成员阅读任务工单,查阅相关资料,合理分工,制定任务计划,并检查计划有效性。

项目	拟定二手车评估作业方案		
任务	拟定二手车评估作业方案	姓名	
班级		组号	日期	
任务目的	1. 了解车主基本情况、车辆评估目的、评估对象基本情况和委托评估意向。 2. 能够根据委托方要求,合理组织安排人员,拟定二手车评估作业方案。		
任务描述	按照学习领域课程安排,通过机房上网查阅资料,教师提供参考书、视频资料等教学资源,在教师指导下完成拟定二手车评估作业方案这一教学任务。两名学生自由组合为一个小组,分别互相扮演委托人及二手车评估师,模拟作业流程,拟定二手车评估作业方案。在充分掌握上述知识与技能的前提下,完成任务工单。		
任务要求	通过教师的引导、自学和查找资料等方式,按照工作过程的完整性和连贯性(资讯—决策—计划—实施—检查)评估要求,逐步养成就业岗位的隐性工作方法,最终以小组协作形式完成二手车评估作业方案的制定。		

（续表）

任务实施	各小组成员根据委托方要求,按照二手车评估作业流程,填写二手车评估作业方案,具体表格见表2-6。

检查评估	成果展示,各小组人员进行本任务时的表现情况依据以下评分表记录进行评价,并讨论、总结和反思学习过程中的不足。

评分表

考核项目	评分标准	分数	学生自评	小组互评	教师评价	小计
团队合作	是否和谐	5				
活动参与	是否主动	5				
现场7S	是否做到	10				
任务方案	是否合理	15				
操作过程	是否标准规范	40				
任务完成情况	是否圆满完成	5				
劳动纪律	是否严格遵守	5				
工单填写	是否完整、规范	15				
总分		100				
教师签名	得分					

实施考核	教师评语:(包括与客户沟通情况、语言表达、任务工单填写情况、委托书填写等方面,并按等级制给出成绩) 记录成绩_____ 教师签字:_____ ____年___月___日

项目小结

1. 掌握二手车鉴定评估业务洽谈内容

二手车鉴定评估的第一项工作就是接待客户,要与车主洽谈车主基本情况、车辆情况、委托评估的意向和时间要求等。车主即机动车的所有人,指车辆所有权的单位或个人。要了解客户评估目的,评估目的是评估所服务的经济行为的具体类型,了解清楚以后,就可以做出是否接受委托的决定。

2. 能签订二手车鉴定评估委托书(合同)

二手车评估委托书是一项经济合同性质的契约,是指二手车鉴定评估机构与法人、其他组织或自然人相互之间为实现二手车鉴定评估的目的,明确相互权利义务关系所订立的协议。

3. 掌握二手车法定证件的内容和识伪

为有效预防非法车辆的交易,防止交易纠纷,减少经营风险,需要检查被鉴定评估车辆的证件资料,这些资料包括法定证件和税费两类。法定证件主要有机动车来历证明、机动车行驶证、机动车登记证书、机动车号牌、道路运输证、机动车安全技术检验合格标志等。税费主要有车辆购置税完税证明、车船使用税缴付凭证、车辆保险单等。

4. 掌握车辆拍照的基本步骤

在二手车鉴定评估过程中,要对二手车进行拍照,一般要拍摄前面、侧面和后面三个方向的整体外形照,发动机舱、驾驶室、后备厢等局部位置的照片。

5. 了解拟定二手车评估作业方案的内容

接受委托后,评估机构还要根据委托书的要求制定相应评估作业方案。鉴定评估方案是二手车鉴定评估机构根据二手车鉴定评估委托书的要求而制定的规划和安排。

课后习题

一、单项选择题

1. 在核对二手车来历证明时,下列(　　)不需要《公证书》。

A. 中奖的　　　　　　B. 经法院判决的　　　　C. 赠予的　　　　　　D. 继承的

2. 二手车的合法手续证明一般不包括(　　)。

A. 车辆来历证明、机动车行驶证　　　　　B. 机动车登记证、车辆号牌、车辆运输证

C. 车辆购置附加费、机动车辆保险费　　　D. 交通事故处理意见书

3. 下列(　　)是机动车的产权证明。

A. 机动车行驶证　　　　　　　　　　　　B. 机动车登记证

C. 车辆购置税完税凭证　　　　　　　　　D. 车辆号牌

4. 《机动车交通事故责任强制保险条例》是国务院(　　)年3月28日颁布的。

A. 2005　　　　　　　B. 2006　　　　　　　C. 2007　　　　　　　D. 2008

5. 对小型汽车的号牌,标准形式为(　　)。

A. 黄底黑字黑线框　　　　　　　　　　　B. 蓝底白字白线框

C. 黑底白字白线框　　　　　　　　　　　D. 白底黑字黑线框

6. 机动车检验合格标志灭失、丢失或者损毁的,机动车所有人应当持行驶证向机动车登记地或者检验合格标志核发地车辆管理所申请补领或者换领。车辆管理所应当自受理之日起(　　)日内补发或者换发。

A. 1　　　　　　　　　B. 2　　　　　　　　　C. 3　　　　　　　　　D. 5

7. 涉及企事业单位车辆评估,一定要有(　　)。

A. 邀请函、委托书、作业表、报告书　　　B. 协议书、电传文件、作业表、报告书

C. 协议书、委托书、作业表、报告书　　　D. 协议书、委托书、电子文稿、报告书

8. 车主身份证明对私人车辆来说是指(　　)。

A. 驾驶证　　　　　　　B. 身份证　　　　　　　C. 学历证　　　　　　　D. 结婚证

9. (　　)不属于二手车买卖合同附件之中的汽车相关凭证。

A. 机动车登记证书　B. 行驶证　　　　　　C. 附加税证　　　　　D. 驾驶证

10. 证明车辆产权归属的证件是(　　　)。

A. 行驶证　　　　　　　　　　　B. 机动车登记证书

C. 车辆购置税完税证　　　　　　D. 保险单

11. 下列手续中,哪一种二手车交易时不是必备文件?(　　　)

A. 行驶证　　　　　B. 登记证书　　　　C. 保险单　　　　D. 说明书

12. 依我国《道路交通管理条例》,下列哪种证件是车辆上路行驶必需的证件?(　　　　)

A. 机动车登记证　　B. 行驶证　　　　　C. 附加税证　　　　D. 保险单

13. 对于国产新汽车来说,其来历证明是(　　　)。

A. 发票　　　　　　B. 完税证明　　　　C. 合格证　　　　　D. 说明书

14. 哪年的 7 月 1 日后,未投保交强险的车辆不准上路行驶?(　　　)

A. 2002　　　　　　B. 2003　　　　　　C. 2004　　　　　　D. 2005

15. 外国驻华使馆自用车,车辆购置税按哪种征收?(　　　)

A. 免征　　　　　　B. 5%　　　　　　C. 10%　　　　　　D. 15%

16. 自哪年开始实施车辆购置税,取代购置附加费?(　　　)

A. 1999　　　　　　B. 2000　　　　　　C. 2001　　　　　　D. 2002

17. 车辆购置税是按车辆计税价的多少计征?(　　　)

A. 17%　　　　　　B. 10%　　　　　　C. 7.5%　　　　　　D. 5%

18. 下列(　　)不是二手车交易必须具备的条件。

A. 车辆种类符合国家或者本地规定的安全技术性能要求,经公安交通部门检测合格

B. 二手车卖方应当拥有车辆的所有权或者处置权

C. 卖方具有合法、完整的车辆法定证明、凭证

D. 本单位或者上级单位出具的资产处理证明

19. 拍摄二手车照片的正确角度是(　　　)。

A. 车头正前方　　　　　　　　　B. 车尾正后方

C. 左前侧 45 度　　　　　　　　D. 右后侧 45 度

20. 二手车整体外形照常见的拍摄位置不包括(　　　)。

A. 前部　　　　　　　　　　　　B. 后部

C. 局部　　　　　　　　　　　　D. 侧面

二、多项选择题

1. 下列(　　　　)在车辆购置税的免税、减税范围内。

A. 外国驻华使馆、领事馆和国际组织驻华机构及其外交人员自用的车辆

B. 中国人民解放军的车辆

C. 设有固定装置的非运输车辆

D. 挖掘机、推土机

2. 下列(　　　　)免收车船税。

A. 拖拉机　　　　　　　　　　　B. 捕捞、养殖渔船

C. 政府部门车辆 　　　　　　　　　D. 军队、武警专用的车船

3. 下列（　　　　）是要核查机动车行驶证时应做的检查项目。

A. 查验机动车行驶证上的号牌号码、车辆识别代号、发动机号、车架号与车辆实物是否一致

B. 发动机号、车架号是否有改动、凿痕、挫痕、重新打刻等情况

C. 车辆颜色与车身装置是否与行驶证一致

D. 行驶证上的车主信息是否真实

4. 下列（　　　　）是要核查机动车登记证书时应做的检查项目。

A. 对比判断真伪，如发现登记证为伪造的，应报告公安机关

B. 确认登记证上记录的有关车辆的信息与被评估车辆完全一致

C. 核查登记证的有效日期

D. 核查登记证上的车主信息

5. 下列对二手车拍照的一般要求的描述（　　　　）正确。

A. 车身要擦洗干净 　　　　　　　　B. 前挡风玻璃及仪表盘上无杂物

C. 机动车号牌无遮挡 　　　　　　　D. 前轮处于向右偏驶状态

6. 下列对二手车整体外形照的描述（　　　　）正确。

A. 采用平拍，前面照（也称为标准照）是在与车左前侧呈 45°方向拍摄

B. 侧面照是正侧面拍摄

C. 后面照是在与车右后侧呈 15°方向拍摄

D. 顶部照是在与车顶呈向下 45°方向拍摄

7. 与客户洽谈的主要内容有（　　　　）。

A. 评估方法 　　　B. 评估的目的 　　　C. 车主基本情况 　　　D. 时间要求

8. 机动车报废后，其所有人应将（　　　　）交回公安机关交通管理部门注销。

A. 机动车登记证书 　　　　　　　　B. 驾驶证

C. 号牌 　　　　　　　　　　　　　D. 行驶证

9. 下列（　　　　）需要有变更登记记载。

A. 改变车身颜色的

B. 更换车身或者车架的

C. 营运机动车改为非营运机动车

D. 小型、微型载客汽车加装前后防撞装置

三、判断题

1. 如果没有机动车登记证书，则不能进行鉴定评估。　　　　　　　　　　　（　　）

2. 二手车来历证明专指新车或二手车购置发票。　　　　　　　　　　　　　（　　）

3. 修理单位开具的发票也可以作为机动车的来历证明。　　　　　　　　　　（　　）

4. 机动车所有人为自然人办理补领"机动车登记证书"业务的，应本人到场申请，不能委托他人代理。机动车所有人因死亡、出境、重病残和不可抗力等原因不能到场补领"机动车登记证书"的，应当出具有关证明。　　　　　　　　　　　　　　　　　　　（　　）

5. 机动车号牌、行驶证灭失、丢失或者损毁的，机动车所有人应当向登记地车辆管理所

申请补领、换领。　　　　　　　　　　　　　　　　　　　　　（　　）

6. 发动机号码、车辆识别代号因磨损、锈蚀、事故等确认不清或者损坏的,应当更换发动机或报废车辆。　　　　　　　　　　　　　　　　　　　（　　）

7. 对客户提出不同的鉴定评估委托,有不同的评估方法。　　　（　　）

8. 为买卖双方提供成交的参考底价,不是鉴定评估的目的。　　（　　）

9. 在接受评估委托时,明确车辆的评估目的,十分重要。　　　（　　）

10. 二手车鉴定评估委托书就是二手车鉴定委托合同。　　　　（　　）

11. 二手车卖方应当拥有车辆的所有权和处置权。　　　　　　（　　）

12. 法院查封的车辆禁止买卖。　　　　　　　　　　　　　　（　　）

13. 机动车所有人是指拥有机动车的个人,不包括单位。　　　（　　）

14. 机关、企事业单位的身份证明是《组织机构代码证》。　　（　　）

15. 机动车号牌是准予机动车在我国境内道路行驶的法定标准。（　　）

16. 交强险是我国首个由国家法律规定实行的强制保险制度。　（　　）

四、简述题

1. 机动车的法定证件都有哪些? 各种税费单据有哪些?

2. 进行二手车业务洽谈需要获取哪些信息?

3. 二手车业务洽谈时有哪些注意事项?

4. 简述签订二手车鉴定评估委托书的重要性?

5. 简述机动车号牌的识伪方法?

6. 简述机动车行驶证的识伪方法?

7. 车辆购置税的免税、减税范围?

8. 如何对二手车拍照?

二手车技术状况鉴定

扫码可见
项目三视频

1. 总结二手车技术鉴定全部内容的要点和注意事项，认识运用静态、动态技术鉴定的必要性；

2. 能完成二手车是否走私、盗抢、报废及套牌车辆的鉴别，能熟练完成车辆静态性能的检查；

3. 通过看、听、摸等基本方法完成对二手车的无负荷动态检查，能通过驾驶对二手车的各项性能进行动态检查发现可能的故障；

4. 学会通过分析二手车的各种工况条件下的表现来判断车辆的技术状况，培养学生爱岗敬业的职业操守和严谨认真、精益求精的工匠精神；

5. 使用常用仪器对二手车的技术状况进行检测与鉴定，遵循6S管理。

6. 能规范填写二手车鉴定评估作业表，培养学生规范操作的习惯。

二手车技术状况的鉴定是二手车鉴定评估工作的基础与关键。其鉴定方法主要有静态检查、动态检查和仪器检查三种。其中，静态检查和动态检查是依据评估人员的技能和经验对被评估车辆进行直观、定性的判断，即初步判断评估车辆的运行情况是否正常、车辆各部分有无故障及故障的可能原因、车辆各总成及部件的新旧程度等。而仪器检查是对评估车辆的各项技术性能及各总成部件技术状况进行定量、客观的评价，是进行二手车技术等级划分的依据，在实际工作中往往视评估目的和实际情况而定。

任务一　静态检查

一、静态检查所需的工具和用品

为了在进行二手车检查时能够得心应手，在检查之前，应该先准备一些工具和用品。

1. 基础准备

（1）一个笔记本和一支钢笔或铅笔。用来记录看到、听到和闻到的异常情况，以及需要进一步检测和考虑的事情。

（2）一个手电筒。用来照亮发动机舱和汽车下面又暗又脏的地方。

（3）一些棉丝头或纸巾。用于擦手或用于擦干净将要检查的零件。

（4）一块大的旧毛毯或帆布。用于仰面检查汽车下面是否有漏油、磨损或损坏的零件等。

（5）一段 300～400 mm 的清洁橡胶管或塑料管。可以当作听诊器，用来倾听发动机或其他不可见地方是否有不正常的噪声。

（6）一个卷尺或小金属直尺。用于测量车辆和车轮罩之间的距离。

（7）一个小型工具箱，里面应该装有成套套筒棘轮扳手、一个火花塞筒扳手、各种旋具、一把尖嘴钳子和一个轮胎撬棒。

（8）一个漆面探测仪或一块小磁铁。用于检测塑料车身腻子的车身镶板。

（9）一只万用表。用来进行辅助电气测试。

2. 专用工具准备

（1）漆面测厚仪

漆面测厚仪，又称漆膜仪，是检测车体漆面数值的仪器（如图 3-1）。工作原理是通过漆面与车身铁皮之间的声波波段长度检测，来判定是否存在钣金或者喷漆的痕迹。在检测中，如果出现落差值比较大的区间，且有一定的面积，则车辆该部位可以判定进行过钣金、喷漆修整。

（2）汽车内窥镜（如图 3-2）

通过汽车内窥镜的摄像头，检测人员可以在不拆装机件的前提下，对车辆进行深入检测，如底盘、发动机、水箱、油箱等，从而了解到是否存在异物、积碳、磨损等情况，以便后期进行整备修复。

图 3-1 漆面测厚仪

图 3-2 汽车内窥镜

图 3-3 蓄电池测试仪

（3）蓄电池测试仪（如图 3-3）

蓄电池测试仪用来测量蓄电池的静态电压和电池容量。通过电导技术进行测试，以电池目前测得的实际电导值与电池完好时的标准电导值进行比较，可以判定该电池的容量并判定是否需要更换。

除上述常用检测工具外，还有汽车听诊器、胎压检测器、刹车片检测尺和防冻液冰点仪等，这些辅助工具都为检测人员鉴定车况提供了便利。

二、静态检查的主要内容

二手车的静态检查是指在静态情况下，根据评估人员的经验和技能，辅之以简单的量具，对二手车的技术状况进行静态直观检查。

二手车的静态检查主要包括识伪检查和外观检查两大部分,如图 3-4 所示。

静态检查
├── 识伪检查
│   ├── 鉴别走私车辆
│   ├── 鉴别拼装车辆
│   └── 鉴别盗抢车辆
└── 外观检查
    ├── 鉴别事故车辆:包括碰撞、水淹、火灾等事故
    ├── 检查发动机机舱:包括机体外观、冷却系统、润滑系统、点火系统、供油系统、进气系统等
    ├── 检查驾驶舱:包括驾驶操作机构、开关、仪表、报警灯、内饰件、座椅、电气部件等
    ├── 检查行李厢:行李厢锁、防水密封条、备用轮胎、随车工具等
    └── 检查车身底部:包括泄漏、排气系统、转向机构、悬架、传动轴等

图 3-4　二手车的静态检查

三、识伪检查

识伪检查目的是判别车辆来源的合法性,对于那些非法车辆,需要进行评估检查时,不但不予以评估检查,还应及时向公安交管部门举报。

（一）盗抢车辆鉴别（扫码见视频 3-1）

1. 盗抢车辆概念

盗抢车辆是指在车辆交管部门已注册登记,在使用期间内被盗抢或丢失,并在公安部门已报案的车辆。盗窃车辆的手段多种多样,如撬开门锁、破车窗玻璃、撬转向锁等都会遗留下不同的痕迹来。同时,这些车辆经过简单的修饰后很可能流入二手车市场。

2. 盗抢车辆的鉴别方法

（1）车辆盗窃手段不同。主要检查门窗玻璃,根据门窗玻璃上年月来判断门窗玻璃是否更换过,窗框四周的胶条是否有撬过的痕迹;汽车门锁是否过新,同时点火开关是否有破坏或更换痕迹。

（2）车辆销赃。主要检查车辆有效证件是否被篡改或伪造,证件的真伪识别;核对汽车上的发动机号码和 VIN 码是否与行驶证和车辆登记证书上的号码完全一致;车辆外观是否重新做过油漆并改变了原来的颜色。

（3）检查档案。在公安车辆管理部门查询档案资料,掌握车辆情况,确定车辆的合法性及来源情况。这是一种直接有效的判别方法。

（二）走私和拼装车辆鉴别

1. 走私车和拼装车辆概念（扫码见视频 3-2 和 3-3）

（1）走私车辆（"水货"）。是指逃避海关监管,没有向海关如实报关进口并少缴或不缴进口环节税或无合法证明的进口车辆。

① 一刀车(飞顶车)。一刀车是指将汽车顶部进行切割(如图 3-5 所示),切割后,回到境内再进行焊接拼装。

图 3-5　一刀车切割方式

② 两刀车。两刀车是指在一刀车的基础上,又把车架给拦腰截断,回到境内后焊接拼装(如图3-6所示)。

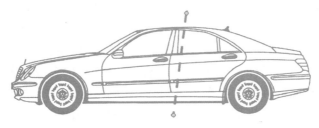

图3-6　两刀车切割方式

(2)拼装车辆。是指违反国家关于生产汽车方面的有关规定,私自拼凑零部件装配的汽车,无产品合格证的假冒、低劣汽车,这些汽车有些是境外整车切割、境内焊接拼装,有的是散件境内组装的。

① 事故拼装车。事故拼装车是指把几台严重交通事故的事故车或报废车各自有用的零件拆卸下来,清洗干净,再购买一些新配件,拼出来再重新喷漆的车。

② 零件拼装车。零件拼装车有些是进口汽车散件国内拼装的国外品牌汽车;有些是国内零配件拼装的国内品牌汽车;有些是旧车拼装车辆,即两台或者几台拼装成一台汽车;也有的是国产或进口零配件拼装的杂牌汽车。

2. 对走私车辆、拼装车辆的鉴别方法

(1)检查进口车相关证件。查验汽车在正常渠道进口应该配有一本中文维护保养手册;在风挡玻璃上应贴有黄色商检标志(如图3-7所示),还应具有进口产品商检证明书。

(2)检查车辆的外观。查看车身外表面是否有多次做漆的痕迹,如车辆顶部、车辆底部、车辆后视镜连接处、车辆门边等部位。车身的腰线部位线条是否流畅,尤其是小曲线部位。根据目前维修行业的技术条件,没有专门的设备能将维修的部位处理得十分完美,或多或少都会留下一些痕迹。检查左右A、B、C三柱是否一致。门柱和车架是否有点焊焊接的圆形焊点痕迹,因为走私车辆一般是在境外把车身切割后,运入国内再进行焊接拼凑起来的。

图3-7　进口车黄色商检标志

(3)检查发动机。检查电线、管路布置是否有条理、安装是否平整;发动机和其他零件是否有拆装过痕迹,主要检查其上面的固定螺栓是否被拧过,密封处是否有异样的密封胶出现。核对发动机号码、车辆识别代码字体和打印部位是否有喷漆痕迹、焊接切割过痕迹、贴补过痕迹;并将其与车辆行驶证和车辆登记证书上进行核对,应该完全一致。

(4)检查车辆内饰。进口车检查车内仪表的显示是否与正常进口中国的车型有区别;车辆配置的检查;检查车辆内饰的新旧程度,再检查车辆顶部装饰材料的平整度,棱角处是否留下痕迹印。

(5)检查档案。运用公安车管部门的车辆档案资料,查找车辆来源信息,确定车辆的合法性及来源情况。这是一种直接有效的判别方法。

四、外观检查

在二手车评估业务中大部分工作是对二手车手续和车辆技术状况进行全面对照检查，然后按车辆技术状况进行评估。对于二手车的车型、年份、年款等信息都是比较容易看出来的，但对汽车的使用强度、使用情况、是否出现过的事故等，就需要有一定的实践经验才能检查出来。在车辆进行外观检查前，应进行外部清洗。在外观检查过程中，对于底盘相关项目的检查，应该在设有检测地沟或有汽车举升器的工位上进行。这里我们只介绍车辆的常规检查项目，至于是否判定为事故车辆，我们将在项目四进行讲解。

（一）车身外观检查（扫码见视频 3-4）

因轿车和客车的车身在整个汽车中价值权重较大，维修费用较高，故车身检查是技术状况鉴定的重要环节。检查顺序一般从车的前部开始，可以按以下方法进行。

1. 检查车辆的周正情况

在汽车制造厂，汽车车身及各部件的装配位置是在生产线上由严格调试的装配夹具保证的，装配出的车辆各部分对称、周正。而维修企业对车身的修复则是靠维修人员目测和手工操作，装配难以保证精确。因此，检查车身是否发生过碰撞，可站在车的前部观察车身各部的周正、对称情况，特别注意车身各接缝，如出现不直、缝隙大小不一、线条弯曲和装饰条脱落或新旧不一现象，说明该车可能出现过事故或被修理过。检查车身的周正情况，有以下两种方法：

（1）从汽车的前面走出 5～6 米，蹲下沿着轮胎和汽车的外表面向下看汽车的两侧。在两侧，前、后车轮应该排成一条直线。然后，走到汽车后面进行同样的观察，前轮和后轮应该仍然呈一条直线。如果不是这样，则车架或整体车身弯曲，如图 3-8 所示。如果左侧前、后轮和右侧前、后轮互相呈一条直线，但一侧车轮比另一侧车轮更突出车身，则表明汽车曾碰撞过。

(a) 左侧   (b) 右侧

(c) 前面   (d) 后面

图 3-8　检测汽车两侧的前、后轮是否在同一直线上

（2）蹲在前车轮附近，检查车轮后面的空间，即车轮后面与车轮罩后缘之间的距离，用金属直尺测量这段距离。再转到另一前轮，测量车轮后面和车轮罩后缘之间的距离。该距离应该和另一前轮大致相同。在后轮测量同一间隙，如果发现左前轮或左后轮和它们的轮罩之间的距离与右前轮或右后轮的相应距离相差很大，则说明车架或整体车身弯曲，如图 3-9 所示。

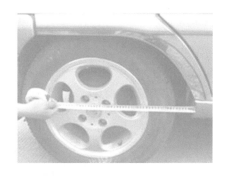

图 3-9　测量每个车轮后面与车轮罩后缘之间的距离

2. 检查车身各配合间隙（扫码见视频 3-5）

车身外观钣金件的安装一般通过简单的调整就可以达到装配质量要求。然而，如果修复后车身结构性部件的关键测量点没有恢复到原始标准，那么就将有可能从车身外观钣金件的配合间隙上直接反映出来，如图 3-10 所示。二手车检查时，通过观察车身外观钣金件的配合间隙是否均匀、轮廓线是否平齐等情况，能够快速、准确地分析判断检验车身技术状况。对车身的缝隙检查主要有三点：一是沿着车体中间划分，看两侧缝隙是否对称，大小是否一致；二是看车漆颜色是否一致；三是缝隙两端的覆盖件要齐整平均，不能有翘起。在正前方、左前方、右前方、正后方观察车门、前照灯、尾灯与车身之间的接缝应是平滑没有接口的。

图 3-10　检查车身各配合间隙

3. 检查车身结构件

看车辆是否有过严重碰撞，我们可以从前后防撞钢梁、固定减振器悬架部位以及两边的 A/B/C 柱上来看，如图 3-11、图 3-12 所示。在条件允许的情况下，可以将车架门框上的密封胶条拉开，看上面的焊点是否均匀以及有无多出的非原厂的焊点。如果焊点变形或有多余的焊点，则说明车辆发生过比较严重的碰撞，如图 3-13 所示。

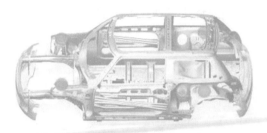

图 3－11　减震器悬架位置（红色区域）

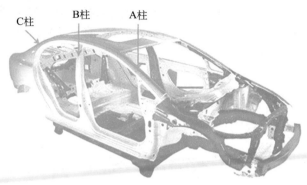

图 3－12　车身结构件及 ABC 柱位置

图 3－13　检查密封条里的框架与激光焊点

图 3－14　A 柱位置检查

以检查 A/B/C 柱为例：打开车门，沿着门边检查 A 柱与前车门之间，看是否有凹凸不平、敲打、拉拽等修复痕迹，或是铰链车门位置的螺丝是否拆装过，如有问题都说明 A 柱附近曾经被撞过，如图 3－14 所示；将前后两个门同时打开，检查其 B 柱是否有修复的痕迹，圆滑过渡处是否烤过漆，因烤过漆后不好处理，经常会留有痕迹；后门的折页是否修复过，如图 3－15 所示；检查其 C 柱是否有修复的痕迹，圆滑过渡处是否烤过漆，因烤过漆后不好处理，经常会留有痕迹；检查下底槛是否烤过漆，敲击是否发出清脆的声音，没有则说明烤过漆，如图 3－16 所示。

图 3－15　B 柱位置检查

图 3－16　C 柱和下底槛检查

4. 检查车身腰线

查看车身的磕、碰、划、剐、蹭痕迹是否明显,在左前、左后、右前、右后方距离车辆5～6米处不同的角度上迎着光去看,尤其是腰身的部位平直度,如图3-17所示。受过重伤的车辆可以从腰线处反映出来。这样便可更容易地看出漆面是否有偏色或者车身上曲线的地方是否出现凸凹不平或有波浪纹来说明有无做过钣金或喷过漆。观察线条是否整齐,漆面是否完整,装饰条是否脱落或新旧不一,如出现不直、线条弯曲,说明该车可能出现过事故或修理过。

图3-17 检查车身腰线位置

5. 观察车漆颜色和车身平整度(扫码见视频3-6)

车身油漆经过数年的日晒雨淋以及空气中的微量化学物质侵蚀,都会或多或少出现整体老化现象,重新修复喷涂后的油漆较原车漆肯定会有所不同。主要体现在色差程度上,比较相邻两块油漆之间的色差,可以比较直观地判断车身是否修复过,倘若大面积或整体翻新,则多数可以将车顶油漆或油箱盖作为原厂油漆的参考,如图3-18所示。但必须要说明的是看上去旧一点的漆不一定是原厂漆,因为如果后喷漆的质量差,则可能老化速度快于原厂漆,反而显得更为陈旧。

图3-18 车身不同位置色差明显

图3-19 车身光线反射检查

至于车身平整度,原厂油漆是依附在冲压成型具有完美曲线车身材料上的,经光线照射会反射出自然流畅的周边环境的倒影。当车身受到碰撞发生变形后,手工修复时很难完全还原原来的曲面。在图3-19中可以看出车身反射出来的倒影是变形的,说明该部位存在凹凸不平的迹象。据此,可以通过曲面的反射流畅度来判断是否修复,距离车辆1～2米处,在不同的角度下观察每一副漆面的平整程度,或通过查看车身上反射的景物是否自然流畅还是呈现不规则的曲折,从而进一步判断车身上该漆面是否进行过修复。特别是有较大面积撞伤的部位,工人在补腻子、打磨腻子时往往磨不平,导致车身漆面看上去有波浪感,漆面凹凸不平。或者逆光去看漆面,并用手去抚摸覆盖件表面,如有橘皮纹、水流纹或抚摸颗粒感,说明重新喷漆过,如图3-20所示。用漆面厚度仪对车辆的某些部件进行漆面厚度检查(如图3-21),也可以用一块磁铁沿车身四周移动,如果移到某处,感觉磁力突然减小,说明该处打过腻子、补过漆,用手敲击此处,声音较别处发闷。

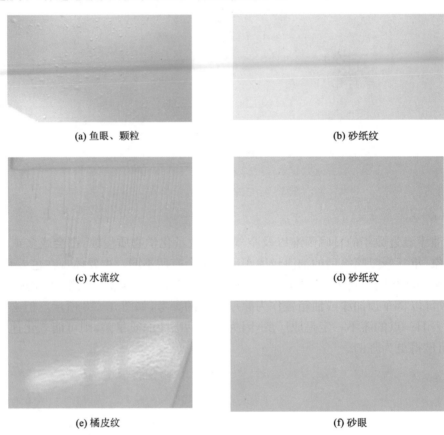

(a) 鱼眼、颗粒　　　　(b) 砂纸纹

(c) 水流纹　　　　(d) 砂纸纹

(e) 橘皮纹　　　　(f) 砂眼

图3-20　漆面瑕疵类型

图3-21　用漆面厚度仪检查是否打过腻子

从大的角度看完之后，再从细节方面入手去看。可以看车身的边边角角，因为通常原厂车都是在车身覆盖件整体做完喷漆之后才组装到车架上的，所以重新做漆的二手车在细节的地方无法处理回原厂的水平。在车门的装饰条或玻璃密封条里面，我们看到了漆面的毛刺，而且装饰条或玻璃密封条靠里面的地方也有漆喷在上面，这时便能确认这台车重新做过漆，如图 3-22 所示。

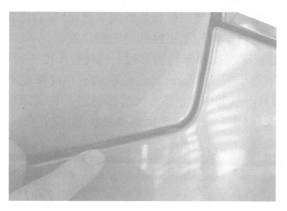

图 3-22 车身接缝有二次喷漆的痕迹

6. 检查底盘线束及其连接情况

在正常情况下，未发生事故的车辆，其连接部件应配合良好，车身没有多余焊缝，线束、仪表部件等应安装整齐、新旧程度接近。因此，在检查车辆底盘时，应认真观察车底是否漏水、漏油、漏气，锈蚀程度与车体上部检查的是否相符，是否有焊接痕迹，车辆转向节臂、转向横直拉杆及球头销处有无裂纹或损伤，球头销是否松旷，连接是否牢固可靠，车辆车架是否有弯、扭、裂、断、锈蚀等损伤，螺栓、铆钉是否齐全、紧固，车辆前后是否有变形或裂纹。固定在车身上的线束是否整齐，新旧程度是否一致，这些都可以作为判断车辆是否发生过事故的线索，如图 3-23 所示。

7. 汽车玻璃的检查（扫码见视频 3-7）

围绕车转一圈看看车上的玻璃，在玻璃厂家代码的下方同样有出厂的时间。比如这台车（如图 3-24）的出厂时间为 2008 年，如果这辆车有一块玻璃不是 8 而是 9 的话，便说明这台车曾换过玻璃。一定要分析其原因为什么更换玻璃，通过分析原因来判断车辆是否有碰撞过。

图 3-23 检查底盘线束和元件有无损伤

图 3-24 车辆玻璃的基本信息

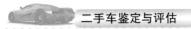

8. 车轮及轮胎检查

(1) 检查车轮轮毂轴承是否松旷。用举升机举起车轮,或用千斤顶支起车轮,用手晃动车轮,感觉有松旷,说明车轮轮毂轴承松旷,车轴轴承磨损严重,需要更换车轮轴承,而换车辆轴承费用较高。

(2) 检查轮胎磨损情况。检查轮胎侧是否进行修理过、是否有割痕或磨损、是否有严重的风雨侵蚀。后轮胎内侧胎面过度磨损很难从外侧发现,除非将汽车顶起来。通常,后轮胎上内侧胎面磨损暗示着已将汽车前轮胎更换到后轮胎位置。

(3) 检查轮胎花纹磨损深度。轿车轮胎胎冠上的花纹深度不得小于 1.6 mm,其他车辆转向轮的胎冠花纹深度不得小于 3.2 mm,其余轮胎胎冠花纹深度不得小于 1.6 mm。有的轮胎设有胎面磨耗(打滑)标记(如图 3 - 25),当磨损量超过正常限度时,磨损标记就会显露出来。若标记已显露出来,则表明轮胎已磨损到极限状态,应更换。

图 3 - 25　轮胎的磨损标记

(二) 发动机舱检查(扫码见视频 3 - 8)

发动机是汽车的“心脏”,是车辆正常行驶的重要保障。一辆二手车发动机性能的好坏,不仅关系车辆的正常使用,而且对车辆的剩余价值和交易结果有着举足轻重的作用。发动机部分的检查在二手车鉴定过程中是一个最重要的环节。

1. 检查清洁

打开发动机舱盖,首先检查发动机外表是否清洁,是否有油污、锈蚀。如果非常清洁,可能是翻新过的。如果初看清洁,细看结合处有污物,并有擦划痕迹,且各螺栓、螺母无松动痕迹,可初步判断该车保养良好。其次,检查发动机线路走向和布置情况是否合理、各个密封部件使用的密封胶的颜色是否与原车辆使用的相符、发动机和变速器上的螺栓是否有被拧过的痕迹,尤其是里程数和使用时间较短的车辆,通过以上几点来简单判断发动机和变速器上的主要零件是否被分解、修理过。

2. 检查结构部件

观察发动机舱盖与翼子板、保险杠和中网与车灯之间的接缝是否平顺、缝隙大小是否均匀,如图 3 - 26 所示。如果相对称的两侧缝隙其中一侧缝隙过大或左右大灯的新旧不一致,很可能是该车曾经有过前侧碰撞事故,造成保险杠、翼子板和发动机舱盖损伤。观察保险杠、翼子板、发动机舱盖上的油漆是否出现表面的硬质颗粒不均匀,是否有严重的橘子皮现象,是否存在流漆现象;打开舱盖,观察固定舱盖螺栓是否有拆卸过的痕迹,如图 3-27 所示,再观察舱盖上的散热孔是否变形和封边的钣金胶是否变形,如图 3-28 所示;检查水箱框架检查,其上面的孔是否变形、左右是否对称一致,是否有严重的锈蚀现象,螺栓是否有被松动过的痕迹,如图 3-29 所示;检查翼子板螺丝是否有拆卸过的痕迹,弧线部分是否存在凸凹不平的变形,用手摸是否有挡手的感觉,如有可能修复过;检查减振器座上焊点和胶是否被修复过的痕迹,左右是否对称一致,如图 3-30 所示;检查两个纵梁是否有弯曲变形,确定焊点是否为原厂,胶是否修复过,如图 3-31 所示。原始的焊接点平滑细小,后加的焊接点粗糙、不规则,如果查看到这种后加的焊接点,说明该车曾经发生过比较严重的事故。

图 3-26　左右两侧大灯四周接缝

图 3-27　检查发动机舱盖连接螺栓处

图 3-28　检查发动机舱盖散热孔和钣金胶

图 3-29　检查水箱框架

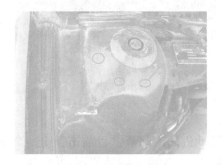

图 3-30　检查减震器座

图 3-31　检查纵梁及胶

3. 检查润滑系统

(1)检查机油的品质

对于一些正在使用的机油,一般可用下面一些简单的手段来大致判断油品的技术状况,以决定是否应该换机油或用来分析发动机的工作情况。常见症状及原因如下:

① 油样外观呈乳白色或呈雾状,表明机油进了水。

② 油样变为灰色,说明可能被汽油所污染。

③ 油样变为黑色,是燃料不完全燃烧的产物所引起的。

④ 油样出现刺激性气味,表明机油被高温氧化,考虑发动机经常高温运转。

⑤ 油样有很重的燃油味,表明个别缸没有点火,大量燃油将机油严重稀释。

⑥ 取一滴机油滴在滤纸上,观察斑点的变化情况:机油迅速扩散,中间无沉积物,表明油品正常;机油扩散慢,中间出现沉积物,表明机油已变脏,意味着该车保养不好。

(2) 发动机机油液面高度检查

检查发动机机油油面高度时,应使发动机处于暖机状态(机油温度不低于60℃),同时车辆应平稳停在水平路面上,发动机停转后等几分钟,当机油全部回到油底壳后,再进行检查。方法如下:

① 拔出机油尺,用干净布擦净后再插回原处。

② 再次拔出机油尺,读出油位。机油油面高度不可超过要求的高度,如图3-32中所示的标记a,否则应抽出多余的机油,且高度不要低于图中标记c。一般机油尺上都有高、低油位的标记,如果油位在两个标记之间,则表示正常。如果油位过低,表明可能有机油泄漏现象、车况不佳出现烧机油的现象。如果油位过高,表明发动机严重窜气或漏水。

(3) 机油加注口盖检查

打开机油加注口盖,查看其内侧是否有黏稠的深色乳状物,还有与油污混合的小水滴,这属于不正常情况,可能是气缸垫、气缸盖或气缸体有损坏,造成冷却液渗入机油中造成的,如图3-33所示。如果有这种情况发生,被污染的润滑油会对发动机内部造成危害,是需要大修的。

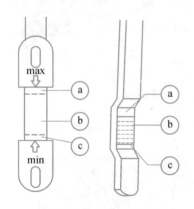

图3-32 机油尺标记

图3-33 机油加注口盖检查

4. 检查冷却系统

(1) 检查冷却液

现代的汽车发动机里常年使用防冻液作为发动机的冷却液。目前市面上冷却液颜色有蓝色、浅绿色和粉红色,如果发现冷却液已经变成水,首先应了解其原因,并分析二手车可能有的毛病,如事故、发动机高温、发动机漏水、发动机内烧水等。

冷却液液面是否为MIN~MAX,如图3-34所示。如太低则说明冷却系统存在渗漏,此时应观察水管接头的各夹子处、水泵、散热器、气缸垫、水堵等处是否有渗漏的痕迹。原因包括:密封垫或胶圈老化、安装不当、油管老化变脆等。注意在打开散热器盖之前,必须保证车辆是在冷车的状态下,否则冷却液很容易溅出来伤人。检查冷却液液面上是否有其他异物飘浮,例如锈蚀的粉屑、不明的油污等。如果发现有油污浮起,表示可能有机油渗入冷却液内;如果发现浮起的异物是锈蚀的粉屑,表示散热器内的锈蚀情况已经很严重。一旦发现有上述情况,都表示该车发动机状况不是很好。

图 3-34 冷却液面高度标记

（2）检查散热器

全面仔细地检查散热器水室和散热器芯是否有褪色或潮湿区域。如有,可能在此部位有渗漏,修理或更换散热器费用较高。当发动机充分冷却后,也可以拆下散热器盖,观察散热器盖上的腐蚀和橡胶密封垫片的情况,散热器盖上应该没有锈迹。如有锈迹,说明没有定期更换冷却液;若水垢严重,可能是发动机温度过高所致。

（3）检查水管

用手挤压散热器和暖风器软管,看是否有裂纹或发脆现象。仔细检查软管上卡紧的两端部,是否有鼓起部分和裂口,是否有锈蚀迹象(特别是连接水泵处)。

（4）检查散热器风扇传动带

大部分汽车的散热器风扇是通过传动带传动的,但有些轿车则采用电动机来驱动,即电子风扇。对于传动带传动的冷却风扇,应检查散热器风扇传动带的磨损情况。

用手电筒仔细检查传动带的外部,查看是否有裂纹或传动带层片脱落。应该检查传动带与带轮接触的工作区是否磨亮,如果磨亮,则说明传动带已经打滑。传动带磨损、抛光或打滑可能引起尖啸声,甚至产生过热现象。传动带上常出现的一些不良现象如图 3-35 所示。传动带的作用区域是与带轮接触的部分,所以要将传动带的内侧拧转 90°来检查。

 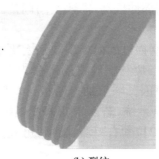 

(a) 正常   (b) 裂纹   (c) 侧磨

图 3-35 传动带工作使用情况

（5）检查冷却风扇

检查冷却风扇叶片是否变形或损坏,若变形或损坏,则其排风量会相应减少,会影响发动机的冷却效果,从而使发动机温度升高,这时需要更换冷却风扇。

5. 检查蓄电池

（1）检查蓄电池外观

检查蓄电池表面是否清洁,可以体现出车主对车子的保养情况,检查蓄电池盖上有无电解液、尘土等异物;检查蓄电池接线柱处是否有严重铜锈或堆满腐蚀物;检查蓄电池出厂年

月,一般蓄电池的寿命是 2~3 年,可以计算出蓄电池的剩余使用寿命,接近极限状态时应考虑到更换的成本。

（2）检查传统铅酸电池电解液的液面高度

可以打开蒸馏水补充液的加注口盖,观察到蓄电池内电解液液面高度,如果高于极板并在标准值的上下刻线之间为正常,低于极板并在标准值的上下刻线以下,表明车主维护不及时,一般直接加蒸馏水就可以。

（3）检查免维护蓄电池

可以直接通过观察孔观看孔中的颜色,当看到的颜色为黄色时,说明电解液过少;当看到的颜色为绿色时,说明电解液合适,且电量充足;当看到的颜色为黑色时,说明电解液合适,但电量不足,需充电。注释说明一般写在蓄电池盖上。

6．检查制动液

使用手电筒检查制动液是否在最高液位 MAX 和最低液位 MIN 之间;打开壶盖看看内部是否悬浮有黑色的小颗粒等其他杂质,如有说明制动管路的接口密封胶圈老化,需要对损坏处进行更换;如果油液颜色变得很深,需要进行更换。

制动液液面是否正常,太低则说明制动系统存在渗漏,观察制动管路的各个接口处、油管、前轮分泵、后轮分泵是否有渗漏的痕迹。原因包括:密封垫或胶圈老化、安装不当、油管老化变脆等。

（三）驾驶室检查（扫码见视频 3－9）

1．驾驶操作机构间隙检查

（1）转向盘检查

检查转向盘时应使汽车处于直线行驶的位置,左右转动转向盘,最大自由行程应不超过15°。如果自由行程超过标准,说明转向系统的各部分间隙过大,转向系统需要保养维修。两手握住转向盘,将转向盘向上下、前后、左右方向摇动推拉,应无松旷的感觉。如有松旷的感觉,则说明转向器内轴承松旷或紧固部件松动,需要紧固调整。

（2）加速踏板检查

检查加速踏板的踏板橡胶皮是否磨损过度而出现缺陷或更换新的。如磨损过度而出现缺陷,则说明行驶里程数已很长,通常一块踏板胶皮的寿命为 3 万公里左右;更换新的可能是磨损严重或异常损坏导致,需查明原因。踩下加速踏板,试试踏板有无弹性;踏下或松开踏板,应回位自如。如带有拉线的操纵系统,若踩下很轻松,说明节气门拉索松弛,需要调整;若踩下加速踏板较费劲,说明节气门拉索有阻滞、破损,可能需要润滑或更换。

（3）制动踏板检查

检查制动踏板的踏板橡胶皮是否磨损过度而出现缺陷或更换新的。如磨损过度而出现缺陷,则说明行驶里程数已很长,一般在 8 万~12 万公里。检查制动踏板的自由行程,制动踏板的自由行程一般为 20~40 mm。制动踏板自由行程过小,则导致行驶时车辆阻力增大。制动踏板自由行程过大,则导致制动距离增长。将制动踏板踩到底来检查制动器的轻重（需结合新车来说明此项问题）,如果较重,这可能是制动系统的真空助力器、制动组件卡死等问题导致,应进行相应检修;如果较轻,这可能是制动系统管路有泄漏、有气体产生、总泵和分泵有问题导致,应进行相应的检修。

（4）检查离合器踏板

检查离合器踏板的踏板橡胶皮是否磨损过度而出现缺陷或更换新的。如磨损过度而出现缺陷,则说明行驶里程数已很长,一般在 5 万~8 万公里。检查离合器踏板的自由行程,离合器踏板的自由行程一般为 30~45 mm。离合器踏板自由行程过小,则导致离合器打滑。离合器踏板自由行程过大,则导致离合器分离不彻底。将离合器踩到底检查离合器的轻重(需结合新车来说明此项问题),如果较重,这些问题可能是离合器的摩擦片或压盘、压紧装置磨损严重导致的,需要对离合器及其操纵机构进行检修。

(5)检查驻车制动操纵杆

放松驻车制动操纵杆,再拉紧驻车制动操纵杆,检查驻车制动操纵杆是否灵活有效(如图3-36),棘轮机构锁止是否正常。大多数驻车制动操纵杆拉起时应在发出 5 或 6 声"咔咔"声后抱紧车轮制动器。如果用驻车制动拉杆施加制动时,发出过多或过少咔咔声,说明驻车制动部件需要检修。

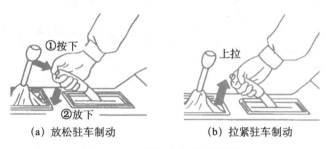

(a)放松驻车制动　　　　　(b)拉紧驻车制动

图 3-36　检查驻车制动操纵杆

(6)检查变速杆

用手握住变速杆球头,根据挡位规律,逐一将变速器换至各个挡位,检查变速器换挡操纵机构是否灵活,检查变速操纵机构防护罩是否破损。若有破损,会影响车厢密封性。

2. 座椅的检查

检查座椅表面应清洁、完好、无破损、划伤、无油迹等情况。检查座椅前后是否灵活,能否固定。如果是多角度调整的座椅,每个位置都要进行调试,检查是否正常;让乘员自由选择适当的乘坐姿态(主要是驾驶员座椅)。确保所有座椅安全带数量是否正确、在合适位置并工作可靠。特别是后排座椅,是不是所有安全带都能互相可靠地扣在一起。当坐在座椅上时,若感到座椅弹簧松弛,弹力不足,说明该车已行驶了很长时间。

3. 安全装置检查

(1)安全气囊检查

如果气囊的自诊断灯开始就不亮或闪亮、常亮时都说明气囊系统有问题(如图 3-37)。如果方向盘处的气囊与方向盘新旧不一致或周边的缝隙不一致,还有副驾驶员座椅的安全气囊与面板的接缝凸凹不平,那么除了装配质量问题,可能是气囊曾打开过并更换新的安全气囊的原因;从对气囊指示灯到气囊的观察来推断是否有发生严重交通事故的可能。另外,转向盘及转向盘喇叭面板不能粘贴覆盖物,不能加套进行其他加工;清洁时只能用干燥或蘸水的抹布擦拭。

图 3-37　安全气囊 SRS 指示灯检查

（2）安全带检查

配备安全气囊的车辆必须正确佩戴安全带,否则安全气囊起不到应有的保护作用,反而使乘客有可能被充气中的安全气囊击伤。多数安全带在中度以下碰撞后还能使用,但当出现如图3-38所示的损伤之一时,必须及时更换。还需注意,检查安全带时,观察其上是否有明显水迹或霉斑。如有,则有可能是泡水车,需认真检查。

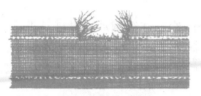
(a) 安全带织物割断或损坏

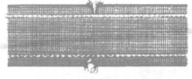
(b) 安全带边缘割断松散（由车门引起的损坏）

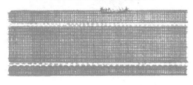
(c) 安全带边缘磨损松散

(d) 安全带弓形

图3-38　安全带损伤形式

4. 检查仪表指示灯

一般汽车设有转速表、车速里程表、燃油表、水温表等仪表。应分别检查这些仪表是否能正常工作,有无缺失或损坏。

现代轿车配备多种电子控制设备,这些电子控制设备均设有故障灯,当故障灯亮起时表明此电子控制系统有故障,需要维修,因此要仔细观察。一般汽车电子控制设备故障灯有发动机故障灯、气囊故障灯、ABS故障灯、ESP故障灯等。

电控系统的故障灯一般在仪表板上,其检查方法是:打开点火开关,观察这些故障灯是否亮3 s后自动熄灭。若在3 s内自动熄灭,则表明此电子控制系统通过了电脑自动检查;若报警灯在车辆着车后长时间内不熄灭,或在打开点火开关后根本不亮,这些都表明存在故障;但发动机故障指示灯是在发动机正常运行之后熄灭为正常。

5. 检查里程表

使用一年的私家车行驶里程一般在1.5万公里左右,公务用车4万公里左右,出租车则为10万～13万公里,由此可初步判断车主所述行驶里程是否真实。里程表读数如果过低,可怀疑里程表被更改过。首先可向车主索要车辆的保修发票,那上面注明车辆的行驶里程,然后检查离合器踏板、加速踏板、制动踏板等地方的胶垫以及轮胎和其他零部件的磨损情况,寻找能够显现车辆实际行驶里程的线索。破损的踏板胶垫、很脏的座椅以及磨损的门扶手等均意味着车辆已行驶了相当长的里程。

6. 检查电器设备和开关

坐在驾驶员座位上,检查刮水器和前风窗玻璃洗涤器、电动车窗、电动后视镜、电动天窗、电动门锁、点烟器、音响、点火开关、转向灯开关、车灯总开关、变光开关、电喇叭开关等,检查这些电器设备和开关是否完好,能否正常工作。

特别注意：冬天的时候一定要检查空调系统，因为和冬天用的暖风是两套系统，但在冬天检查空调时只对系统中有无制冷剂进行检查；夏天检查暖风系统是否漏水。

7. 检查驾驶室内内饰

查看车内装饰材料是否平整，表面是否干净。尤其是压条边沿部分要特别仔细检查，重新装配过的内装饰压条边沿部分有明显手指印或其他工具碾压过后而留下的痕迹。车内顶部装饰材料如更换过，一般都会或多或少地留下弄脏过的印迹。

（四）行李厢检查（扫码见视频 3 - 10）

打开行李厢盖，检查行李厢盖上的孔是否变形，左右是否对称，弧线是否圆滑过渡，钣金胶条纹理是否一致，是否为原厂胶，检查是否被修复过，如图 3 - 39 所示；检查开口处左右两边的后翼子板与后骨架之间的钣金件上的钣金胶纹理左右是否一致，是否修复过，如图 3 - 40 所示；查看备胎和工具是否完好；拉起垫板，观察边沿一圈，看是否有焊接或钣金痕迹，是否发生过锈蚀，钣金胶是否为原厂胶，而且底板是否平整，如图 3 - 41 所示。

检查备用轮胎是否完好，气压是否正常；检查千斤顶、千斤顶手柄、轮胎螺母拆卸工具、三角牌、灭火器、原车随车工具等是否齐全有效，如图 3 - 42 所示。

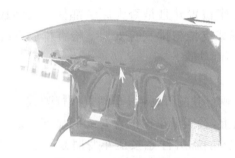

图 3 - 39　行李厢盖检查

图 3 - 40　后翼子板与后骨架间检查

图 3 - 41　行李厢底板检查

图 3 - 42　随车工具的检查

（五）底盘检查（扫码见视频 3 - 11）

1. 检查渗漏和锈蚀

在汽车底下很容易检查出渗漏源。从车底下可以检查出的渗漏有冷却液渗漏、机油渗漏、制动液渗漏、变速器油渗漏、转向助力油渗漏、主减速器有渗漏、电控悬架油渗漏、减振器油渗漏、排气渗漏等。除此以外，还应查看底盘构件是否有锈蚀现象，并检查其损伤程度，如

图 3-43 为底盘骨架出现了非常严重的锈蚀现象。

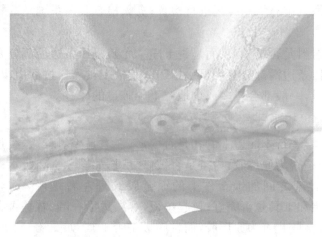

图 3-43　左后部底盘骨架锈蚀

2. 检查排气系统

观察排气系统上所有吊架，它们是否都在原来位置并且是否为原装部件。大多数汽车具有带耐热橡胶环形圈的排气管支承，它连接车架支架与排气管支架。检查排放系统零件是否标准，排气尾管是否曾更换，且要确保其远离制动管。

3. 检查悬架

悬架系统的检查，良好的悬架系统能保证车辆行驶的舒适性，车辆直线行驶或转弯时的稳定性。检查悬架系统时，将车停放在平整路面上，看四个车轮位置有无明显下沉造成车辆倾斜；可以用手用力按压车身前、后、左、右的四个角位，并注意按压车身时是否有不寻常的声响发出。用力按下后松开，观察车身的回弹次数，如能自由跳动 2～3 次，说明该系统正常。如出现异响或不能自动跳动，则说明该减振器或悬架系统的弹簧等部件工作不良，舒适性自然就会变差。观察减振器活塞杆，如减振器活塞杆潮湿或减振器桶油污严重，说明其过度磨损、密封不良。检查钢板弹簧有无裂纹、断片或缺片现象，中心螺栓和 U 形螺栓是否紧固。车架与悬架之间的各拉杆和导杆应无松旷或移位现象。

若悬架系统都会发出"咯、咯"的响声，而且每到不平整路面时响声加剧，可能是减振器损坏、减振器胶套破损或是漏油，如图 3-44 所示。

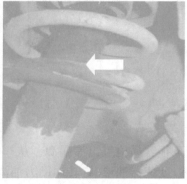

图 3-44　减振器渗油现象

4. 检查转向机构

除了检查转向盘自由行程之外,还应检查转向节臂、转向横/直拉杆有无裂纹、损伤和拼焊的痕迹,检查转向横/直拉杆球销是否松旷、运动中有无干涉、连接是否可靠、是否存在磨擦现象,如图3-45所示。

图 3-45　检查转向机构

5. 检查传动轴

对于前轮驱动的汽车,要密切注意等速万向节上的橡胶套(又称防尘套)。绝大多数汽车在汽车的每一侧(左驱动桥和右驱动桥)装有内、外万向节,每一个万向节都是由防尘套罩住的。它里面填满润滑脂,防尘套保护万向节避免污物、锈蚀和潮气。因此,检查过程中要注意检查防尘套是否破裂,并用手抻开防尘套,看有无开裂痕迹(如图3-46)。图3-47为防尘套开裂。

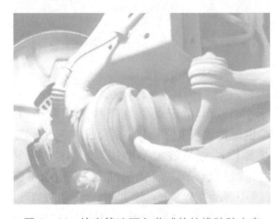

图 3-46　检查等速万向节球笼的橡胶防尘套

图 3-47　防尘套开裂

对于后轮驱动的汽车,检查传动轴、中间轴及万向节等处有无裂纹和松动;传动轴是否弯曲、传动轴轴管是否凹陷;万向节轴承是否因磨损而松旷,万向节凸缘盘连接螺栓是否松动等(如图3-48)。

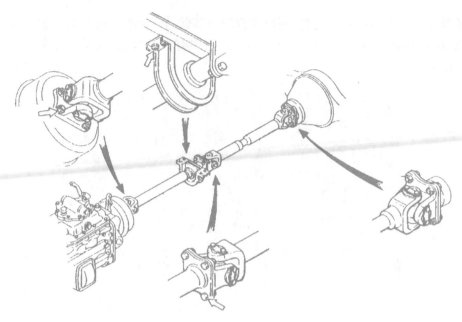

图 3-48　传动轴检查的主要部位

6. 检查车架

检查车架是否有裂纹和影响车辆正常行驶的变形,螺栓和铆钉不得缺少和松动,车架不得进行焊接加工;检查左、右两侧的前、后轮是否成一条直线,不是直线,说明整体车架弯曲了;测量每个车轮后侧与轮罩的间隙,应大致相同,否则说明车架或整体车身有弯曲变形迹象;检查车架上的防腐胶的新旧程度是否一致,车架上的凸起的硬筋是否变形和腐蚀,如图 3-49 所示。

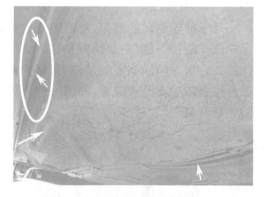

图 3-49　检查底盘防腐胶

7. 检查轮胎

先查看轮胎花纹是否一致,再看磨损情况。每个轮胎胎冠花纹(又称轮胎坑纹)深度不可少于 1.6 mm,低于此值应更换。如果左、右转向轮的磨损不均,则可能是前束或外倾不正确,也可能是转向器间隙过大或转向机构连接出现松旷,此时也应检查一下悬架的情况;如果胎面胎冠呈波浪形磨损,每个起伏点间距至少有一块花纹,并呈不规则状,这表明可能由轮毂轴承松旷、轮辐拱曲变形、轮胎平衡不良,频繁使用紧急制动等而引起;如果轮胎胎冠中部磨损严重,表明胎压长期处于过高状态;如果轮胎胎冠两侧磨损严重,说明车主经常在胎压过低的状态下行驶;如胎冠花纹扁平,边缘已全无棱角,说明在前轮悬架机构需要调整时,原车主全不顾及,仍在频繁用车,不爱惜车,这不仅使轮胎本身状况不佳,更透露出整车的车况可能也很成问题。轮胎如何进行识别如图 3-50 所示,根据出厂年月推断轮胎是否更换过,推理大概的里程数。

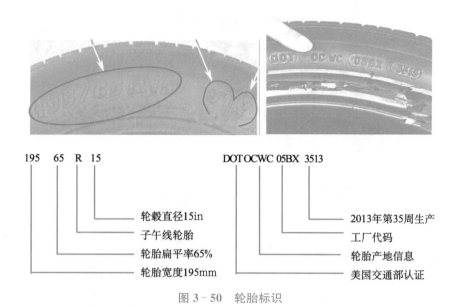

195　65　R　15　　　　　　DOT OCWC 05BX 3513

　　　　　　　　轮毂直径15in　　　　　　　　　　2013年第35周生产

　　　　　　子午线轮胎　　　　　　　　　　工厂代码

　　　　轮胎扁平率65%　　　　　　　　轮胎产地信息

　　轮胎宽度195mm　　　　　　　美国交通部认证

图 3 - 50　轮胎标识

一、任务目标与要求

1. 小组成员分工协作,利用所学知识点,查询相关资料,依据任务工单分析制定工作计划,并通过小组自评或互评进行检查。

2. 对二手车现实技术状况进行静态检查,并对其结果进行量化及描述。

二、任务准备及实施

1. 小组接受工作任务,组长带领组内成员阅读任务工单,查阅相关资料,合理分工,制定任务计划,并检查计划有效性。

2. 由教师为各组学生提供待检二手车,车型不限,要求学生在规定时间内,完成车辆静态检查,按照车身、发动机舱、驾驶室、底盘等项目顺序检查车辆技术状况,然后将检查结果填入对应作业表中。

三、检查部位及程度划分

1. 车身检查

(1) 参照图①标示,按照表①和表②的要求检查 26 个项目,程度为 1 的扣 0.5 分,每增加 1 个程度加扣 0.5 分,共计 20 分,扣完为止。轮胎部分需高于程度 4 的标准,不符合标准扣 1 分。

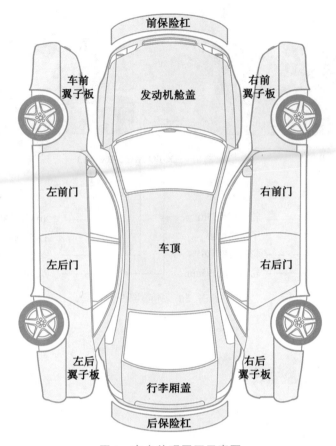

图 1　车身外观展开示意图

（2）使用车辆外观缺陷测量工具与漆面厚度检测检测仪器结合目测法对车身外观进行检测。

（3）根据表1、表2描述缺陷,车身外观项目的转义描述为:车身部位＋状态＋程度。

例:21×S2 对应描述为:左后车门有锈蚀,面积为大于 100 mm×100 mm,小于或等于 200 mm×300 mm。

程度:1——面积小于或等于 100 mm×100 mm;

2——面积大于 100 mm×100 mm 并小于或等于 200 mm×300 mm;

3——面积大于 200 mm×300 mm;

4——轮胎花纹深度小于1.6 mm。

表 1　车身外观部位代码对应表

代码	部位	代码	部位	代码	部位	代码	部位
14	发动机舱盖表面	21	左后车门	28	左前轮	35	后挡风玻璃
15	左前翼子板	22	右后车门	29	左后轮	36	四门风窗玻璃
16	左后翼子板	23	行李厢盖	30	右前轮	37	左后视镜
17	右前翼子板	24	行李厢内侧	31	右后轮	38	右后视镜

（续表）

代码	部位	代码	部位	代码	部位	代码	部位
18	右后翼子板	25	车顶	32	前大灯	39	轮胎
19	左前车门	26	前保险杠	33	后尾灯		
20	右前车门	27	后保险杠	34	前挡风玻璃		

表 2 车身外观状态描述对应表

代码	HH	BX	XS	LW	AX	XF
描述	划痕	变形	锈蚀	裂纹	凹陷	修复痕迹

2. 发动机室检查

按表 3 项要求检查 10 个项目。选择 A 不扣分，第 40 项选择 B 或 C 扣 15 分；第 41 项选择 B 或 C 扣 5 分；第 44 项选择 B 扣 2 分，选择 C 扣 4 分；其余各项选择 B 扣 1.5 分，选择 C 扣 3 分。共计 20 分，扣完为止。

如检查第 40 项时发现机油有冷却液混入、检查第 41 项时发现缸盖外有机油渗漏，则应在《二手车鉴定评估报告》或《二手车技术状况表》的技术状况缺陷描述中分别予以注明，并提示修复前不宜使用。

表 3 发动机舱检查项目作业表

序号	检查项目	A	B	C
40	机油有无冷却液混入	无	轻微	严重
41	缸盖外是否有机油渗漏	无	轻微	严重
42	前翼子板内缘、水箱框架、横拉梁有无凹凸或修复痕迹	无	轻微	严重
43	散热器格栅有无破损	无	轻微	严重
44	蓄电池电极桩柱有无腐蚀	无	轻微	严重
45	蓄电池电解液有无渗漏、缺少	无	轻微	严重
46	发动机皮带有无老化	无	轻微	严重
47	油管、水管有无老化、裂痕	无	轻微	严重
48	线束有无老化、破损	无	轻微	严重
49	其他	只描述缺陷，不扣分		

3. 驾驶室检查

按表 4 要求检查 15 个项目。选择 A 不扣分，第 50 项选择 C 扣 1.5 分；第 51、52 项选择 C 扣 0.5 分；其余项目选择 C 扣 1 分。共计 10 分，扣完为止。

如检查第 60 项时发现安全带结构不完整或者功能不正常，则应在《二手车鉴定评估报告》或《二手车技术状况鉴定书》的技术状况缺陷描述中予以注明，并提示修复或更换前不宜使用。

表 4　驾驶舱检查项目作业表

序号	检查项目	A	C
50	车内是否无水泡痕迹	是	否
51	车内后视镜、座椅是否完整、无破损、功能正常	是	否
52	车内是否整洁、无异味	是	否
53	方向盘自由行程转角是否小于 15 度	是	否
54	车顶及周边内饰是否无破损、松动及裂缝和污迹	是	否
55	仪表台是否无划痕,配件是否无缺失	是	否
56	排挡把手柄及护罩是否完好、无破损	是	否
57	储物盒是否无裂痕,配件是否无缺失	是	否
58	天窗是否移动灵活、关闭正常	是	否
59	门窗密封条是否良好、无老化	是	否
60	安全带结构是否完整、功能是否正常	是	否
61	驻车制动系统是否灵活有效	是	否
62	玻璃窗升降器、门窗工作是否正常	是	否
63	左、右后视镜折叠装置工作是否正常	是	否
64	其他	只描述缺陷,不扣分	

4. 底盘检查

按表 5 要求检查 8 个项目。选择 A 不扣分,第 85、86 项,选择 C 扣 4 分;第 87、88 项,选择 C 扣 3 分;第 89、90、91 项,选择 C 扣 2 分。共计 15 分,扣完为止。

表 5　底盘检查项目作业表

序号	检查项目	A	C
85	发动机油底壳是否无渗漏	是	否
86	变速箱体是否无渗漏	是	否
87	转向节臂球销是否无松动	是	否
88	三角臂球销是否无松动	是	否
89	传动轴十字轴是否无松旷	是	否
90	减震器是否无渗漏	是	否
91	减震弹簧是否无损坏	是	否
92	其他	只描述缺陷,不扣分	

5. 功能性零部件

对表 6 所示部件的功能进行检查。结构、功能坏损的,直接进行缺陷描述,不计分。

表 6　车辆功能性零部件项目表

序号	类别	零部件名称	序号	类别	零部件名称
93	车身外部件	发动机舱盖锁止	105	随车附件	备胎
94		发动机舱盖液压撑杆	106		千斤顶
95		后门/后备厢液压支撑杆	107		轮胎扳手及随车工具
96		各车门锁止	108		三角警示牌
97		前后雨刮器	109		灭火器
98		立柱密封胶条	110	其他	全套钥匙
99		排气管及消音器	111		遥控器及功能
100		车轮轮毂	112		喇叭高低音色
101	驾驶舱内部件	车内后视镜	113		玻璃加热功能
102		座椅调节及加热			
103		仪表板出风管道			
104		中央集控			

四、任务工单

项目	二手车技术状况鉴定		
任务	静态检查	姓名	
班级		组号	日期
任务目的	1. 对二手车的车身、发动机舱、驾驶室、底盘等进行检查。 2. 对二手车静态检查结果进行量化以及描述。 3. 填写二手车鉴定评估作业表中部分内容。		
任务描述	按照学习领域课程安排,通过情景模拟,教师提供待评估车辆、参考资料、视频资料等教学资源,在教师指导下完成二手车静态检查这一教学任务。请各组对教师提供的车辆进行静态检查,并填写二手车鉴定评估作业表中的内容。		
任务要求	通过教师的引导、自学和查找资料等方式,按照工作过程的完整性和连贯性评估要求,逐步养成就业岗位的隐性工作方法,最终以小组协作形式查验可交易车辆。		
资讯	掌握二手车车身、发动机室、驾驶室、底盘检查方法及步骤。		
决策	每 6 人一组,每组选出一名负责人,负责人对小组任务进行分配,组员按负责人的要求完成相关任务内容。 序号／个人职责(任务)／负责人表		

序号	个人职责(任务)	负责人
1		
2		
3		
4		
5		
6		

（续表）

制定计划	根据任务内容制定任务计划,并反复修改、讨论工作方案。

各小组成员按照制定的工作计划查阅相关资料,制定二手车静态检查工作计划,并实施,填写二手车鉴定评估作业表及二手车技术状况表中的内容。

1. 车身检查,并填写下表。

车身检查	扣分	状态描述
发动机室盖表面		划痕 HH 变形 BX 锈蚀 XS 裂纹 LW 凹陷 AX 修复痕迹 XF 缺陷程度
左前翼子板		
左后翼子板		
右前翼子板		
右后翼子板		
左前车门		
右前车门		
左后车门		1——面积小于 100 mm×100 mm
右后车门		
行李厢盖		2——面积大于 100 mm×100 mm 并小于 200 mm×300 mm
行李厢内侧		
车顶		
前保险杠		3——面积大于 200 mm×300 mm
后保险杠		
左前轮		4——轮胎花纹深度小于 1.6 mm
左后轮		
右前轮		缺陷描述
右后轮		
前照灯		
后尾灯		
前后风窗玻璃		
四门窗玻璃		
左右后视镜		
其他项目		
合计扣分		

任务实施

（续表）

任务实施	2. 按照计划进行发动机室检查，并填写下表。				

发动机室检查	程度			扣分
机油有无冷却液混入	无	轻微	严重	
缸盖外是否有机油渗漏	无	轻微	渗漏	
前翼子板内缘、散热器框架、横拉梁有无凹凸或修复痕迹	无	轻微	严重	
散热器格栅有无破损	无	轻微	渗漏	
蓄电池电极桩柱有无腐蚀	无	轻微	严重	
蓄电池电解液有无渗漏、缺少	无	轻微	严重	
发动机传动带有无老化	无	轻微	严重	
油管、水管有无老化、裂痕	无	轻微	裂痕	
线束有无老化、破损	无	轻微	破损	
其他				
合计扣分				

3. 按照计划进行驾驶室检查，并填写下表。

驾驶室检查			扣分
车内是否无水泡痕迹	是	否	
车内后视镜、座椅是否完整、无破损、功能正常	是	否	
车内是否整洁、无异味	是	否	
方向盘自由行程转角是否小于15度	是	否	
车顶及周边内饰是否无破损、松动及裂缝和污迹	是	否	
仪表台是否无划痕，配件是否无缺失	是	否	
排挡把手柄及护罩是否完好、无破损	是	否	
储物盒是否无裂痕，配件是否无缺失	是	否	
天窗是否移动灵活、关闭正常	是	否	
门窗密封条是否良好、无老化	是	否	
安全带结构是否完整、功能是否正常	是	否	
驻车制动系统是否灵活有效	是	否	
玻璃窗升降器、门窗工作是否正常	是	否	
左、右后视镜折叠装置工作是否正常	是	否	
其他			
合计扣分			

二手车鉴定与评估

（续表）

任务实施	4. 按照计划进行底盘检查，并填写下表。

底盘检查			扣分
发动机油底壳是否无渗漏	是	否	
变速箱体是否无渗漏	是	否	
转向节臂球销是否无松动	是	否	
三角臂球销是否无松动	是	否	
传动轴十字轴是否无松旷	是	否	
减振器是否无渗漏	是	否	
减振弹簧是否无损坏	是	否	
其他			
合计扣分			

5. 按照计划进行车辆功能性零部件检查，并填写下表。

车辆功能性零部件列表			
发动机室盖锁止		仪表板出风管道	
发动机室盖液压撑杆		中央集控	
后门液压支撑杆		备胎	
行李厢液压支撑杆		千斤顶	
各车门锁止		轮胎扳手及随车工具	
前刮水器		三角警示牌	
后刮水器		灭火器	
立柱密封胶条		全套钥匙	
排气管及消声器		遥控器及功能	
车轮轮毂		扬声器高低音色	
车内后视镜		玻璃加热功能	
座椅调节及加热			

检查评估	成果展示，小组自评与互评，并讨论、总结和反思学习过程中的不足，撰写工作报告并交流。
实施考核	教师评语：（包括核查的方法、全面性、准确性等方面，并按等级制给出成绩） 记录成绩_____　　　教师签字：_____　　___年___月___日

92

任务二 动态检查

机动车的动态检查是指车辆路试检查。路试的主要目的是在一定条件下,通过机动车各种工况,如发动机起动、怠速、起步、加速、匀速、滑行、强制减速、紧急制动,从低速挡到高速挡,从高速挡到低速挡的行驶,检查汽车的操纵性能、制动性能、滑行性能、加速性能、噪声和废气排放情况,以鉴定二手车的技术状况。

一、路试前的准备工作

在进行路试之前,先检查机油油位、冷却液液位、制动液液位、离合器液压油油位、动力转向液压油的油量、油箱的油量、冷却风扇传动带、制动踏板行程和制动灯以及轮胎气压,各个项目正常后方可起动发动机,进行路试检查。

二、无负荷时的工况检查(扫码见视频 3 - 12)

1. 检查发动机起动性

在正常情况下,用起动机起动发动机时,应在三次内起动成功。起动时,每次起动时间不超过 5~10 s,再次起动时间要间隔 15 s 以上。若发动机不能正常起动,则说明发动机的起动性能不好。影响发动机启动性能的原因有很多,主要有油路、电路、气路和机械等四个方面。

2. 检查发动机怠速运转情况

发动机起动后使其怠速运转,打开发动机舱盖,发动机应在规定的转速范围内稳定地运转。观察仪表盘上的发动机转速表,发动机怠速应在(800±50)r/min,不同发动机的怠速转速可能有一定的差别。若开空调,发动机转速应上升,其转速应在 1 000 r/min 左右。

发动机怠速时,若出现转速过高、过低、发动机抖动严重等现象,均表明发动机怠速不良。

3. 检查发动机异响

让发动机怠速运转,察听发动机有无异响及响声大小。正常情况下,发动机各部件配合间隙适当、润滑良好、工作温度正常、燃油供给充分、点火正时准确,无论转速和负荷怎样变化,都是一种平稳而有节奏、协调而又圆滑的"突突"声。此时轻踩油门,让发动机转速缓缓提高,在此过程中应无杂音。

在额定转速内,正时齿轮、机油泵齿轮、喷油泵齿轮、喷油泵传动齿轮及气门会有轻微、均匀的响声。除此之外,发动机发出的敲击声、咔嗒声、爆燃声、咯咯声、尖叫声等均是不正常的响声。如果有来自发动机底部的低频隆隆声或爆燃声,则说明发动机严重损坏,需要对其进行大修。

4. 检查发动机急加速性能

待水温、油温正常后,通过改变节气门开度,检查发动机在各种转速下运转是否平稳,改变转速时过渡应圆滑。迅速踏下加速踏板(油门),发动机由怠速状态猛加速,观察发动机转速是否能迅速由低速到高速灵活反应,发动机应无"回火""放炮"等现象。当加速踏板踩到底时,迅速释放加速踏板,发动机转速是否能迅速由高速到低速灵活反应,发动机不能怠速熄火。

5. 检查发动机曲轴箱窜气量

打开机油加口盖,缓缓踩下加速踏板,如果窜气严重,肉眼就可以观察到油雾气。若窜气不严重,可以用一张白纸,放在离机油加注口 50 mm 左右处,然后加速,若窜油、窜气,白纸上会有油迹,严重时油迹面积较大。

6. 检查排气颜色

汽油机正常工作时排出的气体是无色的,在严寒的冬季可见白色的水汽。柴油机带负荷运转时,排气颜色一般为灰色的。汽车排气常有以下三种不正常的烟雾。

(1) 冒蓝烟

冒蓝烟意味着发动机烧机油,即机油窜入燃烧室。若机油油面正常,可能原因有:一是气门油封老化,这种情形不需要大修,更换气门油封即可;二是活塞与气缸壁间隙过大,这种情形必须大修;三是气缸进气不畅,致使机油吸入燃烧室;四是带有涡轮增压的车涡轮增压损坏。

(2) 冒黑烟

冒黑烟意味着燃油系统输出的燃油太多,可能是混合气过浓、点火时刻过迟等原因。

(3) 冒白烟

如果冒白烟,则表明燃烧室中有水,可能是气缸垫损坏或气缸壁有沙眼等导致,也可能是由寒冷和潮湿的外界空气引起的。如果是自动挡汽车,汽车行驶时排出大量白烟可能是自动变速器有问题,而不是由冷却液引起的。许多自动变速器有一根通向发动机的真空管。如果这根变速器真空管末端的密封垫或薄膜泄漏,自动变速器油液可能被吸入发动机中,造成排气冒白烟。

(4) 排气气流不平稳

将手放在距排气管排气口 10 cm 左右处,感觉发动机怠速时排气气流的冲击,如图 3-51 所示。正常排气气流有很小的脉冲感。若排气气流有周期性的打嗝儿或不平稳的喷溅,表明气门、点火或燃油系统有问题而引起间断性失火。

图 3-51 用手检查排气气流

将一张白纸悬挂靠近排气口 10 cm 左右,如果纸不断被排气气流吹开,则表明发动机运转正常。如果纸偶尔被吸向排气口,则发动机配气机构可能有很大问题。

三、路试检查(扫码见视频 3 - 13)

二手车路试检查是二手车现场鉴定的一个重要环节。它不仅能发现一些车辆不太容易发现的细微问题,能够真实地反映出车辆的现时技术状态。路试时间最好控制在 10~15 min,行驶 20 公里左右。

1. 检查离合器

正常的离合器应该是接合平稳,分离彻底,工作时不得有异响、抖动和不正常打滑现象。离合器常出现的故障主要是打滑和分离不彻底,这些会造成起步困难、行驶无力、爬坡困难、变速器齿轮发出撞击声、起步抖动等。在检查离合器时一定要注意以下几个方面:

(1) 离合器分离不彻底的检查

起动汽车,把离合器踩到底,查看挂挡的时候有没有感觉到困难,或是变速器齿轮有没有出现异常的声响。另外,试着不要人为抬起离合器,挂挡后看车子能不能自动行驶,如果存在上述提到的问题,就说明该车的离合器分离不彻底。其原因是:离合器踏板自由行程过大、膜片弹簧过软或弹力不足、压盘上出现点接触、操纵机构自身问题等,使压盘总是处于半分离状态。

(2) 检查离合器打滑

如果离合器打滑,会出现起步困难、加速无力、重载上坡时有明显打滑甚至发出难闻气味等现象。检查离合器是否打滑还有一个小窍门,那就是拉紧驻车制动后起动汽车,挂上一挡,慢慢抬起离合器,如果汽车没有往前行驶,但是发动机也没有熄火,这就表明离合器存在打滑的现象。其原因是:离合器踏板自由行程太小、分离轴承经常压在膜片弹簧上,使压盘总是处于半分离状态;离合器压盘弹簧过软或有折断;离合器与飞轮连接的螺丝松动、操纵机构问题等。

(3) 检查离合器异响

在起动车辆,踩下离合器时,要仔细听离合器是否有异响。如果踩下踏板刚刚感觉到有阻力时有异响,说明是分离轴承响;如果将离合器踩到一半左右时异响,说明是导向轴承响;如果不踩离合器时异响,踩下后就不响,说明是膜片弹簧支架有故障、扭转减振弹簧损坏、花键毂损坏等原因造成的。

2. 检查变速器和主减速器

(1) 检查手动挡变速器

可以通过挂挡、换挡、听声音、检查泄露情况来判断故障。首先,在发动机熄火状态下,握住换挡杆轻摇,如果很松旷能任意摆动,说明换挡困难可能是定位销失效造成的。如果不松旷时也出现换挡困难,在保证离合器正常工作的前提下,启动发动机进行汽车起步和路试换挡试验,由低挡位顺序换到高挡位,再由高速挡位换到低速挡位。如果发现变速器不能正常挂进挡位,或者挂上挡位后又很难推回空挡等,说明变速器换挡困难。

其次,在行驶中如果出现变速杆自动跳回空挡,其检查方法是:汽车在中高速行驶时,采用突然加、减速的方法,使齿轮较大地交变负荷,检查是否跳挡;逐挡进行路试,若变速杆在某挡自动跳回空挡,即诊断为该挡跳挡。可能原因是齿轮和齿套出现了严重的磨损,或轴承松动而导致轴向间隙过大。

最后,再看变速器每个挡位内行驶时是否发生异响,如果有,说明变速器的轴承磨损松旷或润滑不良等。如果在发动机怠速状态下,变速器处于空挡位置,却有异响,踩下离合器踏板后异响消失,说明曲轴与变速器第一轴的同轴度可能有偏差;如果在挂上某个挡后有异响,其余的挡位都没有响,本挡位的同步器损坏、齿轮有损坏或其滚针轴承损坏而导致异响。发生上述的问题都要到修理厂进行修理并产生一定的费用。

(2)检查自动变速器液面

对于自动变速器,在路试时,还应进行换挡质量的检查,检查换挡时有无换挡冲击。正常的自动变速器只能有不太明显的换挡冲击,特别是电子控制自动变速器的换挡冲击应十分微弱。若换挡冲击太大,说明自动变速器的控制系统或换挡执行元件有故障,其原因可能是油路油压过高或换挡执行元件打滑。当发动机转速在非换挡时有突然升速现象,则说明换挡执行元件打滑。

在行驶中,如果出现升挡时车速明显高于规定值,可能是节气门拉索或位置传感器的调整不当或损坏。如果踩加速踏板较深但车提速缓慢,说明自动变速器打滑,很可能是变速器油面过低造成的。如果出现不能升挡、无倒挡、无超速挡等现象,都说明该自动变速器有严重的故障。

出现问题最简单和直接的方法是检查变速器油面高度,如图 3-52 所示。冷车状态下,油面应该在 COOL 范围内,正常工作温度下油面应该在 HOT 范围内。自动变速器油液应该清洁无异味。如果油液为深暗或褐色,说明是长期重负荷运转,需要更换了;如果油液中有烧焦味道,可能是离合器或制动器片烧焦造成的。

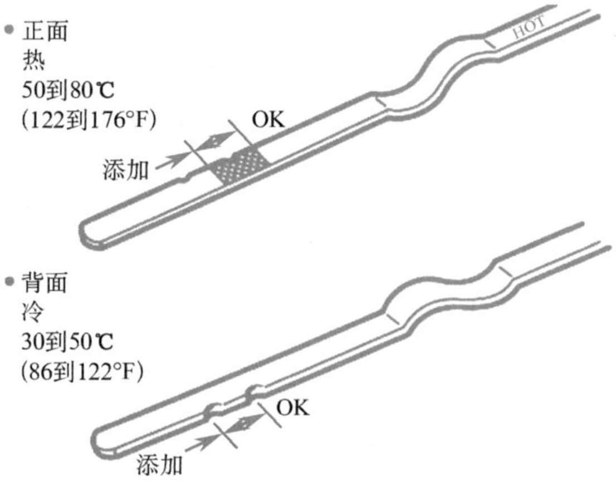

● 正面
热
50到80℃
(122到176°F)
OK
添加

● 背面
冷
30到50℃
(86到122°F)
OK
添加

图 3-52 检查变速器油面高度

(3)检查主减速器

在路试中,车速达 40 km/h 时,突然猛松加速踏板,随后又猛然踩下加速踏板,看主减速器是否发出特别大的声响,若声响很大,说明主减速器磨损严重。

3. 检查汽车动力性能

汽车动力性能最常见的指标是从静态加速至 100 km/h 时所需的时间和最高车速。

首先,在路试时,应该有目的地选择能够长距离加速的开阔柏油路段。从起动开始原地起步加速行驶,待冷却液温度、油温达到正常值后,踩几下加速踏板,观察转数是否即时提升,猛踩加速踏板看提速是否敏感。一脚踩下加速踏板即放,观察转数增加的速度,检查发动机系统的反应是否够快,若转数少于 2 500 r/min,则反应较慢,说明加速性能差。在通过各挡位高转速运转,查看提速响应及响应时间。当然,排量大小不同、车龄的长短等都会影响车辆提速,这就要凭着驾驶者对车辆提速的感觉及经验来判断了。多数情况下能感觉到加速时车有响应或无响应,则可判断出车辆的加速系统是否工作正常。

其次,在路试时,如果有条件,选择宽阔路面,检验车辆高速性能,检验高速行驶能力及高速时的车辆稳定性,应检查高速行驶时最高车速和理论参数的差别,差距不应过大。

最后,检查汽车的爬坡性能,即检查汽车在相应的坡道上使用相应挡位时的动力性能是否与经验值相近,感觉是否正常。如果表现不佳,则说明发动机功率不足。车辆使用时间长,磨损加剧,就会造成功率损失,这是不可避免的。

4. 检查汽车制动性能

汽车一般装有两套制动系统:用脚控制的行车制动(脚刹)和驻车制动。对这两种制动系统的检查需特别仔细,毕竟性命攸关,不可掉以轻心。

检查驻车制动是否灵敏。如果在坡路上拉紧驻车制动后出现溜车,说明驻车制动有故障,可能的原因是手制动器拉杆调整过长,或者是制动鼓(盘)与摩擦片之间间隙过大或有油污,或者是制动盘(鼓)与摩擦片接触不良而导致的。

检查行车制动器可能存在问题。如果有踩到棉花上的感觉说明脚软,可能是液压管路中有气体或管路中有泄漏情况,如果有踩到砖头的感觉说明较硬,可能是制动器组件损坏或真空助力器损坏。

在路试时,如果以 20 km/h 速度行驶,急踩制动然后松开,不应出现跑偏迹象;制动时也不应有异响;松开方向盘制动,车辆应能保持原来的行驶方向;再以 50 km/h 的车速行驶,迅速将制动踏板踩到底,观察车辆是否立即减速,同时查看是否有制动跑偏、甩尾现象。如果制动跑偏,很可能是同一车轴左、右两个车轮制动力不等,其原因可能是轮胎气压不一致,或者是制动鼓(盘)与摩擦片间隙不均匀,或者是制动蹄片弹簧损坏等。

在路试时,如果发现踩下制动踏板的位置很低,连续踩几脚后,踏板才逐渐升高,但仍感觉比较软,说明制动管路内有空气;当第一脚踩下踏板制动失灵,再继续踩踏板时制动良好,说明是踏板自由行程过大,或者是摩擦片与制动鼓(盘)的间隙过大,或者制动管路中有气阻。

如果配置了 ABS,如果 ABS 正常,脚在制动踏板上能感觉到一下一下的脉动。可以试着当汽车以 30~40 km/h 的速度在各种路面上全力制动时,车轮不应抱死,直至汽车快要停住。特别是在紧急制动情况下,看 ABS 有无响应,并且要分车速测试制动时车辆有无跑偏现象,这是容易忽视的一个环节。制动时,若发出"吱吱"响声,一般是由于制动盘、摩擦片或制动鼓、蹄片磨损不平所致。

5. 检查汽车转向性能

将车辆停放在平坦路面上,左右转动方向盘,检查方向盘是否灵活、轻便。

在路试时,检查转向是否沉重,转向轮受到小的外部干扰后是否不能自动回正。如果是,说明横拉杆、前车轴、车架可能有弯曲变形,或者是前轮定位不准确,或者是轮胎气压不足;车辆在转弯时,如果前轮吱吱作响,可能是转向系统或悬架有毛病。对于转向有助力的车辆,转向沉重可能是动力转向泵和齿轮齿条磨损严重。

车速以 50 km/h 左右中速直线行驶时,双手松开转向盘,观察汽车的行驶状况。此时,汽车应该仍然直线行驶并且不明显地转到另一边。如果汽车明显转向一边,说明汽车的转向轮定位不准,或车身、悬架变形。车速以 90 km/h 以上高速行驶时,观察转向盘有无摆动现象,即所谓的汽车摆头。若汽车有高速摆头现象,则通常意味着存在严重的车轮不平衡或不对称问题。

6. 检查汽车行驶平顺性

将汽车开到粗糙、有凸起的路面上行驶,或通过铁轨、公路有接缝处,感觉汽车的平顺性和乘坐舒适性。

当汽车转弯或通过的不平的路面时,倾听是否有从汽车前端发出忽大忽小的嘎吱声或低沉噪声。若有,则可能是滑柱或减振器紧固装置松旷,或轴衬磨损严重。汽车转弯时,若车身侧倾过大,则可能是横向稳定杆衬套或减振器磨损严重。

7. 检查风噪声

汽车行驶过程中,逐渐提高车速至高速行驶,倾听车外风噪声。风噪声过大,说明车门密封不严,原因可能是密封条变质损坏,或车门变形,特别是事故车在整形后,密封问题较难解决。

正常情况下,车速越快,风噪声越大。对于空气动力学性能好的汽车,其密封和隔音性能较好,噪声较小。而对于空气动力学性能较差或整形后的事故车,风噪声一般较大。

四、路试后检查

1. 检查各部件温度

(1)检查油和冷却液的温度。正常冷却液温度不应超过90℃,机油温度不应高于90℃,齿轮油温不应高于85℃。

(2)检查运动机件过热情况。查看制动鼓、轮毂、变速器壳、传动轴、中间轴轴承和驱动桥壳(特别是减速器壳)等,不应有过热现象。

2. 检查四漏情况

(1)在发动机运转及停车时,散热器、水泵、气缸、缸盖、暖风装置及所有连接部位均无明显渗漏水现象。

(2)机动车连续行驶距离不小于10 km,停车5 min后观察,不得有明显渗漏油现象。检查机油、变速器油、主减速器油、转向液压油、制动液、离合器油、液压悬架油等相关处有无泄漏。

(3)检查汽车的进气系统、排气系统有无漏气现象。

(4)检查发动机点火系统有无漏电现象。

任务实施

一、任务目标与要求

1. 小组成员分工协作,利用所学知识点,借助网络、图书馆资料,依据任务工单分析制定工作计划,并通过小组自评或互评进行检查。

2. 对二手车现实技术状况进行起动检查和路试检查,并对其结果进行量化及描述。

3. 填写二手车鉴定评估作业表中部分内容。

二、任务准备

1. 小组接受工作任务,组长带领组内成员阅读任务工单,查阅相关资料,合理分工,制定任务计划,并检查计划有效性。

2. 准备实验场地、实验车辆、实验器材。

三、实施指导

由教师为各组学生提供待检二手车,车型不限,要求学生在规定时间内,完成车辆动态检查,对车辆起动和路试进行检查,评定车辆技术状况,并将检查结果填入对应作业表中。

1. 起动检查

（1）按表1要求检查10个项目。选择A不扣分,第65、66项选择C扣2分;第67项选择C扣1分;第68至71项,选择C扣0.5分;第72、73项选择C扣10分。共计20分,扣完为止。

（2）如检查第66项时发现仪表板指示灯显示异常或出现故障报警,则应查明原因,并在《二手车鉴定评估报告》或《二手车技术状况鉴定书》的技术状况缺陷描述中予以注明。

（3）优先选用车辆故障信息读取设备对车辆技术状况进行检测。

表1　启动检查项目作业表

序号	检查项目	A	C
65	车辆启动是否顺畅(时间少于5秒,或一次启动)	是	否
66	仪表板指示灯显示是否正常,无故障报警	是	否
67	各类灯光和调节功能是否正常	是	否
68	泊车辅助系统工作是否正常	是	否
69	制动防抱死系统(ABS)工作是否正常	是	否
70	空调系统风量、方向调节、分区控制、自动控制、制冷工作是否正常	是	否
71	发动机在冷、热车条件下怠速运转是否稳定	是	否
72	怠速运转时发动机是否无异响,空挡状态下逐渐增加发动机转速,发动机声音过渡是否无异响	是	否
73	车辆排气是否无异常	是	否
74	其他	只描述缺陷,不扣分	

2. 路试检查

（1）按表2要求检查10个项目。选择A不扣分,选择C扣2分。共计15分,扣完为止。

（2）如果检查第80项时发现制动系统出现刹车距离长、跑偏等不正常现象,则应在《二手车鉴定评估报告》或《二手车技术状况表》的技术缺陷描述中予以注明,并提示修复前不宜使用。

表2　路试检查项目作业表

序号	检查项目	A	C
75	发动机运转、加速是否正常	是	否
76	车辆启动前踩下制动踏板,保持5—10秒钟,踏板无向下移动的现象	是	否
77	踩住制动踏板启动发动机,踏板是否向下移动	是	否

(续表)

序号	检查项目	A	C
78	行车制动系最大制动效能在踏板全行程的 4/5 以内达到	是	否
79	行驶是否无跑偏	是	否
80	制动系统工作是否正常有效、制动不跑偏	是	否
81	变速箱工作是否正常、无异响	是	否
82	行驶过程中车辆底盘部位是否无异响	是	否
83	行驶过程中车辆转向部位是否无异响	是	否
84	其他	只描述缺陷,不扣分	

3. 鉴定车辆技术状况及评分标准

(1)按照车身、发动机舱、驾驶舱、启动、路试、底盘等项目顺序检查车辆技术状况。

(2)根据检查结果确定车辆技术状况的分值。总分值为各个鉴定项目分值累加,即鉴定总分$= \sum$项目分值,满分 100 分。

(3)根据鉴定分值,按照表 3 确定车辆对应的技术等级。

表 3　车辆技术状况等级分值对应表

技术状况等级	分值区间
一级	鉴定总分≥90
二级	60≤鉴定总分<90
三级	20≤鉴定总分<60
四级	鉴定总分<20
五级	事故车

四、任务工单

项目	二手车技术状况鉴定		
任务	动态检查	姓名	
班级		组号	日期
任务目的	1. 对二手车起动、路试进行检查。 2. 对二手车动态检查结果进行量化以及描述。 3. 填写二手车鉴定评估作业表中部分内容。		
任务描述	按照学习领域课程安排,通过情景模拟,教师提供待评估车辆、参考资料、视频资料等教学资源,在教师指导下完成二手车动态检查这一教学任务。请各组对教师提供的车辆进行动态检查,并填写二手车鉴定评估作业表中的内容。		
任务要求	通过教师的引导、自学和查找资料等方式,按照工作过程的完整性和连贯性评估要求,逐步养成就业岗位的隐性工作方法,最终以小组协作形式查验可交易车辆。		

（续表）

项目	二手车技术状况鉴定		
资讯	掌握二手车起动、路试检查方法及步骤。		
决策	每 6 人一组，每组选出一名负责人，负责人对小组任务进行分配，组员按负责人的要求完成相关任务内容。		

序号	个人职责（任务）	负责人
1		
2		
3		
4		
5		
6		

制定计划	根据任务内容制定任务计划，并反复修改、讨论工作方案。

任务实施

各小组成员按照制定的工作计划查阅相关资料，制定二手车动态检查工作计划，并实施，填写二手车鉴定评估作业表及二手车技术状况表中的内容。

1. 起动检查，并填写下表。

起动检查			扣分
车辆启动是否顺畅（时间少于 5 秒，或一次启动）	是	否	
仪表板指示灯显示是否正常，无故障报警	是	否	
各类灯光和调节功能是否正常	是	否	
泊车辅助系统工作是否正常	是	否	
制动防抱死系统（ABS）工作是否正常	是	否	
空调系统风量、方向调节、分区控制、自动控制、制冷工作是否正常	是	否	
发动机在冷、热车条件下怠速运转是否稳定	是	否	
怠速运转时发动机是否无异响，空挡状态下逐渐增加发动机转速，发动机声音过渡是否无异响	是	否	
车辆排气是否无异常	是	否	
其他	是	否	
合计扣分			

（续表）

2. 按照计划进行路试检查，并填写下表。

路试检查			扣分
发动机运转、加速是否正常	是	否	
车辆启动前踩下制动踏板，保持5～10秒钟，踏板无向下移动的现象	是	否	
踩住制动踏板启动发动机，踏板是否向下移动	是	否	
行车制动系最大制动效能在踏板全行程的4/5以内达到	是	否	
行驶是否无跑偏	是	否	
制动系统工作是否正常有效、制动不跑偏	是	否	
变速箱工作是否正常、无异响	是	否	
行驶过程中车辆底盘部位是否无异响	是	否	
行驶过程中车辆转向部位是否无异响	是	否	
其他			
合计扣分			

检查评估	成果展示，小组自评与互评，并讨论、总结和反思学习过程中的不足，撰写工作报告并交流。
实施考核	教师评语：（包括核查的方法、全面性、准确性等方面，并按等级制给出成绩） 记录成绩_____ 教师签字：_____ ___年___月___日

任务三　仪器检查

通过静态检查和动态检查，可以对汽车的技术状况进行定性的判断，即初步判定车辆的运行情况是否基本正常、车辆各部件有无故障及导致故障的可能原因等。但要求对于汽车进行某些项目的严格鉴定（如司法鉴定）时，仅有定性判断是不够的，这就需要借助某些专用仪器或设备对车辆各项技术性能及各总成、部件的技术状况进行定量、客观的评价。

一、汽车动力性检测（扫码见视频3-14）

汽车在使用一定时期后，技术状况会发生变化，汽车的动力性也会发生变化，主要表现为动力性不足，燃料消耗增大。汽车动力性的检测方法有道路试验和室内台架试验两大类。室内台架试验不受客观条件影响，测试条件易于控制，所以在汽车检测站中得到广泛应用。

室内台架试验，主要是通过对驱动轮输出功率和发动机输出功率进行对比，求出传动系的传动效率，以评价汽车传动系技术状况。汽车驱动轮输出功率检测在底盘测功机（如图3-53）上进行。

图 3-53 汽车底盘测功机

二、汽车转向操纵性检测（扫码见视频 3-15）

汽车转向操纵性包含操纵性和稳定性两方面。现行的汽车综合性能检测中，对于转向操纵性检测的具体项目有前轴转向轮前束、车轮外倾角、转向盘最大自由转动量、转向盘操纵力及前轴转向轮最大转角等。检测设备采用转向参数测量仪，可以测得转向力及对应转角，如图所示。

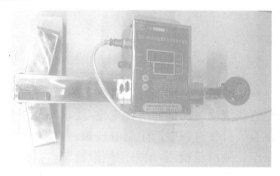

图 3-54 转向参数测试仪

三、汽车制动性检测（扫码见视频 3-16）

汽车的制动性能是汽车重要的使用性能之一。制动性能的好坏直接关系行车安全，性能良好和可靠的制动系统可保证行车安全，避免交通事故。目前汽车制动性能台架检测有两种：滚筒制动试验台检测（如图 3-55）和平板制动试验台检测（如图 3-56）。

图 3-55 滚筒式制动检测台

图 3-56　平板式制动检测台

四、车轮侧滑量检测（扫码见视频 3-17）

汽车前轮定位准确与否对汽车的操纵性、行驶稳定性影响很大。因此，为了保证汽车转向轮直线滚动时无横向滑移现象，要求车轮外倾角与车轮前束有适当配合，否则，车轮就可能在直线行驶过程中产生侧滑现象。

车轮侧滑量检测，须采用侧滑检验台。侧滑检验台是测量汽车车轮横向滑动量并判断是否合格的一种检测设备，有滑板式（如图 3-57）和滚筒式之分。其中，滑板式侧滑检验台在我国应用广泛。具体操作可扫码观看。

图 3-57　汽车侧滑检测台

五、四轮定位检测（扫码见视频 3-18）

汽车四轮定位的作用是使汽车保持稳定的直线行驶和转向轻便，并减少汽车在行驶中轮胎和转向机件的磨损。四轮定位就是通过四轮定位仪（如图 3-58），检测出被测车辆的各轮倾角和前束值是否符合原厂标准，如不符合可做适当调整。具体操作可扫码观看。

六、前照灯技术状况检测（扫码见视频 3‑19）

前照灯的技术状况主要是指发光强度的变化和光束照射位置是否偏斜。当发光强度不足或光束照射位置偏斜时，汽车驾驶人不易辨清前方的障碍物或给对方来车驾驶人造成眩目，因而导致交通事故。

前照灯光束照射位置检验方法有两种：屏幕检测法和用前照灯检验仪检验。目前普遍采用的是自动追踪光轴式前照灯检测仪（如图 3‑59），具体操作可扫码观看。

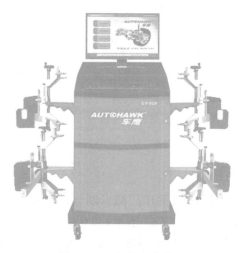

图 3‑58 四轮定位仪

图 3‑59 汽车前照灯检验仪

七、汽车排气污染检测（扫码见视频 3‑20）

汽车排放的污染物主要成分是一氧化碳（CO）、碳氢化合物（HC）、氮氧化合物（NO_x）、硫化物（主要是 SO_2）、颗粒物（炭烟）以及其他有害物质。

汽油车检测通常使用不分光红外线废气分析仪（如图 3‑60），柴油车检测使用的是不透光烟度计（如图 3‑61），具体操作可扫码观看。

图 3‑60 NHA—501A 废气分析仪

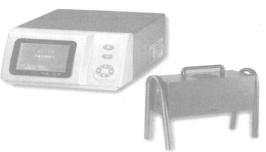

图 3‑61 不透光烟度计

八、汽车噪声污染检测

噪声是汽车对环境污染的第二公害,检测汽车噪声的设备是声级计。声级计用于测量汽车噪声。按供电电源种类可以分为交流式和直流式两种,其中直流式声级计(如图 3–62)因操作携带方便,所以比较常用。

图 3–62　声级计　　　　图 3–63　通用型故障诊断仪　　　　图 3–64　专用型故障诊断仪

九、汽车故障诊断仪检测(扫码见视频 3–21)

对于汽车的电子控制系统,都有故障自诊断功能,可采用故障诊断仪来读取故障码。常见的微机故障诊断仪分为通用型(适用于多种车型,如图 3–63 所示)和专用型(针对某一特定厂家开发的诊断仪,如图 3–64 所示,为通用车型故障诊断仪 GDS)。具体操作可扫码观看。

任务实施

一、任务目标与要求

1. 小组成员分工协作,利用所学知识点,借助网络、图书馆资料,依据任务工单分析制定工作计划,并通过小组自评或互评进行检查。

2. 对二手车现实技术状况进行部分仪器检查,并对其结果进行描述。

3. 填写二手车鉴定评估作业表中部分内容。

二、任务准备

1. 小组接受工作任务,组长带领组内成员阅读任务工单,查阅相关资料,合理分工,制定任务计划,并检查计划有效性。

2. 准备实验场地、实验车辆、实验器材。

三、实施指导

由教师为各组学生提供待检二手车,车型不限,要求学生在规定时间内,完成车辆部分仪器的检查,评定车辆相应技术状况,并将检查结果填入对应作业表中。

四、任务工单

项目	二手车技术状况鉴定		
任务	仪器检查		姓名	
班级		组号	日期	

任务目的	1. 采用仪器设备对二手车进行检查。 2. 对二手车仪器检查结果进行分析。 3. 填写二手车鉴定评估作业表中部分内容。
任务描述	按照学习领域课程安排,通过情景模拟,教师提供待评估车辆、参考资料、视频资料等教学资源,在教师指导下完成二手车仪器检查这一教学任务。请各组对教师提供的车辆进行仪器检查,并填写二手车鉴定评估作业表中的内容。
任务要求	通过教师的引导、自学和查找资料等方式,按照工作过程的完整性和连贯性评估要求,逐步养成就业岗位的隐性工作方法,最终以小组协作形式查验可交易车辆。
资讯	掌握二手车排放污染物、噪声、四轮定位检查方法及步骤;对二手车仪器检测结果进行分析。

决策	每6人一组,每组选出一名负责人,负责人对小组任务进行分配,组员按负责人的要求完成相关任务内容。 序号 / 个人职责(任务) / 负责人 1 2 3 4 5 6

決策表:

序号	个人职责(任务)	负责人
1		
2		
3		
4		
5		
6		

制定计划	根据任务内容制定任务计划,并反复修改、讨论工作方案。
任务实施	各小组成员按照制定的工作计划查阅相关资料,制定二手车仪器检查工作计划,并进行实施,分析结果,将结果填写在二手车技术状况表中。

任务实施	1. 进行排气污染物检测,并填写下表。 **表1　汽油发动机检测**

车辆名称		
怠速	CO 含量(体积分数)(%)	HC 含量(体积分数)/×10⁻⁶
是否合格		
结果分析		
高怠速	CO 含量(体积分数)(%)	HC 含量(体积分数)/×10⁻⁶
是否合格		
结果分析		

（续表）

表 2　柴油发动机检测					
车辆名称	怠速		高怠速		
	CO 含量（体积分数）（%）	HC 含量（体积分数）/×10⁻⁶	CO 含量（体积分数）（%）	HC 含量（体积分数）/×10⁻⁶	烟度值/Rb
是否合格					
结果分析					

2. 进行噪声检测，并填写下表。

车辆名称	喇叭声级	排气噪声	发动机噪声	车内噪声	驾驶人耳旁噪声
是否合格					
结果分析					

3. 进行四轮定位检测，并填写下表。

车辆名称	主销后倾	车轮外倾	主销内倾	前轮外倾	前轮前束
是否合格					
结果分析					

检查评估	成果展示，小组自评与互评，并讨论、总结和反思学习过程中的不足，撰写工作报告并交流。
实施考核	教师评语：（包括核查的方法、全面性、准确性等方面，并按等级制给出成绩） 记录成绩_____　　　　教师签字：_____　　____年___月___日

项目小结

1. 掌握汽车技术状况的静态检查。静态检查是评估人员在汽车处于静止状态时，根据自身的经验和技能，利用简单的工具对汽车的技术状况进行检查和鉴定。汽车技术状况的静态检查包括识伪检查和外观检查。识伪检查主要包括走私车辆、拼装车辆、盗抢车辆检查。外观检查包括事故车、发动机舱、驾驶舱、行李厢、底盘的检查。

2. 掌握汽车技术状况的动态检查。动态检查是汽车处于运动状态或发动机运转时，评估人员根据自身的经验和技能，利用简单的工具对汽车的技术状况进行检查和鉴定。汽车技术状况动态检查主要包括发动机和底盘技术状况的动态检查。发动机检查包括发动机起动性能、怠速稳定性、发动机异响、发动机排烟颜色、发动机曲轴箱排放量等。底盘检查主要包括传动性能、转向性能、制动性能、行驶平顺性能等。

3. 掌握汽车技术状况的仪器检查。仪器检查主要是对汽车的技术性能和故障进行检测和诊断,既定性又定量地对汽车进行技术检查。具体检查包括汽车动力性检查、转向操纵性检查、制动性检查、车轮侧滑量检查、前照灯检查、排气污染检查等。

静态检查和动态检查在汽车鉴定中是必不可少的;仪器检查在实际工作中往往视评估目的和实际情况而定。

一、单项选择题

1. 检查车身各部的周正、对称状况,可从汽车的前面或后面走出(　　)m。蹲下沿轮胎和汽车的外表面向下看汽车两侧,两侧前、后车轮应成一条直线。

　A. 1~2　　　　　　B. 2~3　　　　　　C. 3~4　　　　　　D. 5~6

2. 以下(　　)是柴油机特有的排放物。

　A. 大量的颗粒物　　B. 氮氧化物　　　C. 一氧化碳　　　D. 碳氧化合物

3. 以下(　　)可以判定车辆有过严重碰撞。

　A. 前保险杠弯曲变形　　　　　　　B. 更换过倒车镜

　C. 车架大梁弯曲变形　　　　　　　D. 前翼子板补过漆

4. 某车辆使用的轮胎型号为185/60R14,其中"14"是指(　　)。

　A. 钢圈直径　　　B. 轮胎温度　　　C. 胎宽　　　　　D. 轮胎速度

5. 利用报废车辆的零、部件拼、组装的二手车(　　)交易。

　A. 可以　　　　　　　　　　　　B. 通过安全排放检测可以

　C. 使用年限满2年可以　　　　　　D. 不可以

6. 汽油机排气颜色为黑色,说明(　　)。

　A. 冷却液温度过低

　B. 有机油窜入气缸燃烧室内参与燃烧

　C. 混合气过浓或是点火时刻过迟,造成燃烧不完全

　D. 以上都不正确

7. 依照相关法规,二手车评估中发现非法车辆、伪造证明或车牌的,擅自更改发动机号、车架号的、调整里程表的,应当(　　)。

　A. 照常评估技术状态　　　　　B. 不加过问

　C. 及时向执法部门举报,配合调查　　D. 不予评估、也不举报

8. 对汽车做动态检测时,不属于路试检测的项目是(　　)。

　A. 轮胎磨损程度　　B. 滑行情况　　　C. 加速性能　　　D. 制动性能

9. 将机油滴在白纸上,若黑点里有较多的硬沥青质及炭粒等,表明(　　)。

　A. 机油变质　　　　　　　　　B. 使用了劣质机油

　C. 机油滤清器工作不良　　　　　D. 发动机烧油

10. 下面方法是(　　)检查车身漆面是否进行过重新涂装的科学方法。

A. 敲击   B. 漆膜厚度测量仪

C. 目测   D. 以上都不是

二、多项选择题

1. 从外观查看二手车技术状况时，可从车头、车门、后行李厢等处查起，检查内容有（　　　）。

A. 查看发动机盖板与左右叶子板留有的缝隙是否一致

B. 查看发动机盖板与前照灯是否平整切齐

C. 查看发动机盖板与挡风玻璃之间的间隙是否一致

D. 查看车漆是否正常

2. 下面现象这说明该处车身有过补灰做漆。（　　　）

A. 漆面光洁度有差别   B. 反光不一样

C. 板件表面出现凹凸不平   D. 有明显的橘皮状、色差

3. 下列（　　　）属于拼装汽车。

A. 使用报废汽车的发动机及其他零部件组装的机动车辆

B. 进口全散件或进口半散件组装的汽车

C. 更换发动机的汽车

D. 更换了车身壳体的轿车

4. 车身的缝隙检查主要有（　　　）。

A. 沿着车体中间划分，看两侧缝隙是否对称，大小是否一致

B. 看车漆颜色是否一致

C. 缝隙两端的覆盖件要齐整平均，不能有翘起

D. 车身各处缝隙大小都应一致

5. 发动机机油消耗过快的原因可能是（　　　）。

A. 曲轴轴颈与轴承配合松旷   B. 涡轮增压器油封泄漏

C. 机油泵齿轮磨损过大   D. 气缸壁磨损过量

6. 发动机起动时，起动运转速度低可能是由于（　　　）。

A. 机油黏度过大   B. 蓄电池电压低

C. 蓄电池接线柱接触不良   D. 机油黏度过小

7. 四轮定位包括（　　　）。

A. 主销外倾   B. 主销内倾   C. 主销后倾   D. 前轮前束

8. 下列（　　　）可以反映车辆的使用程度。

A. 机油的量

B. 地毯或地板胶残旧程度

C. 座椅的新旧程度

D. 内外的完好与清洁程度

9. 下列对离合器分离是否彻底的检查，描述正确的是（　　　）。

A. 在发动机怠速状态下，踩下离合器踏板几乎触底时，才能切断离合器

B. 踩下离合器踏板，感到挂挡困难或变速器齿轮出现刺耳的撞击声

C. 挂挡后不抬离合器踏板,车子开始行进

D. 起步困难,加速无力

10. 对在悬架装置检测中不合适的车辆,其可能的故障原因有(　　　　)。

A. 减振器内部零件功能失效

B. 减振器外部的紧固螺栓磨损、松动、脱落

C. 车架疲劳损坏

D. 发动机动力变小

三、判断题

1. 车身检测首要目的是看"伤",即看车主的车有没有严重碰撞的痕迹。　　(　　)

2. 车辆识别代码应尽量置于汽车前半部分,易于观察,并防止磨损或更换的部位。

(　　)

3. 路试检测的主要项目是汽车的制动性能、转向性能和行驶轨迹等。　(　　)

4. 静态检查包括对汽车的识伪检查和外观检查。　　　　　　　　(　　)

5. 汽车里程表显示的里程不一定是真实里程。　　　　　　　　　(　　)

6. 在二手车技术鉴定时,要分清主次,凡对二手车价值构成影响的缺陷,都应认真检查和评判,但对评估价值不构成影响的细微瑕疵,就不要去斤斤计较。　　(　　)

7. 漆面光洁度有差别,反光不一样,甚至出现凹凸不平,或有明显的橘皮状,这说明该处车身有过补灰做漆。　　　　　　　　　　　　　　　　　(　　)

8. 汽油机汽车排气颜色为白色,说明混合气过浓或是点火时刻过迟,造成燃烧不完全。

(　　)

9. 利用底盘测功可以获得发动机功率与驱动轮的输出功率进行比较,并求出传动效率。　　　　　　　　　　　　　　　　　　　　　　　　　(　　)

10. 外观检测一般是通过目测来进行,目测检查通常只能做定性分析。　(　　)

11. 二手车评估师还有一个重要任务就是要鉴定、识别走私车、盗抢车、拼装车、报废车、手续不全的车,严禁这些车辆在二手车市场上交易。　　　　　　(　　)

12. 所谓识伪检查主要是指通过对走私或非官方正规渠道进口的汽车和配件,进行识别和判断。　　　　　　　　　　　　　　　　　　　　　　　(　　)

13. 汽车转向轮定位参数包括主销内倾、主销后倾、转向轮外倾和转向轮前束。(　　)

14. 制动性能检测方法只有路试法。　　　　　　　　　　　　　　(　　)

15. 路试后,正常的机油温度为95℃,正常的水温为60℃—80℃。　(　　)

四、简述题

1. 对二手车进行技术状况的鉴定过程中,如何进行二手车的静态检查?

2. 什么是汽车技术状况的动态检查?

3. 汽车技术状况的仪器检查包含哪些项目?

4. 汽车排气中对环境有害的物质有哪些?

5. 如何鉴别走私车、拼装车和盗抢车?

6. 对二手车进行技术状况的鉴定过程中,路试后检查哪些项目?

事故车辆鉴别

学习目标

1. 正确阐释事故车辆的鉴别方法;

2. 能完成二手车是否是火烧车和水泡车的鉴别,能判断二手车是否发生过事故及事故的严重程度,培养客观公正、实事求是的工作态度和诚实守信的职业操守;

3. 回答二手车碰撞损伤鉴定的基本程序,培育学生文明出行的安全意识。

扫码可见
项目四视频

事故车是指在使用过程中,曾经发生过长时间泡水,或严重过火或严重碰撞或撞击,即使经过很好修复之后,但仍然存在安全隐患的车辆统称为事故车。

汽车发生事故是常见的,发生过事故的车辆,其使用性能无疑会受到极大的损害,而且还会存在很大安全隐患。但由于在二手车交易前,它们都会经过修理,一般非专业人士很难分辨出来。这些非正常使用过的二手车,不仅容易在今后的使用过程中出现质量问题,而且其价值也并非物有所值。但并不是发生过事故的二手车,就认为是事故车,如轻微的碰撞,不一定就会"伤筋动骨",稍做修复,则可正常使用,就不是事故车,所以鉴别车辆是否为事故车非常重要。

任务一　火烧车鉴别

一、火烧车定义及类型(扫码见视频 4-1)

1. 火烧车定义

汽车无论是由于外燃还是自燃,只要发动机舱或乘员舱发生火烧,燃烧面积超过 0.5 平方米或两处及以上存在火烧焦化的车辆,称为火烧车。在二手车行业,火烧车是指车身承载式框架部件存在过明火过火的痕迹,经修复后仍存在安全隐患的车辆。

2. 火烧车类型

(1) 按起火原因分,可分为:自燃(供油系统、电器系统、机械系统)、外部引燃(纵火、雷击、爆炸)和碰撞起火。

(2) 根据火烧车燃烧的部位、燃烧的程度和燃烧后对整车性能影响的大小可将火烧车分为:轻微火烧车和严重火烧车。轻微火烧车是指局部火烧,损失只局限在过火部分油漆、导管或部分内饰;严重火烧车是指火烧破坏很严重,即使在修复后对整车行驶性能也影响很大。

二、火烧车的特点及危害

1. 火烧车的特点

汽车元件常见的材料有钢、铁、硬塑料、树脂、棉等,不同材质在火烧之后的特点是不同的。

（1）钢或铁元件被火烧后,会呈现元件被烟熏黑的痕迹;

（2）硬塑或棉元件被火烧后,元件表面会融化,发生褶皱变形,严重时会化为灰烬。

2. 火烧车的危害

车辆被火烧(自燃或外部火源)之后的危害比较广泛,主要体现在以下几个方面:

（1）老化加速,所有经过高温的部件(未烧损)都将提前老化;

（2）车身金属部件的强度大大降低,安全性能衰退;

（3）局部的维修工艺被缩水,从而遗留故障和安全的隐患;

（4）火烧车的车内环境被严重恶化,危害驾乘人员的身体健康。

车辆常发生火烧的位置主要集中在发动机盖内部、保险盒和继电器、发动机排气歧管和车辆门柱。

三、火烧车的鉴别方法

（1）最简单的做法就是进入车内,查看有无刺鼻气味,是否有烧焦的味道或者浓烈的香水味,如果发生过火烧事故,那么车内一定会残留烧焦的味道,所以有些车主为了掩盖车内的烧焦味会喷大量的香水。

（2）检查内饰,地板有无过火的痕迹,漆面是否完好,座椅有无火烧痕迹。

（3）检查发动机舱内的保险丝盒及驾驶舱内的保险丝盒是否有更换或火烧熏黑的痕迹。如果发生过火烧事故,线圈以及保险丝一定会过火,所以从发动机舱以及车身线束是否有过更换、部分地方是不是有火烧痕迹可以看出来是不是火烧车。如果做过更换,那么检查线束接口部位是不是和新线束一致,有没有瘤状、熏黑的痕迹也可以判断车辆是否发生过火烧。

（4）观察防火墙有无火烧或熏黑痕迹。

（5）检查车身外观,车门以及前后翼子板外表面是否有油漆起伏的痕迹,车身油漆颜色和光泽是否均匀,周边胶条是否粘有油漆。

（6）检查汽车车身各个夹层内有没有被火烧熏黑的痕迹,夹层的修复是最容易被忽略的地方,被熏黑的地方也是很容易就辨别出来的。

（7）查询维修保养记录,获知相应的维修历史。通常在维修火烧车时,技术要求高,作业范围广,配件采购难度大。车主一般都选择在 4S 店维修,这样维修档案就会有相应的记录。

任务实施

一、任务目标与要求

1. 小组成员分工协作,利用所学知识点,查询相关资料,依据任务工单分析制定工作计划,并通过小组自评或互评进行检查。

2. 鉴别车辆是否存在火烧现象,描述现象给出结论。

二、任务准备及实施

1. 小组接受工作任务,组长带领组内成员阅读任务工单,查阅相关资料,合理分工,制定任务计划,并检查计划有效性。

2. 由教师为各组学生提供待检二手车,车型不限,要求学生在规定时间内,完成车辆是否存在火烧现象的检查,然后将检查结果填入对应作业表中。

三、检查部位及程度划分

1. 轻微火烧车

局部火烧,损失只局限在过火部分油漆、导管或部分内饰;存在火烧车鉴定项目表 4-1 中第 1 项到第 12 项任何一条或以上轻微程度的,应考虑判定为轻微以上程度的火烧车。

2. 严重火烧车

火烧破坏很严重,即使在修复后对整车行驶性能也影响较大。存在火烧车鉴定表 4-1 中第 1 项到第 12 项任意三个严重程度或第 13 项到第 15 项任意轻微及以上程度缺陷的,应考虑判定为严重火烧车。

表 4-1 火烧车鉴定项目表

序号	检查项目	A	B	C
1	车身外漆有无火烧痕迹	无	轻微	严重
2	车厢内饰有无火烧痕迹	无	轻微	严重
3	车厢地板有无火烧痕迹	无	轻微	严重
4	轮胎有无火烧或熔化痕迹	无	轻微	严重
5	各部位橡胶件有无火烧或熔化痕迹	无	轻微	严重
6	各灯泡座有无火烧或熔化痕迹	无	轻微	严重
7	各开关座有无火烧或熔化痕迹	无	轻微	严重
8	后备厢内有无火烧痕迹	无	轻微	严重
9	驾驶舱内的保险丝盒有无火烧痕迹	无	轻微	严重
10	发动机舱内的保险丝盒有无火烧痕迹	无	轻微	严重
11	发动机舱线束有无火烧痕迹	无	轻微	严重
12	车身线束有无火烧痕迹	无	轻微	严重
13	发动机舱有无火烧痕迹	无	轻微	严重
14	防火墙有无火烧痕迹	无	轻微	严重
15	发动机缸体有无火烧痕迹	无	轻微	严重

四、任务工单

项目	火烧车鉴别			
任务	火烧车鉴别		姓名	
班级		组号	日期	
任务目的	1. 对二手车的车身、发动机舱、驾驶室、底盘等进行检查。 2. 鉴别车辆是否存在火烧现象,描述现象给出结论。			
任务描述	按照学习领域课程安排,通过情景模拟,教师提供待评估车辆、参考资料、视频资料等教学资源,在教师指导下完成火烧车鉴别这一教学任务。请各组对教师提供的车辆进行检查,并填写任务工单。			
任务要求	通过教师的引导、自学和查找资料等方式,按照工作过程的完整性和连贯性评估要求,逐步养成就业岗位的隐性工作方法,最终以小组协作形式查验可交易车辆。			
资讯	掌握火烧车的鉴别方法。			

决策

每6人一组,每组选出一名负责人,负责人对小组任务进行分配,组员按负责人的要求完成相关任务内容。

序号	个人职责(任务)	负责人
1		
2		
3		
4		
5		
6		

制定计划	根据任务内容制定任务计划,并反复修改、讨论工作方案。
任务实施	各小组成员按照制定的工作计划查阅相关资料,制定火烧车鉴定工作计划,描述检查部位及检查结果,填写表4-1。

检查评估

成果展示,各小组人员进行本任务时的表现情况依据下表记录进行评价,并讨论、总结和反思学习过程中的不足。

考核项目	评分标准	分数	学生自评	小组互评	教师评价	小计
团队合作	是否和谐	5				
活动参与	是否主动	5				
现场7S	是否做到	10				
任务方案	是否合理	15				
操作过程	是否标准规范	40				
任务完成情况	是否圆满完成	5				
劳动纪律	是否严格遵守	5				
工单填写	是否完整、规范	15				
总分		100				
教师签名					得分	

实施考核

教师评语:(包括核查的方法、全面性、准确性等方面,并按等级制给出成绩)

记录成绩_____ 教师签字:_____ ___年___月___日

任务二　泡水车鉴别

泡水车辆与涉水行驶过的车辆不能混为一谈,有许多车辆在遇大雨、暴雨或特大暴雨的恶劣天气时,曾在水中短时间行驶过,这都不算泡水车。

一、泡水车定义及类型(扫码见视频 4-2)

1. 泡水车定义

根据国标定义,泡水车是指经过水浸泡的车子,一般是指发动机、变速箱被水泡过,浸水深度超过车轮及车身座椅,车身底部部件与水长时间接触的机动车(车辆从水中迅速开过不属于长期与水接触)。

2. 泡水车分类

泡水车按照损害严重程度分为三类(如图 4-1):第一类是水深超过车轮,并涌入了车内;第二是水深超过发动机盖,水线达到前风挡玻璃的下沿;第三类是积水漫过车顶。在这三类情况中,第一类最为常见,危害性相对后两类要小很多,修复后对日常使用影响不大。而后两类,水深超过了风挡玻璃下沿或者直接没顶的车辆,就算修复后也是一个"定时炸弹",随时都可能出现问题。

水深超过车顶
水深超过中控台
水深超过车轮

图 4-1　泡水车分类

二、施救落水的汽车

(1) 严禁在水中起动汽车。

(2) 科学拖车。一般应采用硬牵引方式拖车,或将汽车前轮托起后进行牵引。拖车时,一定要将变速器操纵杆置于空挡,以免反拖发动机运转。对于采用自动变速器的汽车,注意不能长距离地被拖曳(不宜超过 20～30km)。在将整车拖出水域后,应尽快把蓄电池的负极线拆下来,以免短路。

(3) 及时告知车主和承修厂商。容易受损的电器应尽快从车上卸下,进行排水清洁,电子元件用无水酒精清洗后晾干,避免因进水引起电器短路。

(4) 及时检修电气元器件。车主应随时注意电脑的密封情况,避免因电脑进水,使控制紊乱而导致全车瘫痪。一般而言,如果电脑仅仅是不导电,还可进行修理;如果是芯片出现毛病,就需要更换新的电脑。汽车上的各类电机进水以后,对于可以拆解的电动机,可以采用"拆解——清洗——烘干——润滑——装配"的流程进行处理。如无法拆解,这些电机进水后,即使当时检查是好的,使用一段时间后也可能会发生故障,一般应考虑一定的损失率,损失率通常在 20%～40%。

（5）及时检查相关机械零部件。如检查发动机、变速器、主减速器、制动系统和排气管等。

（6）清洗、脱水、晾晒、消毒及美容内饰。

（7）保养汽车。最好对全车进行一次二级维护。

（8）谨慎起动。

三、泡水车的危害

泡水车的危害在于水对车辆金属连接件的腐蚀，以及对电路、电子设备的损坏。金属件被腐蚀，连接、固定的机械性能会受到很大影响。底盘部件被严重浸泡腐蚀后刚度也会受到一定影响，会给未来造成多种行车安全的隐患。

四、泡水车鉴别方法

（1）检查前大灯和尾灯新旧程度，以及是否与车辆日期一致，如果有更换的痕迹，就需要注意。检查雾灯是否有进水的痕迹。检查前大灯和尾灯内部，特别是银色灯碗的地方，是否有被水泡过而发黄的印迹。

（2）检查发动机舱内，可以通过观察发动机舱和驾驶室舱的防火墙，看看这个上面有没有水渍痕迹或留有污泥；在检查发动机线束内部是否留有污泥；检查保险丝盒上是否有锈蚀或水渍。

（3）检查驾驶室内，闻是否有霉味。如有，可能被水淹过；被水泡过的植绒地毯，经过清洗后，视觉上与正常的地毯差异不大，但手摸上去手感则不再柔顺，有种发涩和发硬的感觉，清洗时使用毛刷，地毯表面也难免起球现象；检查座椅底下的支架是否有严重的锈蚀，座椅的填充物为发泡海绵，经过泡水后手感会发硬，缺乏弹性；检查仪表板底下的骨架是否有严重的锈蚀；检查空调和音响的旋钮是否有发涩的感觉；经过污水浸泡后的安全带，上面会留有较明显的水迹，而且不容易被清除，会产生霉斑，因此，我们可以通过观察安全带，来判断该车的泡水深度。

（4）检查行李箱内，备胎和随车的工具上是否有严重锈蚀；掀开后备厢的装饰盖板看角落里是否有水泡过的锈蚀痕迹。

（5）查询维修保养记录，获知相应的维修历史。

一、任务目标与要求

1. 小组成员分工协作，利用所学知识点，查询相关资料，依据任务工单分析制定工作计划，并通过小组自评或互评进行检查。

2. 鉴别车辆是否存在水泡现象，描述现象给出结论。

二、任务准备及实施

1. 小组接受工作任务,组长带领组内成员阅读任务工单,查阅相关资料,合理分工,制定任务计划,并检查计划有效性。

2. 由教师为各组学生提供待检二手车,车型不限,要求学生在规定时间内,完成车辆是否存在水泡现象的检查,然后将检查结果填入对应作业表中。

三、检查部位及程度划分

1. 轻微泡水车

水深超过车轮,并涌入了车内,但没浸过车内电子元件。存在泡水车鉴定表 4 - 2 中仅第 1 项到第 21 项中出现 B 状态的,第 21 项到第 28 项中均为 A 状态的,应考虑属于此等级泡水车的可能。

2. 严重泡水车

水深浸过了车内的电子元件,存在泡水车鉴定表 4 - 2 中第 21 项到第 28 项中出现 1 处以上 B 状态的,应考虑属于此等级泡水车的可能。

表 4 - 2 泡水车鉴定项目表

序号	检查项目	A	B
1	发动机底壳	无浸泡痕迹	锈蚀
2	变速箱底壳	无浸泡痕迹	锈蚀
3	排气管	无浸泡痕迹	锈蚀
4	悬挂组件固定螺丝	无浸泡痕迹	锈蚀
5	刹车挡板	无浸泡痕迹	锈蚀
6	后备厢底部排水塞	无浸泡痕迹	打开痕迹
7	前后四个大灯内部银色灯碗	无浸泡痕迹	泛黄或更换过
8	随车工具	无浸泡痕迹	锈蚀
9	查看后备厢角落	无浸泡痕迹	锈蚀
10	查看备胎	无浸泡痕迹	更换
11	备胎钢圈	无浸泡痕迹	锈蚀
12	座椅滑轨	无浸泡痕迹	锈蚀或污泥
13	离合器踏板	无浸泡痕迹	锈蚀或打磨痕迹
14	油门踏板	无浸泡痕迹	锈蚀或打磨痕迹
15	刹车踏板	无浸泡痕迹	锈蚀或打磨痕迹
16	车门密封条	无浸泡痕迹	锈蚀或泥沙
17	离合器踏板弹簧和固定螺丝	无浸泡痕迹	锈蚀
18	电线保护套	无浸泡痕迹	锈蚀或水渍

（续表）

序号	检查项目	A	B
19	安全带底部根部	无浸泡痕迹	锈蚀或水渍
20	保险丝盒	无浸泡痕迹	锈蚀或水渍
21	发动机与驾驶舱之间防火层	无浸泡痕迹	锈蚀或水渍
22	车内看前后挡风玻璃胶条	无浸泡痕迹	锈蚀或水渍
23	车门顶部密封条	无浸泡痕迹	锈蚀或水渍
24	车辆顶部植绒毯	无浸泡痕迹	锈蚀或水渍
25	车内各线束接口	无浸泡痕迹	锈蚀
26	座椅海绵	无浸泡痕迹	锈蚀或水渍
27	玻璃升降器工况	良好	泥沙或失灵
28	门锁各开关工况	良好	泥沙或失灵

四、任务工单

项目	泡水车鉴别				
任务	泡水车鉴别		姓名		
班级		组号		日期	
任务目的	1. 对二手车的车身、发动机舱、驾驶室、底盘等进行检查。 2. 鉴别车辆是否存在泡水现象，描述现象给出结论。				
任务描述	按照学习领域课程安排，通过情景模拟，教师提供待评估车辆、参考资料、视频资料等教学资源，在教师指导下完成泡水车鉴别这一教学任务。请各组对教师提供的车辆进行检查，并填写任务工单。				
任务要求	通过教师的引导、自学和查找资料等方式，按照工作过程的完整性和连贯性评估要求，逐步养成就业岗位的隐性工作方法，最终以小组协作形式查验可交易车辆。				
资讯	掌握泡水车的鉴别方法。				
决策	每6人一组，每组选出一名负责人，负责人对小组任务进行分配，组员按负责人的要求完成相关任务内容。 序号　个人职责（任务）　负责人 1 2 3 4 5 6				

（续表）

制定计划	根据任务内容制定任务计划,并反复修改、讨论工作方案。
任务实施	各小组成员按照制定的工作计划查阅相关资料,制定泡水车鉴定工作计划,描述检查部位及检查结果,填写表1。

检查评估

成果展示,各小组人员进行本任务时的表现情况依据下表记录进行评价,并讨论、总结和反思学习过程中的不足。

考核项目	评分标准	分数	学生自评	小组互评	教师评价	小计
团队合作	是否和谐	5				
活动参与	是否主动	5				
现场7S	是否做到	10				
任务方案	是否合理	15				
操作过程	是否标准规范	40				
任务完成情况	是否圆满完成	5				
劳动纪律	是否严格遵守	5				
工单填写	是否完整、规范	15				
总分		100				
教师签名					得分	

实施考核	教师评语:(包括核查的方法、全面性、准确性等方面,并按等级制给出成绩) 记录成绩_____ 教师签字:_____ ____年___月___日

任务三　碰撞事故车鉴别

一、汽车碰撞事故分类及特征

汽车碰撞事故分为单车事故和多车事故。

单车事故可分为翻车事故和撞障碍物事故。

多车事故则指两辆或两辆以上的汽车在同一事故中发生碰撞造成的事故。多车事故有两个明显特征:一是给事故车辆施加冲击力的均为其他车辆;二是一般无来自上下方向的冲击载荷,且其障碍物的刚性变化没有单车事故大。

二、汽车碰撞损伤类型

1. 按碰撞部位是否接触分类

（1）直接损伤(或一次损伤)

直接损伤是指汽车碰撞直接接触部分出现的损伤。如汽车发生前撞,直接接触部分包括前保险杠、前翼子板、散热器护栅、发动机室、前灯等零部件导致的变形损坏,称为直接损伤。

（2）间接损伤（或二次损伤）

间接损伤是指汽车碰撞非直接接触部分出现的损伤。即离碰撞点有一定距离,因碰撞力传递而导致的变形,如车架横梁、行李厢、车轮外壳、护板等。

2. 按零部件变形特点分类

按被碰撞零部件变形特点分为:侧弯、凹陷、折皱、菱形损坏和扭曲五类,如图 4 - 2 所示。

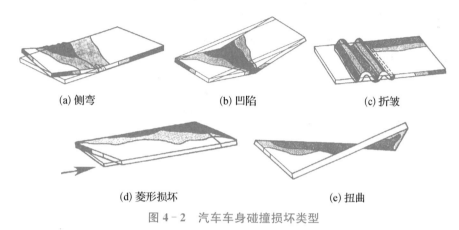

(a) 侧弯　　　　　(b) 凹陷　　　　　(c) 折皱

(d) 菱形损坏　　　　　(e) 扭曲

图 4 - 2　汽车车身碰撞损坏类型

三、汽车碰撞损伤的诊断与检查

1. 车辆碰撞损伤影响因素

汽车碰撞事故是所有汽车事故中数量最多的一种。影响事故车损坏程度的因素如下:

（1）事故车的结构、大小、形状和重量。

（2）被撞物体的大小、形状、刚度和速度。

（3）发生碰撞时的车辆速度。

（4）碰撞的位置和角度。

（5）事故车辆中的乘员或货物的重量和分布情况。

2. 汽车碰撞损伤诊断基本程序

汽车发生碰撞后,车身的损伤是最严重的。因此,汽车碰撞损伤诊断主要也是围绕着车身的修理展开的。在维修事故车辆时,机械与电器部件的修理相对比较容易确定,价格也比较容易估算。而车身的定损与维修则需要评估人员有较强的专业知识和较丰富的维修经验,才能较准确地估算维修费用。汽车碰撞损伤鉴定的基本程序如下:

（1）了解车身结构是承载式还是非承载式。

（2）通过目测,初步确定碰撞的部位。

（3）以目测确定碰撞的方向以及碰撞力大小,检查可能的损伤。

（4）确定损伤的范围,除车身外,是否还涉及功能零部件,如车轮、悬架、发动机等。

（5）沿着碰撞力扩散的路径,检查车身各个薄弱环节零部件的损伤,直到无任何损伤的部位。如立柱的损伤可通过检查车门的配合情况来确定等。

（6）测量车身和主要部件各部分的变形尺寸。例如，可用定心量规测定车身是否发生扭转变形等。

（7）采用适当的工具或装置检测包括悬架、车架、车轮等整个汽车的损伤情况。

3. 汽车碰撞损伤的区位检查法（扫码见视频 4-3）

车辆发生碰撞事故时一般采用的损伤检查是"区位检查法"。

"区位检查法"是按碰撞损坏规律把汽车分为五个区位，如图 4-3 所示。

一区：直接损伤区——车辆直接受到碰撞的部位。

二区：间接损伤区——受到间接损伤的车身其他部位。

三区：机械损坏区——受到损伤的机械零部件。

四区：乘员舱——包括舱内受损的内饰、灯、附件、控制装置等。

五区：外饰和漆面——车身外部件和装饰件。

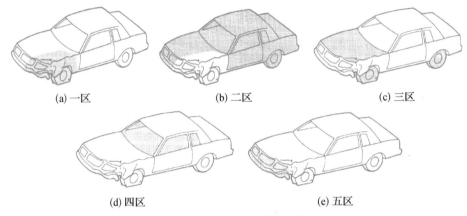

(a) 一区　　　　　　　　(b) 二区　　　　　　　　(c) 三区

(d) 四区　　　　　　　　(e) 五区

图 4-3　汽车碰撞损伤区位

在对事故车定损时，应从一个区位到另一个区位逐处检查，同时按顺序记录损伤情况。

4. 车身碰撞损伤的初步确定

在检查车身碰撞损伤时，首先应在离车 3～4 m 处进行总体观察，主要观察汽车是否有严重扭曲与歪斜；其次，从碰撞的具体位置估计受撞范围的大小和方向，并确定碰撞时如何扩散的；最后，沿着碰撞力扩散的路径查找车身的薄弱部位（即碰撞力形成应力集中的位置），一处处仔细检查以全面确定碰撞损伤的程度。

四、车身变形尺寸的测量

1. 车身变形尺寸测量的重要性

就承载式车身的轿车而言，车身变形的测量结果是判断碰撞变形的前提和基本依据。因为汽车的传动系统、转向系统、悬架系统、行走系统等都是直接装配在车身上的，当车身碰撞发生变形时，必将严重影响汽车上述各项系统的性能。因此，为保证汽车的安全与正常性能，不仅要准确进行车身变形的测量，而且必须将汽车关键尺寸的公差控制在 3mm 以内。

2. 车身变形尺寸测量的具体方法

（1）测量内容

包括车身扭曲变形测量、前部车身的尺寸测量、车身的侧围测量以及车身后部测量等。

（2）测量方法

① 常用测量工具有钢卷尺和滑规式测尺等。滑规式测尺主要用于零部件的基准孔距或装配孔距的校准测量，如图4－4所示。

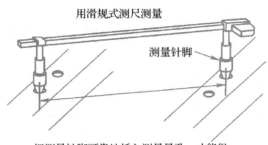

用滑规式测尺测量

测量针脚

把测量针脚可靠地插入测量量孔，才能得到正确的中心距

图4－4　滑规式测尺

② 每个尺寸应用两个参考点进行校验，其中至少一个参考点是由对角线测量获得。

③ 尺寸越大，则测量结果越准。测量中，还应注意检查那些对称的尺寸。

④ 车身测量中具体的控制点与控制尺寸可从该车的维修手册中查到。如果没有原厂车身规范，可以对一辆完好无损的相同车型进行测量，获得原厂尺寸。另外，如果车辆只有一侧损坏，通常可以对未损坏的一侧进行测量，然后比较这两侧的测量值。测量点最好选择悬架和机械零件的安装点，因为这些点对于定位至关重要。

⑤ 通过比较维修手册车身尺寸图表上的标定尺寸和实际测量尺寸来检测汽车的车高，并用一个定心量规来比较车身左右两侧的高度差，以确定车身是否发生扭转变形等。除了底部车身尺寸外，还应测量上部车身尺寸，比如前部车身尺寸、车身测量尺寸、后部车身尺寸等，其常见测量点分别如图4－5～图4－7所示。

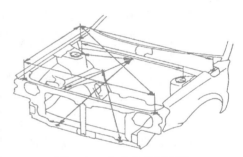

图4－5　车身前部的测量

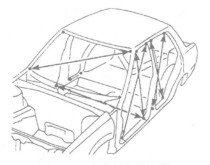

图4－6　车身侧部的测量

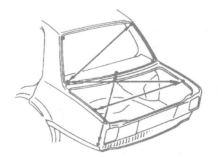

图4－7　车身后部的测量

（3）检测中的安全注意事项

① 应在光线良好的场所进行检测。检测前，先查看汽车上是否有碎玻璃棱边和锋利的金属边角，如有，则应对其进行处理。

② 检测前应检查汽车是否有汽油泄漏的气味。此时应先切断电源和开关,并切忌使用打火机。如遇有机油泄漏时,应注意当心滑倒。

③ 在检验电器设备时,应细心操作,以防造成零部件新的损伤。例如在检查变形门的电动车窗升降功能时,切忌用力过猛、盲目升降。

④ 如需要在车身底下进行检测作业,务必使用汽车举升机,以确保安全。

五、碰撞事故车鉴别方法

凡是发生严重碰撞、泡水、过火的事故车,到二手车市场来评估交易之前,都经过汽车修理厂的修复和修理,非专业人士一般检查不出这是事故车。此处只提供一般通用的鉴别方法。

1. 碰撞事故车初步检查

(1)检查车身外观,车门和前后翼子板外表面是否有油漆起伏痕迹,车身油漆颜色和光泽是否均匀,周边胶条是否粘有油漆。如果以上情况都有,就可以判断车身有过撞击,外表重新修补过油漆。

(2)打开发动机室盖,以手指触摸发动机室盖边缘应呈自然平直,滑顺不粗糙,一体成型。如果发动机室盖锁止机构变形错位,液压撑杆失效或者不到位,则表明曾经发生过碰撞。

(3)观察散热器框架和翼子板上纵梁结合部分的焊接点。原厂焊点应略呈真圆及略微凹陷。若是发现焊点呈凸出状,有失圆或大小不一的点焊,焊点粗糙不光滑,排列不规则,不均匀,则表明是重新烧焊的痕迹,散热器框架受过撞击。

(4)观察前围板看发动机室与驾驶室内间隔板的前围板上缘是否平直。如前围板上缘有明显修复痕迹,则可判断有重大事故。

(5)观察车辆底盘,前纵梁(大梁)不应有褶皱、变形痕迹,整个底盘脏污程度大致相同,一般不应有特别干净或者特别脏的部分。如果前纵梁(大梁)表面处理较粗糙,且有焊接或拉直痕迹,油漆颜色很鲜艳,则可判断受过严重撞击。

(6)打开车门,拉下车门原厂密封条,门框和门柱应平直,特别注意 A、B、C 柱和车体结合处的原厂焊点,应略呈真圆和略微凹陷,由车顶延伸至门槛的线条平直且呈自然弧度。如车门打开或关合非常困难,不用力关不拢;密封条有破损,且松动,说明拆卸过多次。A、B、C柱的各个焊点粗糙、排列不均匀,A、B、C 柱内外侧面漆面存在色差,可以判断车辆受过撞击,而且伤及车身 A、B、C 三柱。

(7)打开行李箱,检查备胎箱底板、后翼子板和后减振器支架内衬板和内部接缝线条是否平整、顺滑,有无烧焊痕迹。

(8)车辆翻车之后,维修人员要为其做喷漆处置,敲击车顶部,正常情况会是特别脆的声音,假设声音发闷,那基本上就可判定翻过车。

(9)假设观察到车身的前梁发生过变形、弯曲或褶皱,则表明此车的正面发生过严重的碰撞,且很可能触及发动机部分,那么购车人在日常的运用过程中,会带来严重的安全隐患。

(10)车身的主梁和元宝架是判定车辆是否经历重度追尾事故的主要部件,假设发现主梁上有焊接口,则肯定该车发生过重度撞击。在减震器上的两个旋状小箱子上也必须是原厂胶,假设非原厂胶,则也说明发生过追尾事故。

2. 碰撞事故车认定

因经过严重撞击伤及大梁和车架的事故车在后期很难修复到原厂的数据,严重的时候需要水焊进行校正修复,对车辆金属刚性影响极大,并且高速时会出现跑偏、磨胎等现象,稳定性较差。如图4-8所示,只要符合以下任何一条损伤的车辆,就应认为是事故车:

① 车架左右纵梁弯曲变形、断裂后修复或更换过。

② 水箱框架和减震器悬架部位被撞伤后修复或更换过。

③ 车身后叶子板碰撞后被切割或更换过。

④ 门框及其下边框、A、B、C柱碰撞变形弯曲后修复或更换过。

⑤ 行李箱底板和车身底板碰撞变形后修复或更换过。

图4-8　事故车辆

一、任务目标与要求

1. 小组成员分工协作,利用所学知识点,查询相关资料,依据任务工单分析制定工作计划,并通过小组自评或互评进行检查。

2. 能够鉴定识别火灾、水灾、碰撞事故车。

二、任务准备及实施

小组接受工作任务,组长带领组内成员阅读任务工单,查阅相关资料,合理分工,制定任务计划,并检查计划有效性。

项目	事故车鉴定			
任务	碰撞事故车鉴定		姓名	
班级		组号	日期	
任务目的	1. 了解汽车质量参数。 2. 掌握碰撞事故车鉴定方法。			

（续表）

任务描述	按照学习项目安排,通过情景模拟,教师提供待鉴定评估车辆、参考资料、视频资料等教学资源,在教师指导下完成碰撞事故车鉴定这一教学任务。请各组情景模拟鉴定教师提供的车辆,判别是否属于事故车。
任务要求	通过教师的引导、自学和查找资料等方式,按照工作过程的完整性和连贯性评估要求,逐步养成就业岗位的隐性工作方法,最终以小组协作形式查验可交易车辆。

<table>
<tr><td rowspan="8">决策</td><td colspan="3">每6人一组,每组选出一名负责人,负责人对小组任务进行分配,组员按负责人的要求完成相关任务内容。</td></tr>
<tr><td>序号</td><td>个人职责(任务)</td><td>负责人</td></tr>
<tr><td>1</td><td></td><td></td></tr>
<tr><td>2</td><td></td><td></td></tr>
<tr><td>3</td><td></td><td></td></tr>
<tr><td>4</td><td></td><td></td></tr>
<tr><td>5</td><td></td><td></td></tr>
<tr><td>6</td><td></td><td></td></tr>
</table>

制定计划	根据任务内容制定任务计划,并反复修改和讨论工作方案。

任务实施	各小组成员按照制定的工作计划查阅相关资料,对教师提供的车辆进行鉴定,是否属于事故车。 1. 参照图中所示车体部位,按照表4-3中要求检查车辆外观,判别车辆是否发生过碰撞,确定车体结构是完好无损或者是有事故痕迹;根据表4-3、表4-4对车体状态进行缺陷描述,即车体部位＋状态。例:4SH,即左C柱有烧焊痕迹。 2 左A柱　　6 右B柱　　10 左减震器悬挂部位 3 左B柱　　7 右C柱　　11 右减震器悬挂部位 4 左C柱　　8 左纵梁　　12 左后减震器悬挂部位 5 右A柱　　9 右纵梁　　13 右后减震器悬挂部位

（续表）

任务实施	表4-3　车体部位代码表					

表4-3　车体部位代码表

序号	检查项目	检查结果	序号	检查项目	检查结果
1	车体左右对称性		8	左前纵梁	
2	左A柱		9	右前纵梁	
3	左B柱		10	左前减震器悬架部位	
4	左C柱		11	右前减震器悬架部位	
5	右A柱		12	左后减震器悬架部位	
6	右B柱		13	右后减震器悬架部位	
7	右C柱				

表4-4　车辆缺陷状态描述对应表

代表字母	BX	NQ	GH	SH	ZZ
缺陷描述	变形	扭曲	更换	烧焊	褶皱

2. 使用漆面厚度检测设备配合对车体结构部位进行检测；使用车辆结构尺寸检测工具或设备检测车体左右对称性。

3. 当表4-3中任何一个检查项目存在表4-4中对应的缺陷时，则表明该车为事故车。

成果展示，各小组人员进行本任务时的表现情况依据下表记录进行评价，并讨论、总结和反思学习过程中的不足。

考核项目	评分标准	分数	学生自评	小组互评	教师评价	小计
团队合作	是否和谐	5				
活动参与	是否主动	5				
现场7S	是否做到	10				
任务方案	是否合理	15				
操作过程	是否标准规范	40				
任务完成情况	是否圆满完成	5				
劳动纪律	是否严格遵守	5				
工单填写	是否完整、规范	15				
总分		100				
教师签名				得分		

实施考核

教师评语：（包括核查的方法、全面性、准确性等方面，并按等级制给出成绩）

记录成绩_____　　教师签字：_____　　　___年___月___日

任务四　汽车修理费用的估算与确定

当车辆发生损伤后，且本身具有维修价值时，可制订维修计划，估算维修费用。维修计划包括需要修理和更换的项目、维修工位、维修工时、需要采购和外加工的项目等。维修计划总的依据是汽车损伤修理流程。

一、汽车损伤修理流程（扫码见视频 4－4）

汽车损伤修理流程如图 4－9 所示。

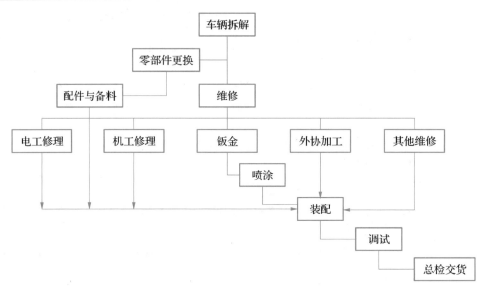

图 4－9　汽车损伤修理流程

二、作业项目的确定

作业项目的确定可分为四项：更换项目的确定、拆装项目的确定、修理项目的确定与待查项目的确定。

1. 更换项目的确定

需要更换的零部件一般可归纳为以下四种：

（1）无法修复的零部件　非承载式汽车中的车桥、悬架；转向系统中的所有零部件，如方向横拉杆的弯曲变形等；又如灯具的严重损毁、玻璃的破碎等。

（2）工艺上不可修复使用的零部件　工艺上不可修复使用的零部件主要有胶贴的各种装饰条，如胶贴的风窗玻璃饰条、胶贴的门饰条、翼子板饰条等。这往往在保险汽车损失评估中产生争议。

（3）安全上不允许修理的零部件　从保证安全的角度考虑，不可修复使用的零部件是指那些对汽车安全起重要作用的零部件，如行驶系统中的所有零部件。这些零部件在受到明显的机械性损伤后，从安全的角度出发，基本上都不允许再使用，必须予以更换。

（4）无修复价值的零件　无修复价值的零部件是指从经济角度考虑，已无修复价值，即那些修复价值接近或超过零部件原价值的零部件。

2. 拆装项目的确定

有些零部件或总成并没有损伤,但是更换、修复、检验其他部件需要拆下该零部件或总成后再重新将其装回。

拆装项目的确定要求评估人员对被评估汽车的结构非常清楚,对汽车修理工艺也要了如指掌。在对被评估汽车拆装项目的确定有疑问时,可查阅相关的维修手册和零部件目录。

3. 修理项目的确定

在现行的汽车损失评估(各地的价格认证中心)以及绝大多数机动车保险条款中,受损汽车在零部件的修理方式上仍以修复为主,所以在工艺上、安全上允许的且具有修复价值的零部件应尽量修复。

4. 待查项目的确定

在车险查勘定损工作中,经常会遇到一些零件,用肉眼和经验一时无法判断其是否受损、是否达到需要更换的程度,甚至在车辆未修复前,用仪器都无法检测单独的零件(除制造厂外)。例如转向节、悬架臂、副梁等,这些零件在定损工作中常被列为待查项目。然而,这些待查项目在车辆修理完工后大都成了更换项目。待查项目到底有多少确实需要更换,又确实更换了多少,这里到底有多少道德风险?这个问题始终困扰保险公司的理赔定损人员。减少待查项目中道德风险的方法及步骤如下:

(1)尽量减少待查项目。

(2)拍照备查。

(3)参与验收。

(4)取走损坏件。

三、决定汽车损伤零部件更换与维修的"八条基本原则"

1. 质量与寿命有保证

维修后零部件使用寿命应能达到新件寿命的80%以上,且应能与整车使用寿命相匹配。

2. 确保行车安全

(1)影响安全的保安件必须更换。

(2)修复后不能达到原有技术标准的,必须更换。

(3)修复后不能恢复原有性能的,必须更换。

(4)修复后会产生漏水、漏气的,必须更换

(5)无探伤条件的必须更换,以确保行车安全。

(6)无矫正设备或检验设备的,无法保证维修质量的零件,必须更换。

3. 零部件修理费用与新购价格的关系

(1)价格较低的。一般修理费用应≤新价格的30%。

(2)中等价值的。一般修理费用应≤新价格的50%。

(3)总成的修理费用。一般修理费用应≤新价格的75%。

4. 板件的损伤程度

(1)对于结构性的板件。因在车身中起到承载的作用,需要仔细考虑整体更换车壳总成。

（2）对于非结构件的板件。在如前、后翼子板、发动机室盖、车门外皮等，如无撕裂、死褶或开裂部位很小，均属于可修复的情况，一般不更换。

5. 特殊零部件的更换

特殊零部件包括仪表类、电气元件、橡胶塑料玻璃类、电镀装饰件和车身附加设备。这些元件可根据自身特点进行选择更换或必须更换，如电气元件、玻璃制品、电镀装饰件一般都属于必须更换的范围。

6. 关于外协加工和专项修理

在目前的汽车维修市场上，出现了许多专项维修户，其维修质量有保证且价格合理。这是一条降低维修成本、有效利用资源的好渠道。在决定此类零部件的修与换时，应充分考虑。

7. 老旧车型

对于某些老旧车型，某配件价格昂贵且在市场上很难买到，考虑到该车型离法定报废时限很短，一般采用修理的方法为好。

8. 商品车或3个月以内的新车

凡属于本例汽车上的损伤零部件，都必须更换。

四、汽车各项修理费用的计算与评估确定

1. 汽车维修费用的组成

汽车维修费用主要由工时费、材料费、外协加工费和税费等四项所组成。

（1）工时费

$$工时费＝工时定额×工时费率$$

式中：工时费率——完成某工种每单位维修工时所需的费用（元/小时）；

工时定额——完成某工种的单项修理所需的工作时间（小时）。

（2）材料费

① 指维修工作中所需要更换的零件与使用的材料的费用。如涂料及其配套的固化剂、稀释剂和需要添加的其他材料的费用。

② 一般维修所需要的消耗性材料不应包括在其中，如清洗零部件的油料、用品、钣金维修所需要的氧气、乙炔气、普通砂纸以及水、电消耗等。

③ 某些低值易耗品，如塑料件、橡胶件、紧固件、电线、插头等所需费用。

（3）外协加工费

是指维修过程中受自身条件所限必须外协或进行专项修理的实际发生的费用。对于外协加工费不得自行加价。

（4）税费

是指维修厂家在向用户进行结算时必须收取的，按照国家规定要向税务部门上交的维修增值税。这是在维修费用估算中不能忽略的一项内容。

2. 确定维修费用所需资料

在定损工作中，确定维修费用所需资料主要包括汽车的维修手册、零配件价格表、喷涂材料的价格表，以及维修工时定额和工时费率等。

3. 维修工时的确定

确定维修工时是计算维修费用的关键,维修工时主要由拆装工时、换件工时、整形工时(钣金工时)、检修工时、电工工时、调整工时、辅助工时、外协工时和喷涂维修工时这 9 种工时共同确定。

4. 维修工时费确定

汽车工时费用包括更换、拆装项目的工时费,修理项目的工时费和辅助作业的工时费等。

注意:将各类工时累加,并且各损失项目在修理过程中有重叠作业时,必须考虑将劳动时间减少。

5. 烤漆费用的确定

烤漆费用主要由汽车烤漆的面积、面漆漆种及单价和塑料件烤漆费用共同确定。

上述各项费用和工时定额会因车辆品牌不同而有所差异,请结合实际情况进行具体维修费用的估算。当知晓损伤车辆的维修费用后,对后续二手车的价值估算和收购定价也有很大帮助。

项目小结

1. 火烧车、水泡车、碰撞事故车的鉴别方法。

火烧车:打开车门,是否有刺鼻气味;检查内饰、地板、漆面、座椅等有无火烧痕迹;发动机舱内一定范围内的易燃部件有无同时更换,保险丝盒、继电器盒、防火墙有无更换或熏黑痕迹;车身外观、车门、翼子板表面有无油漆起伏痕迹;胶条是否粘有油漆;车身夹层是否熏黑;查询维修保养记录。

泡水车:检查大灯、尾灯新旧程度,有无发黄印迹;发动机舱、发动机线束、保险丝盒等位置有无水渍痕迹或留有污泥;驾驶舱内有无霉味;行李厢、驾驶舱底部有无锈蚀痕迹;查维修保养记录。

碰撞事故车:只要符合以下任何一条损伤的车辆,就应认为是事故车:车架左右纵梁弯曲变形、断裂后修复或更换过;水箱框架和减震器悬架部位被撞伤后修复或更换过;车身后叶子板碰撞后被切割或更换过;门框及其下边框、A、B、C 柱碰撞变形弯曲后修复或更换过;行李箱底板和车身底板碰撞变形后修复或更换过。

2. 汽车碰撞损伤鉴定的基本程序包括:① 了解车身结构类型是承载式还是非承载式。② 目测初步确定碰撞部位。③ 目测确定碰撞的方向、碰撞力大小,检查可能的损伤。④ 确定损伤范围,除开车身,是否还涉及功能零部件,如车轮、悬架、发动机等。⑤ 沿着碰撞力扩散路径,检查车身各个薄弱环节零部件的损伤,直到无任何损伤的部位。⑥ 测量车身和主要部件各部分的变形尺寸。⑦ 检测悬架、车架、车轮等整个汽车损伤情况。

3. 汽车修理费用的估算过程:① 确定汽车损伤修理流程。② 各类作业项目的确定。③ 制订维修计划。④ 汽车各项维修费用的计算。

课后习题

一、单项选择题

1. 下面不属于事故车的是(　　　)。

A. 泡水车　　　　　　　　　　　　　B. 大修车

C. 严重碰撞或撞击的车辆　　　　　　D. 过火车辆

2. 泡水车是指(　　　)。

A. 涉水深度超过车轮半径的车辆　　　B. 涉水深度超过车轮的车辆

C. 涉水行驶过的车辆　　　　　　　　D. 水深超过发动机盖,达到前挡风玻璃的下沿

3. 修复质量越高,事故车贬值损失就(　　　)。

A. 越高　　　　　B. 越低　　　　　C. 不变　　　　　D. 不确定

4. 碰撞部位所占的权重越大,事故车贬值损失就(　　　)。

A. 越高　　　　　B. 越低　　　　　C. 不变　　　　　D. 不确定

5. 下列哪个选项不属于重大事故车的状况(　　　)。

A. 纵梁有焊接、切割、整形的车辆　　B. ABC柱有切割、变形的车辆

C. 车身有划痕、补漆的车辆　　　　　D. 因撞击造成汽车安全气囊弹出的车辆

6. 发动机室发生火灾,对造成的损失描述错误的是(　　　)。

A. 熔化塑料件　　　　　　　　　　　B. 损坏垫圈和膜片热敏器件

C. 发动机缸体严重磨损　　　　　　　D. 金属板变形

7. 下面不属于事故车的是(　　　)。

A. 泡水车　　　　　　　　　　　　　B. 大修车

C. 严重碰撞或撞击的车辆　　　　　　D. 过火车辆

二、多项选择题

1. 下列属于事故车的有(　　　)。

A. 水箱框架和减震器悬架部位被撞伤后修复或更换过。

B. 车身后叶子板碰撞后被切割或更换过。

C. 门框及其下边框、A、B、C柱碰撞变形弯曲后修复或更换过。

D. 行李箱底板和车身底板碰撞变形后修复或更换过。

2. 事故车主要有三种,分别是(　　　)。

A. 泡水车　　　　　　　　　　　　　B. 轻微剐蹭车

C. 严重碰撞或撞击的车辆　　　　　　D. 过火车辆

3. 当以下哪种部件出现火烧痕迹时,则该车为火烧车。(　　　)

A. 车身覆盖件和加强件　　　　　　　B. 电机

C. 电路控制器总成　　　　　　　　　D. 管路(水管、油管)

4. 在事故中对车辆损坏程度影响较大的因素有(　　　　)。

A. 事故车辆的结构、大小、形状和重量

B. 被撞物体的大小、形状、刚度和速度

C. 发生碰撞时的车速

D. 碰撞的位置和角度

5. 车架式车身常见的损伤有(　　　　)。

A. 歪曲　　　　　　B. 凹陷　　　　　　C. 挤压　　　　　　D. 菱形

三、判断题

1. 泡水车一般是指全泡车,也叫灭顶车,全泡车是指泡水时,水线超过发动机盖,水线达到挡风玻璃下沿。　　　　　　　　　　　　　　　　　　　　　　　　　　　　(　　)

2. 事故车是指发生严重碰撞、泡水、过火后,虽经修复并在使用,但仍存在安全隐患的车辆。　　　　　　　　　　　　　　　　　　　　　　　　　　　　　　　　　　(　　)

3. 水箱及水箱支架被撞伤后修复或更换则不属于事故车。　　　　　　　　(　　)

4. 只要在发动机舱或乘员舱发生过火烧现象的,不管着火大小统统称为过火车辆。
　　　　　　　　　　　　　　　　　　　　　　　　　　　　　　　　　　　　(　　)

5. 车辆涉水深度超过车轮半径行驶过后就属于泡水车。　　　　　　　　　(　　)

6. 泡水高度是确定水损程度的重要参数,泡水高度一般不以高度作为计量单位,而是汽车上重要的具体位置。　　　　　　　　　　　　　　　　　　　　　　　　　　　(　　)

7. 碰撞或撞击后,车架大梁弯曲变形、断裂后修复的属于事故车。　　　　(　　)

8. 承载式车身汽车被设计成为能够吸收碰撞能量。　　　　　　　　　　　(　　)

9. 右后纵梁受损属于事故车。　　　　　　　　　　　　　　　　　　　　(　　)

10. 无论是自燃还是外燃,只要发动机舱或乘员舱发生严重火烧,燃烧面积较大,机件损坏严重,就应列为事故车。　　　　　　　　　　　　　　　　　　　　　　　　　(　　)

四、简述题

1. 简述火烧车、水泡车、碰撞事故车的鉴别方法。

2. 简述汽车碰撞损伤鉴定的基本程序。

3. 简述汽车修理费用的估算过程。

项目
五

二手车价值评估

学习目标

1. 正确使用成新率计算方法计算车辆成新率；

2. 正确描述二手车四种评估方法的原理及应用范围；

3. 根据具体的评估任务，选择合适的评估方法计算二手车评估值，培养学生遵守公正、合理估价的职业道德和具体问题具体分析的能力；

4. 通过引入违反诚信原则进行评估导致严重后果的案例，培养诚信意识和职业敬畏感。

扫码可见
项目五视频

任务一　二手车成新率的确定

成新率是反映二手车新旧程度的指标。二手车成新率是表示二手车的功能或使用价值占全新机动车的功能或使用价值的比率，也可以理解为二手车的现时状态与机动车全新状态的比率。它与有形损耗一起反映了同一车辆的两方面。车辆的有形损耗也称为车辆的实体性贬值，是由于使用磨损和自然损耗形成的。成新率和有形损耗率的关系为

成新率＝1－有形损耗率

成新率是重置成本法的一项重要指标，如何科学、准确地确定该项指标是二手车评估中的重点和难点。在二手车的鉴定评估中，成新率的估算方法有很多种，实际评估时，根据被评估车辆的客观情况灵活选用不同的成新率。

以下介绍几种成新率的计算方法。

一、使用年限法（扫码见视频 5-1）

（一）计算方法

根据二手车折旧方法不同，使用年限法估算二手车成新率有两种方法，即等速折旧法和加速折旧法。

1. 等速折旧法

$$C_n = \left(1 - \frac{Y}{G}\right) \times 100\%$$
（5-1）

2. 加速折旧法

加速折旧法又分为年份数求和法和双倍余额递减法两种：

（1）年份数求和法

$$C_n = \left[1 - \frac{2}{G(G+1)} \sum_{n=1}^{Y} (G+1-n) \right] \times 100\% \qquad (5-2)$$

（2）双倍余额递减法

$$C_n = \left[1 - \frac{2}{G} \sum_{n=1}^{Y} \left(1 - \frac{2}{G} \right)^{n-1} \right] \times 100\% \qquad (5-3)$$

式中　C_n——使用年限成新率；

G——规定使用年限，年或月；

Y——已使用年限，年或月。

（二）规定使用年限与已使用年限

1. 规定使用年限

经 2012 年 8 月 24 日商务部第 68 次部务会议审议通过，并经国家发改委、公安部、环境保护部同意后予以发布的《机动车强制报废标准规定》（自 2013 年 5 月 1 日起施行）中，对于我国汽车使用年限的报废标准规定见表 5-1。

表 5-1　各类汽车规定使用年限

车辆类型与用途			使用年限/年
载客汽车	营运	出租客运	小、微型	8
			中型	10
			大型	12
		租赁	15
		教练	小型	10
			中型	12
			大型	15
		公交客运	13
		其他	小、微型	10
			中型	15
			大型	15
	专用校车		15
	非营运	小、微型客车、大型轿车、轮式专用机械	无
		中型客车	20
		大型客车	20

机动车使用年限起始日期按照注册登记日期计算，但自出厂之日起超过 2 年未办理注册登记手续的，按照出厂日期计算。

2. 已使用年限

已使用年限一般取该车从新车在公安机关交通管理部门注册登记日起至评估基准日所

经历的时间。这个时间可以用年或月或日为单位计算。实际计算中,评估基准日并不恰好与注册登记日同日,如果以年为单位计算实际已使用年限,结果误差太大;如果以日为单位计算实际已使用年限,需要精确计算实际已使用天数,结果精确,但工作量较大,比较麻烦;一般以月为单位计算实际已使用年限,即将已使用年限和规定使用年限换算成月数,这样,计算简单,结果误差也较小,比较切合实际。

3. 使用年限法的前提条件

使用年限法计算成新率的前提条件是车辆在正常使用条件下,按正常使用强度(年平均行驶里程)使用。我国各类汽车年平均行驶里程见表 5 - 2。

表 5 - 2　我国各类汽车年平均行驶里程

汽车类型	年平均行驶里程/万千米
微型、轻型货车	3～5
中型、重型货车	6～10
私家车	1～3
行政、商务用车	3～6
出租车	10～15
租赁车	5～8
旅游车	6～10
中、低档长途客运车	8～12
高档长途客运车	15～25

利用使用年限法计算得到的成新率实际上反映的是车辆的时间损耗及时间折旧率,与车辆的日常使用强度和车况无关。

如果车辆的日常使用强度较大,在运用已使用年限指标时,应适当乘以一定的系数。例如,对于某些以双班制运行的车辆,其实际使用时间为正常使用时间的两倍,因此,该车辆的已使用年限,应是车辆从开始使用到评估基准日所经历时间的两倍。

(三)计算实例

例 5 - 1　某租赁载客汽车,初次登记年月是 2016 年 2 月,评估基准时是 2021 年 2 月,请分别用等速折旧法、加速折旧法中的年份数求和法与双倍余额递减法计算成新率。

解:该车已使用年限为 5 年,由于是中型营运载客汽车,其规定使用年限 15 年,则成新率为:

(1)等速折旧法:

$$C_n = \left(1 - \frac{Y}{G}\right) \times 100\% = \left(1 - \frac{5}{15}\right) \times 100\% = 66.7\%$$

（2）年份数求和法：

$$C_n = \left[1 - \frac{2}{G(G+1)}\sum_{n=1}^{Y}(G+1-n)\right] \times 100\%$$

$$= \left[1 - \frac{2}{15(15+1)}\sum_{n=1}^{5}(15+1-n)\right] \times 100\%$$

$$= \left\{1 - \frac{2}{15(15+1)}\left[\begin{array}{l}(15+1-1)+(15+1-2)+(15+1-3)+\\(15+1-4)+(15+1-5)\end{array}\right]\right\} \times 100\%$$

$$= 45.8\%$$

（3）双倍余额递减法：

$$C_n = \left[1 - \frac{2}{G}\sum_{n=1}^{Y}\left(1-\frac{2}{G}\right)^{n-1}\right] \times 100\%$$

$$= \left[1 - \frac{2}{15}\sum_{n=1}^{5}\left(1-\frac{2}{15}\right)^{n-1}\right] \times 100\%$$

$$= \left\{1 - \frac{2}{15}\left[\begin{array}{l}\left(1-\frac{2}{15}\right)^{1-1}+\left(1-\frac{2}{15}\right)^{2-1}+\left(1-\frac{2}{15}\right)^{3-1}+\\\left(1-\frac{2}{15}\right)^{4-1}+\left(1-\frac{2}{15}\right)^{5-1}\end{array}\right]\right\} \times 100\%$$

$$= 48.9\%$$

例 5-2 某驾校欲转让一台小型教练车，该车初次登记日期为 2015 年 3 月，评估基准日是 2020 年 3 月。请分别用等速折旧法、年份数求和法和双倍余额递减法计算成新率。

解：该车已使用年限 Y 为 5 年，由于是小型教练载客车，其规定使用年限为 10 年，则成新率为：

（1）等速折旧法：

$$C_n = \left(1 - \frac{Y}{G}\right) \times 100\%$$

$$= \left(1 - \frac{5}{10}\right) \times 100\% = 50\%$$

（2）年份数求和法：

$$C_n = \left[1 - \frac{2}{G(G+1)}\sum_{n=1}^{Y}(G+1-n)\right] \times 100\%$$

$$= \left[1 - \frac{2}{10\times(10+1)}\sum_{n=1}^{5}(10+1-n)\right] \times 100\%$$

$$= \left\{1 - \frac{2}{10\times 11}\left[\begin{array}{l}(10+1-1)+(10+1-2)+(10+1-3)+\\(10+1-4)+(10+1-5)\end{array}\right]\right\} \times 100\%$$

$$= 27.3\%$$

（3）双倍余额递减法：

$$C_n = \left[1 - \frac{2}{G}\sum_{n=1}^{Y}\left(1-\frac{2}{G}\right)^{n-1}\right] \times 100\%$$

$$= \left[1 - \frac{2}{10}\sum_{n=1}^{5}\left(1-\frac{2}{10}\right)^{n-1}\right] \times 100\%$$

$$= \left\{1 - \frac{1}{5}\left[\left(1-\frac{1}{5}\right)+\left(1-\frac{1}{5}\right)^{1}+\left(1-\frac{1}{5}\right)^{2}+\left(1-\frac{1}{5}\right)^{3}+\left(1-\frac{1}{5}\right)^{4}\right]\right\} \times 100\%$$

$$= 32.8\%$$

二、行驶里程法

（一）计算方法

行驶里程法是通过确定被评估二手车的尚可行驶里程与规定行驶里程的比值来确定二手车成新率的一种方法。以下介绍等速折旧法和 54321 法两种方法。

1. 等速折旧法

$$C_S = \frac{S_g - S}{S_g} \times 100\% = \left(1 - \frac{S}{S_g}\right) \times 100\% \tag{5-4}$$

式中：C_S——行驶里程成新率；

S——二手车实际累计行驶里程（km）；

S_g——车辆规定的行驶里程（km）。

2. 54321 法

我们规定一部车的有效寿命为 30 万千米，将其分为 5 段，每段 6 万千米，每段价值依序为新车价值的 5/15、4/15、3/15、2/15、1/15。

假设新车价值为 20 万元，已行驶 12 万千米，那么该车还值多少钱呢？

$$20 万 \times (3+2+1) \div 15 = 8 万$$

通常，54321 法在家用轿车的估价上应用比较广泛。

（二）累计行驶里程与规定行驶里程

1. 累计行驶里程

二手车累计行驶里程是指被评估二手车从开始使用到评估基准时点所行驶的总里程。

2. 规定行驶里程

车辆规定行驶里程是指《汽车报废标准》中规定的该车型的行驶里程。行驶里程较使用年限更真实地反映了二手车使用强度及使用过程中实际的物理损耗。它反映了二手车使用强度对其成新率的影响。总的行驶里程越大，车辆的实际有形损耗也越大。各类汽车规定行驶里程见表 5-3。

表 5-3　各类汽车规定行驶里程

车辆类型与用途			行驶里程参考值/万千米
载客汽车	营运	出租客运 小、微型	60
		出租客运 中型	50
		出租客运 大型	60
		租赁	60
		教练 小型	50
		教练 中型	50
		教练 大型	60
		公交客运	40
		其他 小、微型	60
		其他 中型	50
		其他 大型	80
	非营运	专用校车	40
		小、微型客车、大型轿车、轮式专用机械	60
		中型客车	50
		大型客车	60

（三）行驶里程法的前提条件

行驶里程法计算成新率的前提条件：车辆里程表的记录必须是原始的，不能是被人为更改过的。

由于里程表容易被人为更改，因此在实际应用中，较少直接采用此方法进行评估。

（四）计算实例

例 5-3　一辆马自达私家小轿车，初次登记日期为 2018 年 12 月，评估基准日为 2021 年 12 月，已行驶里程为 6.5 万千米，请用行驶里程法计算成新率。

解：该车 3 年实际累计行驶里程为 6.5 万千米，根据国家报废标准，该车规定行驶里程为 60 万千米，则成新率为：

$$C_s = \frac{S_g - S}{S_g} \times 100\% = \left(\frac{60 - 6.5}{60} \right) \times 100\% = 89.2\%$$

三、部件鉴定法

（一）计算方法

部件鉴定法（也称技术鉴定法）是指评估人员在确定二手车各组成部分技术状况的基础上，按其各组成部分对整车的重要性和价值量的大小加权评分，最后确定车辆成新率的一种方法。

采用部件鉴定法估算二手车成新率的计算公式为

$$C_b = \sum_{i=1}^{n} (c_i \times \beta_i) \qquad (5-5)$$

式中：C_b——部件鉴定法二手车成新率；

c_i——二手车第 i 项部件的成新率；

β_i——二手车第 i 项部件的价值权重。

（二）计算步骤

此方法的基本步骤为：

（1）先确定二手车各主要总成、部件，再根据各部分的制造成本占整车制造成本的比重，确定其权重的百分比 $\beta_i (i=1,2,\cdots,n)$，表5-4为汽车各部分的价值权重参考表；

（2）以全新车辆对应的各总成、部件功能为满分（100分），功能完全丧失为零分，再根据被评估二手车各相应总成、部件的技术状态估算出其成新率 $c_i (i=1,2,\cdots,n)$；

（3）将各总成、部件估算出的成新率与价值权重相乘，得到各总成、部件的权重成新率 $(c_i \times \beta_i)(i=1,2,\cdots,n)$；

（4）最后将各总成、部件的权重成新率相加，即得出被评估车辆的成新率。

表5-4 汽车各部分的价值权重参考表

车辆各主要总成、部件名称	价值权重/%		
	轿车	客车	货车
发动机及离合器总成	25	28	25
变速器及万向传动装置总成	12	10	15
前桥、前悬架及转向系总成	9	10	15
后桥及后悬架总成	9	10	15
制动装置	6	5	5
车架装置	0	5	6
车身装置	28	22	9
电器及仪表装置	7	6	5
轮胎	4	4	5
合计	100	100	100

在不同种类、档次的车辆上，各组成部分对整车的重要性及其价值占整车的比重各不相同，有些类型车辆之间相差还很大。因此，表5-4只能供评估人员参考，不可作为唯一标准。在实际评估时，应根据被评估车辆各部分价值量占整车价值的比重调整各部分的权重。

（三）特点及适用范围

从上述计算步骤可见，采用部件鉴定法计算加权成新率比较费时费力，但评估值更接近客观实际，可信度高。它既考虑了二手车实体性损耗，同时也考虑了二手车维修或换件等追加投资使车辆价值发生的变化。这种方法一般用于价值较高的二手车评估。

（四）计算实例

例 5 - 4　王先生欲出售一辆进口高档轿车，至评估基准日止，该车已使用了 2 年 6 个月，累计行驶里程 6.5 万千米，经现场勘查，该车车身有两处擦伤痕迹，后悬架局部存在故障，前排座椅电动装置工作不良，一侧电动车窗不能正常工作，其他车况均与车辆的新旧程度相符。试确定该车成新率。

解:该车使用了 30 个月,6.5 万千米,车况均与车辆的新旧程度相符,用使用年限法来求其基准成新率。

$$基准成新率 = \left(1 - \frac{30}{180}\right) \times 100\% = 83\%$$

对车辆进行技术鉴定,确定车辆各部分成新率及整车成新率(见表 5 - 5)。

表 5 - 5　车辆成新率估算明细　　　　　　　　　　　　　　　　（%）

总成部件	权分	成新率	加权成新率
发动机及离合器总成	25	83	20
变速器及万向传动装置总成	12	83	9.9
前桥、前悬架及转向系总成	9	83	7.4
后桥及后悬架总成	9	65	5.8
制动系	6	83	5.0
车身及附属装置	28	70	19.6
电气及仪表	7	70	2.8
轮胎	4	83	3.3
总计	100		73.8

所以利用部件鉴定法确定该车成新率为 73.8%。

一般情况下,部件鉴定法可以先根据汽车的使用年限和行驶里程数计算出车辆大概的成新率(基准成新率),然后再根据技术鉴定结果对每个部件进行估算(需要注意的一点是:对于车主未曾更换、目前表现正常的部件,其成新率均选用之前求出的基准成新率即可),再将各部件的成新率加权求和,就得出了车辆的成新率。

四、整车观测法（扫码见视频 5 - 2）

（一）整车观测法的概念

整车观测法是指评估人员采用人工观察的方法,辅助简单的仪器检测,判定被评估二手车的技术等级以确定成新率的一种方法。此种方法简单易行,适用于中、低价值汽车的初步估算。

（二）整车观测法的成新率分级

整车观测法观察和检测的技术指标主要包括:二手车的现时技术状态、使用时间及行驶里程、主要故障经历及大修情况、整车外观和完整性等。二手车技术状况的分级见表 5 - 6。

表 5-6 二手车成新率评估参考表

车况等级	新旧情况	有形损耗率/%	技术状况参考说明	成新率/%
1	使用不久的车辆	0~10	使用不久,行驶里程在 3 万~5 万千米,在用状态良好,能按设计要求正常使用,无异常现象。	100~90
2	较新车辆	11~35	已使用 1 年以上,行驶里程在 15 万千米左右,在用状态良好,能满足设计要求,未出现过较大故障,可随时出车使用。	89~65
3	半新车辆	36~60	已使用 4~5 年,发动机或整车经过一次大修,在用状态较好,基本上能达到设计要求,外观中度受损,需经常维修以保证正常使用。	64~40
4	旧车辆	61~85	已使用 5~8 年,发动机或整车经过两次大修,在用状态一般,性能明显下降,外观油漆脱落,金属件明显锈蚀,使用中故障较多,经维修后仍能满足工况要求,车辆符合《机动车安全技术条件》要求。	39~15
5	待报废处理车辆	86~100	基本达到或达到使用年限,通过《机动车安全技术条件》检查,能使用但不能正常使用,动力性、经济性、可靠性下降;燃料费、维修费、大修费用增长速度快,车辆收益与支出基本持平;排放污染和噪声污染达到极限。	15 以下

表 5-6 中所示数据是判定二手车成新率的经验数据,只供评估人员参考,不能作为唯一标准。由于该法对二手车技术状况的评判是采用人工观察方法进行的,所以成新率的估值是否客观、公正取决于评估人员的专业水准和评估经验。整车观测法简单易行,但其判断结果没有部件鉴定法准确,一般用于初步估算中、低档二手车的价格,或作为综合分析法的辅助手段用来确定车辆技术状况的调整系数。

（三）计算实例

例 5-5 一辆广汽丰田凯美瑞,黑色,初次登记日期为 2012 年 11 月,私家车,评估基准日为 2020 年 11 月。请结合实车技术状况,用整车观测法确定该车成新率。

解:经过对车辆检查发现:前后保险杠有多处擦伤,右侧两个车门都出现重新做漆迹象,车门也不平整,左前门边沿、左前翼子板有明显喷漆修复的痕迹,两根前纵梁没有任何事故痕迹,车尾部有被追尾留下的凹陷,车内饰有一定程度的磨损。启动后,发动机怠速抖动明显;空调效果差;灯光、刮水器正常。变速杆有明显松旷,制动器不佳,脚感不好;转向正常;车行驶过程中密封性较差;后轮减震器有异响,需要更换。

根据车况检查结果,该车的车况较差,使用时间已有 8 年,保养较差,车辆外观不佳,大致确定该车的成新率在 30% 左右。

五、综合分析法(扫码见视频 5-3)

（一）计算方法

综合分析法是以使用年限法为基础,综合考虑二手车的实际技术状况、维护保养情况、原车制造质量、二手车用途及使用条件等多种因素对二手车价值的影响,以调整系数形式确

定成新率的一种方法。其计算公式为

$$C_z = C_n \times K \times 100\%$$ (5-6)

式中：C_z——综合成新率；

C_n——使用年限成新率；

K——综合调整系数。

（二）综合调整系数

影响二手车成新率的主要因素有二手车技术状况、二手车维护保养、二手车原始制造质量、二手车用途和二手车使用条件五个方面，可采用表5-7推荐的综合调整系数，用加权平均的方法进行调整。

根据被评估二手车是否需要进行项目修理或换件维修，综合调整系数有两种确定方法：

（1）二手车无须进行项目修理或换件时，可直接采用表5-7所推荐的调整系数。

（2）二手车需要进行项目修理或换件，或需要进行大修时，可采用"一揽子"评估方法，综合调整系数的影响因素见表5-7。所谓"一揽子"评估方法就是综合考虑修理后对二手车成新率估算值的影响，直接确定一个合理的综合调整系数而进行价值评估的一种方法。

表5-7　二手车成新率综合调整系数参考表

序号	影响因素	因素分析	调整系数	权重/%
1	技术状况	好	1.0	30
		较好	0.9	
		一般	0.8	
		较差	0.7	
		差	0.6	
2	维护保养	好	1.0	25
		较好	0.9	
		一般	0.8	
		差	0.7	
3	制造保质量	进口车	1.0	20
		国产名牌车（走私罚没车）	0.9	
		国产非名牌车	0.8	
4	车辆用途	私用	1.0	15
		公务、商务	0.9	
		营运	0.7	
5	使用条件	好	1.0	10
		一般	0.9	
		差	0.8	

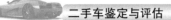

综合调整系数的计算公式为

$$K = K_1 \times 30\% + K_2 \times 25\% + K_3 \times 20\% + K_4 \times 15\% + K_5 \times 10\% \quad (5-7)$$

式中:K——综合调整系数;

K_1——二手车技术状况调整系数;

K_2——二手车维护保养调整系数;

K_3——二手车原始制造质量调整系数;

K_4——二手车用途调整系数;

K_5——二手车使用条件调整系数。

表 5-7 中的因素分析和调整系数只是一个参考,实际确定综合调整系数时,应根据具体情况做适当的调整,但各因素的调整系数取值不要超过 1,综合调整系数计算结果也不能超过 1。

（三）调整系数的选取

1. 二手车技术状况调整系数 K_1

在对车辆技术状况鉴定的基础上对车辆进行分级,然后取调整系数来修正车辆的成新率。技术状况调整系数取值范围为 0.6~1.0,技术状况好的取上限,反之取下限。

2. 二手车维护保养调整系数 K_2

维护保养调整系数反映了使用者对车辆使用、维护和保养的水平,不同的使用者,对车辆使用、维护和保养的实际执行情况差别较大,会直接影响到车辆的使用寿命和成新率。维护保养调整系数取值范围为 0.7~1.0,维护保养好的取上限,反之取下限。

3. 二手车原始制造质量调整系数 K_3

确定该系数时,应了解被评估的二手车是国产车还是进口车以及进口国别,国产车应了解是名牌产品还是一般产品,但也有较多例外,故在确定此系数时应较慎重。对依法没收领取牌证的走私车辆,其原始制造质量系数建议视同国产名牌产品考虑。在车辆各方面都一致的情况下,汽车的品牌、口碑、可靠性以及是否为成熟车型等,都影响着二手车的交易价格,这些因素都是通过制造质量调整系数来反映的。原始制造质量系数取值范围为 0.8~1.0。

4. 二手车用途调整系数 K_4

二手车用途（或使用性质）不同,其繁忙程度不同,使用强度亦不相同。一般车辆用途可分为私人工作和生活用车;机关企事业单位的公务和商务用车;从事旅客、货运、城市出租的营运用车。以普通小轿车为例,一般来说,私人工作和生活用车每年最多行驶约 3 万千米;公务、商务用车每年不超过 6 万千米;而营运出租车每年行驶有些高达 15 万千米。可见二手车用途不同,其使用强度差异很大。二手车用途调整系数取值范围为 0.7~1.0,使用强度小的取上限,反之取下限。

5. 二手车使用条件调整系数 K_5

我国地域辽阔,各地自然条件差别很大,车辆的使用条件对其成新率影响很大。使用条件可分为道路使用条件和特殊使用条件:

（1）道路使用条件可分为好路、中等路和差路三类。

好路：指国家道路等级中的高速公路，一、二、三级道路，好路率在 50% 以上；

中等路：指符合国家道路等级四级道路，好路率在 30%～50%；

差路：国家等级以外的路，好路率在 30% 以下。

（2）特殊环境使用条件主要指特殊自然条件，包括寒冷、沿海、风沙和山区等地区。

车辆使用条件调整系数取值范围为 0.8～1.0。取值时，应根据二手车实际使用条件适当取值。如果二手车长期在道路条件为好路和中等路行驶时，分别取 1 和 0.9；如果二手车长期在差路或特殊环境使用条件下工作，其系数取 0.8。

（四）特点及适用范围

综合分析法较为详细地考虑了影响二手车价值的各种因素，并用一个综合调整系数指标来调整二手车成新率，评估值准确度较高，因而适用于具有中等价值的二手车评估。这是目前二手车鉴定评估最常用的方法之一。

（五）计算实例

例 5-6　某人欲出售一辆已使用 3 年 6 个月的中华骏捷 1.8 舒适型轿车。该车为商务用车，常年工作在郊区或市区，工作条件好，维护、保养较好，车身依然光亮，很新，没有明显划痕；发动机动力性较好；新换的离合器和轮胎；制动时稍向右跑偏。其他情况均与车辆新旧程度基本相符。试用综合分析法估算成新率。

解：该车已使用年限为 3.5 年，由于是公车，其规定使用年限为 15 年，则：

（1）该车技术等级一般，$K_1 = 0.8$。

（2）该车维护保养一般，$K_2 = 0.8$。

（3）该车为国产名牌车，$K_3 = 0.9$。

（4）该车为商务用车，$K_4 = 0.9$。

（5）该车常年工作在郊区或市区，$K_5 = 0.9$。故

$$
\begin{aligned}
K &= K_1 \times 30\% + K_2 \times 25\% + K_3 \times 20\% + K_4 \times 15\% + K_5 \times 10\% \\
&= 0.8 \times 30\% + 0.8 \times 25\% + 0.9 \times 20\% + 0.9 \times 15\% + 0.9 \times 10\% \\
&= 0.845
\end{aligned}
$$

$$
\begin{aligned}
C_z &= C_n \times K \times 100\% \\
&= \left(1 - \frac{Y}{G}\right) \times K \times 100\% \\
&= \left(1 - \frac{3.5}{15}\right) \times 0.845 \times 100\% \\
&= 64.78\%
\end{aligned}
$$

例 5-7　某公司 2012 年 6 月购得一辆奥迪 A6 型（排量 2.4 L）轿车作为公务车使用，2016 年 6 月在北京市场上该型号车纯车价是 43 万元，该车技术等级评定为 2 级，无重大事故痕迹。该车外表有少数划痕无需进行修理，维护保养好，路试车况好，行驶里程为 15 万千米。试用综合调整系数法计算成新率。

解：该车已使用年限为 4 年，由于是公车，其规定使用年限为 15 年，则：

（1）该车技术等级好，$K_1 = 1.0$。

（2）该车维护保养好，$K_2 = 1.0$。

（3）该车为进口车，$K_3 = 1.0$。

（4）该车为公务用车，$K_4 = 0.9$。

（5）该车作为公务用车经常在市区行驶，使用等级高，$K_5 = 1.0$。故

$$K = K_1 \times 30\% + K_2 \times 25\% + K_3 \times 20\% + K_4 \times 15\% + K_5 \times 10\%$$
$$= 1.0 \times 30\% + 1.0 \times 25\% + 1.0 \times 20\% + 0.9 \times 15\% + 1.0 \times 10\%$$
$$= 0.985$$

$$C_z = C_n \times K \times 100\%$$
$$= \left(1 - \frac{Y}{G}\right) \times K \times 100\%$$
$$= \left(1 - \frac{4}{15}\right) \times 0.985 \times 100\%$$
$$= 72.23\%$$

六、综合成新率法

（一）计算方法

前面介绍的用使用年限法、行驶里程法和部件鉴定法计算二手车成新率只从单一因素考虑了二手车的新旧程度，是不完全，也是不完整的。为了全面地反映二手车的新旧状态，可以采用综合成新率来反映二手车的新旧程度。所谓综合成新率就是采用定性和定量分析的方法，综合多种单一因素对二手车成新率的估算结果，并分别赋予不同的权重，计算加权平均成新率。这样就可以尽量减小使用单一因素计算成新率给评估结果所带来的误差，因而是一种较为科学的方法。

以下介绍一种综合使用年限法、行驶里程法、技术鉴定法和整车观测法估算二手车成新率的方法。

综合成新率法的数学计算公式为

$$C_z = C_1 \times a_1 + C_2 \times a_2 \qquad (5-8)$$

式中：C_z——综合成新率；

C_1——二手车理论成新率；

C_2——二手车现场查勘成新率；

a_1, a_2——权重系数，$(a_1 + a_2) = 1$。

（二）二手车理论成新率 C_1

二手车理论成新率包括使用年限法和行驶里程法计算的成新率，是根据二手车实际使用的时间和行驶里程计算而得，是一种对二手车成新率的定量计算，其结果一般不能人为改变。实际计算中，可将使用年限成新率和行驶里程成新率加权平均得到二手车理论成新率。

计算公式为

$$C_1 = C_y \times 50\% + C_s \times 50\% \qquad (5-9)$$

式中:C_y——使用年限成新率;

C_s——行驶里程成新率。

（三）二手车现场查勘成新率 C_2

二手车现场查勘成新率是由评估人员根据现场查勘情况而确定的一个综合评价值。具体确定步骤是:评估人员先对二手车作技术状况现场查勘(包括静态检查和动态检查),得出鉴定评价意见,然后对整车和重要部件分别做综合评分,累加评分,其结果就是二手车现场查勘成新率。可见二手车现场查勘成新率是一个定性与定量相结合的结果。

1. 二手车技术状况现场查勘

被评估二手车技术状况现场查勘主要内容有以下几点:

(1)车身外观。包括车身颜色、光泽、有无褪色及锈蚀情况,车身是否被碰撞过,车灯是否齐全有效,前后保险杠是否完整和其他情况等。

(2)车内装饰。包括装潢程度、颜色、清洁程度、仪表及座位是否完整和其他有关装饰情况等。

(3)发动机工作状况。包括发动机动力状况、是否有更换部件(或替代部件)和修复现象,是否有漏油现象等。

(4)底盘。包括是否变形、有无异响、变速箱状况是否正常、前后桥状况是否正常、传动系统工作状况是否正常、是否有漏油现象、转向系统情况是否正常和制动系统工作状况是否正常等。

(5)电器系统。包括电源系统是否工作正常、发动机点火器是否工作正常、空调系统是否工作正常和音响系统是否工作正常等。

以上查勘情况,一般应由评估委托方或车辆所有单位经办人签名,以确认查勘情况是客观的、真实的,不存在与实际车况不相符的情况。确定查勘情况后,评估人员必须对被评估车辆做出查勘鉴定结论。上述资料经过整理,就可以编制成表5-8所示的"二手车技术状况调查表"。

表5-8 二手车技术状况调查表

评估委托方:×××　　　　　　评估基准日:2012年4月30日

车辆基本情况	明细表序号	01	车辆牌号	京×××	厂牌型号	雪佛兰开拓者
	生产厂家	上海通用	已行驶里程	50 000 km	规定行驶里程	500 000 km
	购置日期	2011年2月	登记日期	2011年2月	规定使用年限	无
	大修情况	无大修				
	改装情况	无改装				
	耗油量	正常	是否达到环保要求	是	事故次数及情况	无事故

（续表）

现场查勘情况								
车辆实际技术状况	外形车身部分	颜色	白	光泽	较好	褪色	无	腐蚀	无
		有无被碰撞	轻微	严重程度		修复		车灯是否齐全	全
		前、后保险杠是否完整	完整	其他：					
	车内装饰部分	装潢程度	一般	颜色	浅色	清洁	较好	仪表是否齐全	是
		座位是否完整		是	其他：				
	发动机总成	动力状况评分	85	是否更换部件	无	有无修补现象	无	是否有替代部件	无
		漏油现象		严重□ 一般□ 轻微□ 无□					
	底盘各部分	是否变形	无	有无异响	无	变速箱状况	正常	后桥状况	正常
		前桥状况	正常	传动状况	正常	漏油现象	严重□ 一般□ 轻微□ 无□		
		转向系统情况		工作正常	制动系统情况		工作正常		
		电源系统	正常	点火系统	正常	空调系统	正常	音响系统	正常
	电气系统	其他：							
	鉴定意见								

资产占有单位经办人签字：×××　　　　　　　　　　　评估人员签字：×××

2. 确定二手车现场查勘成新率

在上述对二手车做技术状况现场查勘的基础上，对整车和重要部件做定量分析并以评分形式给予量化，可参考表5－9。总分就是二手车现场查勘成新率。

表5－9　二手车成新率评定表

序号	项目名称	达标程度	参考标准分	评分
1	整车（满分20分）	全新	20	
		良好	15	15
		较差	5	
2	车架（满分15分）	全新	15	12
		一般	7	
3	前后桥（满分15分）	全新	15	12
		一般	7	
4	发动机（满分30分）	全新	30	
		轻度磨损	25	28
		中度磨损	17	
		重度磨损	5	

（续表）

序号	项目名称	达标程度	参考标准分	评分
5	变速箱（满分10分）	全新	10	
		轻度磨损	8	8
		中度磨损	6	
		重度磨损	2	
6	转向及制动系统（满分10分）	全新	10	
		轻度磨损	8	8
		中度磨损	5	
		重度磨损	2	
总分（现场查勘成新率%）			100	83

（四）权重系数

权重系数的确定要根据实际情况，如果理论成新率计算中包含了使用年限成新率和行驶里程成新率，则两个权重系数通常各取50%。如果理论成新率计算中缺少某项，则可将 a_1 适当调小（如40%），而将 a_2 适当调大（如60%）。

必须指出的是，被评估二手车理论成新率和现场查勘成新率的权重分配、使用年限成新率和机动车行驶里程成新率的权重分配，要根据被评估二手车类型、使用状况、维修保养状况综合考虑，科学、合理地确定权重分配，这与二手车鉴定评估人员的实践工作经验和专业判断能力有很大的关系，需要在实践中注意学习和总结。

（五）计算实例

例 5-8　利用表 5-8 和表 5-9，计算该车的综合成新率。

解：（1）计算理论成新率 C_1。

该车登记日期为 2017 年 2 月，评估基准日为 2018 年 4 月，已使用 14 个月，按照规定使用年限 15 年计算。已行驶里程为 5 万千米，规定行驶里程为 50 万千米。

$$C_1 = C_y \times 50\% + C_s \times 50\%$$
$$= \frac{180-14}{180} \times 50\% + \frac{500\ 000 - 50\ 000}{500\ 000} \times 50\% = 91.1\%$$

（2）计算现场查勘成新率 C_2。

评估人员在现场对该车的勘察中，分别对车辆的发动机、底盘、车身、内饰及电气系统进行鉴定打分。

$$C_2 = 现场勘察打分值 / 100 = 83\%$$

（3）取权重系数 $a_1 = 0.4$、$a_2 = 0.6$，则综合成新率为

$$C_z = C_1 \times a_1 + C_2 \times a_2 = 91.1\% \times 0.4 + 83\% \times 0.6 = 85.8\%$$

该车的综合成新率为 85.8%。

一、任务目标与要求

1. 小组成员分工协作,利用网络、图书馆资料,依据任务工单分析制定工作计划,并通过小组自评或互评检查工作计划。

2. 正确评估二手车,确定其成新率。

二、准备工作

1. 小组接受工作任务,组长带领组内成员阅读任务工单,查阅相关资料,合理分工,制定任务计划,并检查计划有效性。

2. 准备试验场地、试验车辆、试验器材。

三、实施指导

由教师为学生提供不同类型二手车几辆,车型不限,要求学生在规定时间内,完成车辆技术状况检查,评定车辆技术状况,确定二手车成新率。

1. 计算评估车辆使用年限成新率 C_n

使用年限成新率＝车辆尚可使用年限/规定使用年限

2. 综合调整系数 K 的确定

按照车辆技术状况 K_1、维护保养 K_2、制造质量 K_3、使用用途 K_4 和使用条件 K_5 五个方面,确定综合调整系数。

$$K = K_1 \times 30\% + K_2 \times 25\% + K_3 \times 20\% + K_4 \times 15\% + K_5 \times 10\%$$

3. 综合分析法计算成新率

$$C_z = C_n \times K \times 100\%$$

四、具体实施

项目	评估二手车价值		
任务	确定二手车成新率	姓名	
班级	组号	日期	
任务目的	1. 对二手车技术状况进行检查,并将其指标量化。 2. 采用综合分析法计算二手车成新率。		
任务描述	按照学习领域课程安排,通过情景模拟,教师提供待鉴定评估车辆、参考资料、视频资料等教学资源,在教师指导下完成二手车成新率确定这一教学任务。请各组对教师提供车辆进行检查,并填写二手车鉴定评估作业表中的部分内容。		

（续表）

任务要求	通过教师的引导、自学和查找资料等方式，按照工作过程的完整性和连贯性（资讯—决策—计划—实施—检查）评估要求，逐步养成就业岗位的隐性工作方法，最终以小组协作形式完成二手车动态检测。
资讯	掌握二手车成新率确定方法

决策

每6人一组，每组选出一名组长，组长对小组任务进行分配，组员按组长要求完成相关任务内容。

序号	个人职责（任务）	负责人
1		
2		
3		
4		
5		
6		

制定计划	根据任务内容制定任务计划，并反复修改、讨论工作方案。

任务实施

各小组成员按照制定的工作计划查阅相关资料，制定二手车成新率确定工作计划，并实施。

1. 车身检查，并填写下表。

车身检查	扣分	状态描述
发动机舱盖		
左前翼子板		划痕 HH
左后翼子板		变形 BX
右前翼子板		锈蚀 XS
右后翼子板		裂纹 LW
		凹陷 AX
		修复痕迹 AF
左前车门		
右前车门		缺陷程度
左后车门		
右后车门		1——面积小于 100 mm×100 mm
行李箱盖		
行李箱内侧		2——面积大于 100 mm×100 mm 并小于 200 mm×300 mm
车顶		
前保险杠		
后保险杠		3——面积大于 200 mm×300 mm
左前轮		
左后轮		4——轮胎花纹深度小于 1.6 mm

（续表）

（续表）

车身检查	扣分	状态描述
右前轮		缺陷描述
右后轮		
前照灯		
后尾灯		
前后风窗玻璃		
四门玻璃		
左右后视镜		
其他项目		
合计扣分		

2. 按照计划进行发动机舱检查，并填写下表。

发动机舱检查	程度			扣分
机油有无冷却液混入	无	轻微	严重	
缸盖外是否有机油渗漏	无	轻微	严重	
前翼子板内缘、散热器框架、横拉杆有无凹凸或修复痕迹	无	轻微	严重	
散热器格栅有无破损	无	轻微	严重	
蓄电池电极桩柱有无腐蚀	无	轻微	严重	
蓄电池电解液有无渗漏、缺少	无	轻微	严重	
发动机传动带有无老化	无	轻微	严重	
油管、水管有无老化、裂痕	无	轻微	严重	
线束有无老化、破损	无	轻微	严重	
其他				
合计扣分				

3. 按照计划进行驾驶舱检查，并填写下表。

驾驶舱检查			扣分
车内有无水泡痕迹	是	否	
车内后视镜、座椅是否完整、无破损、功能正常	是	否	
车内是否整洁、无异味	是	否	
转向盘自由行程转角是否小于15°	是	否	
车顶及周边内饰是否无破损、松动及裂纹和污迹	是	否	
仪表台是否无划痕，配件是否无缺失	是	否	

任务实施

（续表）

驾驶舱检查			扣分
变速杆及护罩是否完好、无破损	是	否	
储物盒是否无裂痕,配件是否无缺失	是	否	
天窗是否移动灵活、关闭正常	是	否	
门窗密封条是否良好、无老化	是	否	
安全带结构是否完整、功能是否正常	是	否	
驻车制动系统是否灵活有效	是	否	
玻璃窗升降器、门窗工作是否正常	是	否	
左、右后视镜折叠装置工作是否正常	是	否	
其他			
合计扣分			

4. 按照计划进行底盘检查,并填写下表。

底盘检查			扣分
发动机油底壳是否无渗漏	是	否	
变速器箱体是否无渗漏	是	否	
转向节臂球销是否无松动	是	否	
三角臂球销是否无松动	是	否	
传动轴十字轴是否无松旷	是	否	
减振器是否无渗漏	是	否	
减振弹簧是否无损坏	是	否	
其他			
合计扣分			

5. 按照计划进行车辆功能性零部件检查,并填写下表。

车辆功能性零部件列表			
发动机舱盖锁止		仪表板出风管道	
发动机舱盖液压撑杆		中央集控	
后门液压支撑杆		备胎	
行李箱液压支撑杆		千斤顶	
各车门锁止		轮胎扳手及随车工具	
前刮水器		三角警示牌	
后刮水器		灭火器	
立柱密封胶条		全套钥匙	
排气管及消声器		遥控器及功能	

任务实施

（续表）

（续表）

车辆功能性零部件列表			
车轮轮毂		扬声器高低音色	
车内后视镜		玻璃加热功能	
座椅调节及加热			

6. 起动检查，并填写下表。

起动检查			扣分
车辆起动是否顺畅（起动时间少于 5 s，或一次起动）	是	否	
仪表板指示灯显示是否正常，无故障报警	是	否	
各类灯光和调节功能是否正常	是	否	
停车辅助系统工作是否正常	是	否	
制动防抱死系统（ABS）工作是否正常	是	否	
空调系统风量、方向调节、分区控制、自动控制、制冷工作是否正常	是	否	
发动机在冷、热车条件下怠速运转是否稳定	是	否	
怠速运转时发动机是否无异响，空挡状态下逐渐提高发动机转速，发动机声音过渡是否无异响	是	否	
车辆排气是否无异常	是	否	
其他			
合计扣分			

7. 路试检查。

路试检查			扣分
发动机运转、加速是否正常	是	否	
车辆起动前踩下制动踏板，保持 5—10s，踏板有无向下移动的现象	是	否	
踩住制动踏板起动发动机，踏板是否向下移动	是	否	
行车制动系统最大制动效能在踏板全行程的 4/5 以内达到	是	否	
车辆行驶是否无跑偏	是	否	
制动系统工作是否正常有效、制动不跑偏	是	否	
变速器工作是否正常、无异响	是	否	
行驶过程中车辆底盘部位是否无异响	是	否	
行驶过程中车辆转向部位是否无异响	是	否	
其他			
合计扣分			

8. 计算二手车成新率。

任务实施

检查评估　　成果展示，小组自评与互评，并讨论、总结、反思学习过程中的不足，撰写工作报告并交流。

任务二　重置成本法确定二手车价格

重置成本法(扫码见视频5-4),是指用在现时条件下重新购置一辆全新状态的、被评估车辆所需的全部成本(即完全重置成本,简称重置全价)减去该被评估车辆的各种陈旧贬值后的差额作为被评估车辆现时价格的一种评估方法。其评估思路可用数学式概括为:

二手车评估值＝重置成本－实体性贬值－功能性贬值－经济性贬值

一、重置成本法基本原理

重置成本法的理论依据是:任何一个消费者在购买某项资产时,他所愿意支付的价钱,绝对不会超过具有同等效用的全新资产的最低成本。如果该项资产的价格比重新建造或购置全新状态的同等效用的资产的最低成本高,投资者肯定不会购买这项资产,而会去新建或购置全新的资产。也就是说,待评估资产的重置成本是其价格的最大可能值。

除此以外,重置成本法主要应用在车辆可以继续使用的前提下所进行的评估。只有当二手车能够继续使用且在持续使用中为潜在投资者带来经济利益或生活方便,重置成本法的成本才能为潜在投资者和市场承认及接受。

(一)重置成本法的基本要素

1.二手车的重置成本

重置成本是购买一项全新的与被评估车辆相同的车辆所支付的最低金额。按重新购置车辆所用的材料、技术的不同,可把重置成本区分为复原重置成本(简称复原成本)和更新重置成本(简称更新成本)。复原成本指用与被评估车辆相同的材料、制造标准、设计结构和技术条件等,以现时价格复原购置相同的全新车辆所需的全部成本;更新成本指利用新型材料、新技术标准、新设计等,以现时价格购置相同或相似功能的全新车辆所支付的全部成本。应该注意的是,无论复原重置成本还是更新重置成本,车辆本身的功能不变。

一般情况下,在选择重置成本时,如果同时取得复原重置成本和更新重置成本,应优先选择更新重置成本。在不存在更新重置成本时,再考虑采用复原重置成本。由此可见,重置成本法主要立足于二手车的新车现行市价,与二手车的原购置价并无多大的关系。新车现行市价高,重置成本就越高。

2.二手车的实体性贬值

实体性贬值也叫有形损耗,是指机动车在存放和使用过程中,由于物理和化学因素而导致的车辆实体发生的价值损耗,即由于自然力的作用而发生的损耗。二手车一般都不是全新状态的,因而大都存在实体性贬值。计量二手车实体有形损耗时,主要根据已使用年限进行分摊。

3.二手车的功能性贬值

功能性贬值是由于技术进步引起的二手车功能相对落后而导致的贬值,即无形损耗。这类贬值又可细分为一次性功能贬值和营运性功能贬值。

一次性功能贬值是由于技术进步引起劳动生产效率的提高,现在再生产制造与原功能相同的车辆的社会必要劳动时间减少,成本降低而造成原车辆的价值贬值。具体表现为原

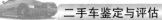

车辆价值中有一个超额投资成本将不被社会承认。

营运性功能贬值是由于技术进步,出现了新的、性能更优的车辆,致使原有车辆的功能相对新车型已经落后而引起其价值贬值。具体表现为原有车辆在完成相同工作任务的前提下,在燃润料、人力、配件材料等方面的消耗增加,形成了一部分超额运营成本。

4. 二手车的经济性贬值

经济性贬值是指由于外部经济环境变化所造成的车辆贬值。所谓外部经济环境,包括宏观经济政策、市场需求、通货膨胀、环境保护等。经济性贬值是由于外部环境而不是车辆本身或内部因素所引起的达不到原有设计的获利能力而造成的贬值。外界因素对车辆价值的影响不仅是客观存在的,而且对车辆价值影响还相当大,所以在二手车评估中不可忽视。

(二)重置成本的计算

在资产评估中,重置成本的估算有多种方法。对于二手车评估来说,一般采用重置核算法和物价指数法两种方法。

1. 重置核算法

重置核算法也称直接法,它是按待评估车辆的成本构成,以现行市价为标准,计算被评估车辆重置全价的一种方法。也就是将车辆按成本构成分成若干组成部分,先确定各组成部分的现时价格,然后相加得出待评估车辆的重置全价。是通过现行市场途径来确定车辆购置成本的最简单、最有效并且可信的方法。二手车的重置成本具体由二手车的现行购买价格、运杂费以及必要的税费构成。

根据不同评估目的,二手车重置成本全价的构成一般分下述两种情况:

(1)属于所有权转让的经济行为或为司法、执法部门提供证据的鉴定行为,可按被评估车辆的现行市场成交价格作为被评估车辆的重置全价,其他费用略去不计;

(2)属于企业产权变动的经济行为(如企业合资、合作和联营,企业分设、合并和兼并等),其重置成本构成除了考虑被评估车辆的现行市场购置价格以外,还应考虑国家和地方政府对车辆加收的其他税费(如车辆购置附加费、教育费附加、社控定编费、车船使用税等),一并计入重置成本全价。

使用这种方法的关键是获得市场价格资料,对于大、中城市,车辆市场价格资料的取得是比较容易的。可以从报纸和杂志的广告,厂家提供产品目录的价格表,经销商提供的价格目录,网上查询等渠道获取。但在使用上述价格资料时,要注意数据的有效性和可靠性,这是至关重要的。此外,评估人员应该注意区别合理收费和无依据收费。有的地方为了经济利益,还越权制订了一些有关机动车的收费项目,是违背国家收费政策的,这些费用不能计入重置成本全价。

在获取上述价格资料时,还应注意以下问题:

(1)价格的时效性。价格资料和市场信息一般只反映一定时间的价格水平,尤其是机动车价格变化较快、较大,价格稳定期较短。评估时要特别注意价格的时效性,所用资料要看能否反映评估基准日的价格水平,尽可能避免使用一些过时的价格资料。

(2)价格的地域性。机动车销售价格受交易地点的影响也较大,不同的地区由于市场环境不同,消费水平也有差距,交易条件也不尽相同,所以机动车的售价也不完全一样。评估时,应该使用评估对象所在地的价格资料。若无法获取当地价格资料,则可参考邻近地区的价格,但要进行价格差的修正。有时,一些县城机动车价格,比大城市同样车型的价格还要高一些,这是正常的,不要主观认为县市的机动车价格,就一定比大城市的价格低。使用价格资料要实事求是。

(3)价格可靠性。评估师有责任对使用的价格资料的可靠性做出判断。一般网上及其他公共媒体获得的价格资料只能属于参考价格。使用这些资料,评估人员应以审慎的态度进行必要的核实。而从汽车销售市场直接获得的现时价格,可靠性相对较高。

2. 物价指数法

物价指数法是在二手车原始成本基础上,通过现时物价指数确定其重置成本。计算公式为

$$\text{车辆重置成本} = \text{车辆原始成本} \times \frac{\text{车辆评估时物价指数}}{\text{车辆购买时物价指数}} \qquad (5-10)$$

或 $$\text{车辆重置成本} = \text{车辆原始成本} \times (1 + \text{物价变动指数}) \qquad (5-11)$$

当被评估车辆是已停产或是进口车辆,无法找到现时市场价格时,这是一种很有用的方法。使用物价指数法时应注意以下问题。

(1)计算二手车重置成本时,对于人工费、运杂费、管理费等项目,通常可用指数法估算。使用物价指数法计算出的值,即车辆重置成本值。

(2)运用物价指数法时,一定要先检查被评估车辆的账面原价。如果购买原价不准确,则不能使用物价指数法。

(3)物价指数要尽可能选用有法律依据的国家统计部门或物价管理部门以及政府机关发布和提供的数据,不能选用无依据、不明来源的数据。

(4)如果现在选用的指数与评估对象规定的评估基准日之间有一段时间差,这一时间差内的价格指数可由评估人员依据近期的指数变化趋势结合市场情况确定。

(5)如果被评估的二手车是淘汰产品或是进口汽车,无法取得现行市价格时,采用物价指数法评估价格才是比较现实的选择。

利用物价指数法估算二手车的重置成本,其方法简单,但准确性不如重置核算法高,属于粗略的复原重置成本。

(三)实体性贬值的估算

二手车的实体性贬值是指由于使用和自然力损耗导致的贬值。评估人员可根据车辆的状况,来判断其贬值程度,确定车辆的贬值率。一般情况下,实体性贬值的估算可采取以下三种方法。

1. 观察法,也称成新率法

指评估人员根据自己专业知识和工作经验,通过对二手车实体各主要部件进行观察以及使用仪器测量等方式进行技术鉴定,并综合分析车辆的设计、制造、使用、磨损、维护、修理、改装情况和经济寿命等因素,将评估对象与全新状态相比较,考察由于使用磨损和自然损耗对资产的功能、使用效率带来的影响,从而判断被评估车辆的实体性贬值的一种方法,其数学公式表达为:

$$\text{车辆实体性贬值} = \text{重置成本} \times \text{有形损耗率} \qquad (5-12)$$

2. 使用年限法,也称寿命比较法

指通过确定被评估车辆已使用年限与车辆预期可使用年限的比率来判断其实体性贬值率(程度),进而估测资产的实体性贬值的方法。其数学公式表达为:

$$车辆实体性贬值 = (重置成本 - 残值) \times \frac{已使用年限}{规定使用年限} \qquad (5-13)$$

式中:残值是指二手车辆在报废时净回收的金额,在鉴定评估中一般忽略不计。

3. 修复费用法,也称功能补偿法

通过确定被评估车辆恢复原有的技术状态和功能所需要的费用补偿,来直接确定二手车的有形损耗。这种方法常用于交通事故车辆的评估。其数学公式表达为:

$$车辆有形损耗 = 修复后的重置成本 - 修复补偿费用 \qquad (5-14)$$

(四) 功能性贬值的估算

功能性贬值包括一次性功能贬值和营运性功能贬值。

1. 一次性功能贬值的估算

功能性贬值属无形损耗的范畴,指由于技术陈旧、功能落后导致二手车相对贬值。对目前在市场上能够买到与被评估车辆相同的且有制造厂家继续生产的全新车辆,那么被评估车辆原购车价与全新车辆的市场价之间的差值,就可以看作是该车辆的功能性贬值额,也就是说,全新车辆当前的市场价已经反映了车辆的功能性贬值。这也是最常用的确定车辆功能性贬值额的方法。从理论上讲,同样的车辆其复原重置成本与更新重置成本之差即是该车辆的一次性功能贬值。但在实际评估工作中,具体计算某车辆的复原重置成本是比较困难的,一般就用更新重置成本(即市场价)来考虑其一次性功能贬值。

在实际评估时,经常遇到的情况是:待评估的车辆是现已停产或是国内自然淘汰的车型,这样就没有实际的市场价,只有采用参照物的价格用类比法来估算。参照物车辆是指与被评估车辆的类别、主要性能参数、结构特征相同,只是生产序号不同,并做局部改动的车辆。当然,这些替代型号的车辆其功能通常比原车型有所改进和增加,故其价值通常会比原车型价格所反映的价值要高。因此,当根据参照车辆利用类比法对原车型进行鉴定估价时,一定要了解参照车辆在结构上的改进和功能方面的提高情况,再根据其结构和功能的变化情况测算全新的原车辆目前市场上的价格。

2. 营运性功能贬值的估算

测定营运性功能贬值的步骤为:

(1) 选定参照物,并与参照物对比,找出营运成本有差别的内容和差别的量值;

(2) 确定原车辆尚可继续使用的年限;

(3) 查明应上缴的所得税及当前的折现率;

(4) 通过计算超额收益或成本降低额,最后计算出营运性功能贬值。

例 5-9 某一被评估二手车甲,其出厂时的燃料经济性指标为每百公里耗油量 26 L,平均每年维修费用为 3 万元。以目前新出厂的同型车辆乙为参照物,该车出厂时燃料经济性指标为每百公里耗油量 20 L,平均每年维修费用为 2.5 万元。如果甲、乙两车在营运成本的其他支出项目方面大致相同,被评估二手车尚可使用 5 年,每年平均出车日为 300 天,每日

营运 150 km,所得税率为 33%,使用的折现率为 10%,试估算被评估二手车的营运性贬值(燃油价格取 6.0 元/L)。

解: 根据上述资料,对被评估车辆甲的功能性贬值估算如下:

每年超额耗油费用为:$(26-20) \times 6.0 \times \dfrac{150}{100} \times 300 = 16\,200$(元);

每年超额维修费用为:$30\,000 - 25\,000 = 5\,000$(元);

总超额营运成本为:$16\,200 + 5\,000 = 21\,200$(元);

取所得税率 33%,则年超额营运成本的净额:$21\,200 \times (1-33\%) = 14\,204$(元);

取折现率为 10%,甲车尚可使用 5 年,通过查会计手册中的折现系数表可知 10% 折现率 5 年的折现系数为 3.790 8,则甲车的营运性贬值为:$14\,204 \times 3.790\,8 = 538\,44.52$(元)$\approx$ 538 45(元)。

(五)经济性贬值的估算

经济性贬值是由机动车辆外部因素引起的。外部因素不论多少,对车辆价值的影响不外乎两种:一是导致车辆闲置。在这种情况下,可通过估计车辆未来闲置的时间及其资金成本来估算其经济性贬值;二是造成运营成本上升。由于造成车辆经济性贬值的外部因素很多,并且造成贬值的程度也不尽相同,所以在评估时应在统筹考虑这些因素的基础上适当地确定经济性贬值的数额。

对于营运性车辆来讲,通常采用以下两种方式计量其经济性贬值:一种是利用车辆年收益损失额折现累加计算;另一种是通过车辆利用率的变化来估算。

1. 利用年收益损失额折现累加计算

如果由于外界因素变化,导致车辆营运收益的减少额或投入成本的增加额能够估算出来,可直接按车辆继续使用期间每年的收益损失额折现累加,以求得车辆的经济性损耗。用数学式表示为:

$$车辆的经济性损耗 = 车辆年收益损失额 \times (1-所得税率) \times \dfrac{(1+i)^n - 1}{i(1+i)^n}$$

$$(5-15)$$

使用上述公式应注意,年收益损失额只能因外界因素来计量,不能把因技术落后等自身因素所造成的收益损失额归入此类。

例 5-10 某人欲出售一辆已使用了 5 年的出租车。由于国家行业政策及检测标准的变化,目前每年较过去平均需增加投入成本 3 000 元,方能满足有关的规定要求。试估算该出租车的经济性损耗。

解: 根据国家规定,出租车的使用年限为 8 年。从购车登记日起,至该车的评估基准日止,该车已使用年限为 5 年。该车的剩余使用年限为 3 年。

取所得税率 33%,适用的折现率为 10%,则车辆的经济性损耗为:

$$车辆的经济性损耗 = 3000 \times (1-33\%) \times \dfrac{(1+10\%)^3 - 1}{10\% \times (1+10\%)^3}$$

$$= 3\,000 \times 67\% \times 2.486\,9 \approx 5\,000(元)$$

2. 通过车辆利用率的变化估算经济性损耗

如果由于外部因素的影响,导致车辆的利用率下降,则经济性损耗可按照以下公式估算:

$$车辆经济性损耗率 = \left[1 - \left(\frac{汽车的实际工作量}{汽车的正常工作量} \right)^x \right] \times 100\% \qquad (5-16)$$

在上式中,x 为规模效益指数($0 < x < 1$)。其调查计算的结果,说明车辆的运输量与投入成本之间并非呈线性关系。当车辆的运输量降至正常运输量的一半时,其投入成本却也降至正常投入成本的一半。x 一般为 $0.6 \sim 0.7$。在确定了车辆的经济性损耗率后,可按照以下公式计算车辆的经济性损耗。

$$车辆的经济性损耗 = (重置成本 - 有形损耗 - 功能性损耗) \times 经济性损耗率$$

$$(5-17)$$

例 5-11 由于某行业企业生产普遍不景气,工作量不足,某专用汽车的利用率仅为正常工作量的 60%。而且在该汽车的剩余使用年限内,这种情况也不会有所改变。经评估汽车的重置成本为 35 万元,成新率为 65%,功能性损耗可忽略不计。试估算该车辆的经济性损耗。

解:具体估算过程如下:

(1) 计算车辆的经济性损耗率:

$$车辆的经济性损耗率 = (1 - 0.6^x) \times 100\%$$

取 $x = 0.7$,则车辆的经济性损耗率为 $(1 - 0.6^{0.7}) \times 100\% = (1 - 0.699) = 30.1\%$

(2) 车辆扣除有形损耗和功能性损耗后的价值为:

$$350\,000 \times 65\% = 227\,500(元)$$

(3) 车辆的经济性损耗为:

$$227\,500 \times 30.1\% \approx 68\,500(元)$$

二、重置成本法的应用前提

根据重置成本法评估被评估物的基本公式分析,应用重置成本法应具备两个前提条件:

(1) 被评估车辆可以重新建造或购置,即被评估车辆必须能复制或更新。

(2) 被评估车辆因各种因素而产生的贬值可以量化。

重置成本法作为一种二手车评估的方法,是从能够重新取得被评估车辆的角度来反映二手车的交换价值的。只有当被评估车辆处于继续使用状态下,再取得被评估车辆的全部费用才能构成其交换价值的内容。

三、重置成本法的计算公式

公式一:　　评估值 = 重置成本 - 实体性贬值 - 功能性贬值 - 经济性贬值　　(5-18)

公式二:　　　　　　　评估值 = 重置成本 × 成新率　　(5-19)

公式一(5-18)是重置成本法评估二手车的最基本模型。它综合考虑了二手车的现行市场价格和各种影响二手车价值量变化(贬值)的因素,最让人信服和易于接受。但造成这些贬值的影响因素较多且有一定的不确定性,所以准确地确定二手车的贬值是不容易的。

公式二(5-19)以成新率综合考虑了各种贬值对二手车价值的影响,是一种定性和定量相结合的评估方法,比较符合中国人评判二手物品的思维模式,是目前市场上应用最多的一种评估方法。

四、重置成本法的优缺点

1. 优点

(1) 比较充分地考虑了车辆的损耗,评估结果更趋于公平合理。

(2) 在不易计算车辆未来收益或难以取得市场(二手车交易市场)参照物条件下可广泛应用。

(3) 是一种容易被买卖双方接受的评估方法。

2. 缺点

(1) 工作量大。

(2) 经济性贬值不易准确计算。

例5-12 2021年7月,王先生打算出售一台斯柯达明锐轿车。初始登记日期为2017年12月,相关手续证件齐全,基本配置有电动门窗、CD、ABS、中控门锁、倒车雷达、安全气囊等。评估师进行车辆检查得到如下结论:整车外观非常好,漆面光泽度较亮,前后保险杠有几处轻微的小划痕,但不影响整车漆面的美观。起动车辆后,发动机运转顺畅,怠速声音正常,转向、制动系统一切正常,动力输出很顺畅。已知该车的现行市场售价为13.8万元,其他税费不计,试评估该车的现时市场价值。

解:(1) 根据题意,采用重置成本法进行评估。

(2) 该车为私家轿车,无报废年限,参考使用年限为15年,即180个月。

(3) 初次登记日期为2017年12月,评估基准日为2021年7月,已使用43个月。

(4) 由于此项业务属于交易类业务,故重置成本不计车辆购置税等附加费用。因此,该车的现时重置成本为13.8万元。

(5) 根据现场查勘结果,该车属于正常使用,故可用使用年限法确定成新率。

根据公式 $C_n = \left(1 - \dfrac{Y}{G}\right) \times 100\%$,该车的年限成新率为

$$C_n = (1 - 43/180) \times 100\% = 76.11\%$$

(6) 评估值=重置成本×成新率=13.8×76.11%=10.5万元。

例5-13 2014年9月1日,客户吴先生驾驶其高尔夫GTI 2.0T轿车到长春某高尔夫专卖店进行二手车置换业务。以下是鉴定估价师对该车的检查鉴定情况。

(1) 手续检验

该车初次登记日为2011年9月,手续齐全,主要证件有行驶证、登记证书、车辆附加费本、交强险单(到2014年9月15日)。已行驶公里数实数为2万公里,可到4S店查保养记录。此车整车为原装德国进口。

（2）车辆使用背景

该车属私家车，有车库保管，仅为上下班用，长年工作在市区内，工作条件较好，使用强度不大，日常维护、保养也好。

（3）车辆配置

电子稳定、倒车雷达、侧气囊帘、定速巡航、后座出风、氙气大灯、电动座椅、座椅加热、自动空调、自动大灯、真皮座椅、外接音源、电动天窗等。

（4）车况检查

① 静态检查。查看车辆外观漆面全车 80% 原漆，通过车辆漆面查看，此车没有碰撞事故；打开发动机盖，发动机内保持很新，没有漏油的地方；查看挡泥板没有修复过的痕迹；进入驾驶室查看仪表台和真皮座椅保持很新，没有乱划老化的痕迹。

② 动态检查。车辆起动后非常安静，无抖动现象，车辆起步加速反应良好，车辆行驶在 60 km/h 情况下，车辆悬架平稳，没有振抖、异响，胎噪声正常，突然加速车辆也无特别的声响，滑行效果良好，乘坐人员反映车辆舒适性不错。在高速公路上行驶 110 km/h 时，车辆运行平稳，无振抖、异响、跑偏、摆偏、方向盘发抖等现象；动态试验后车辆油、水温正常，运动机件无过热，无漏水、油、电等现象。

已知该车型新车市场行情价为 23.58 万元，试用重置成本—综合分析法评估该车的价值。

解：（1）根据题意，评估价值采用重置成本—综合分析法，其计算公式为

$$P = B \times C_z = B \times C_n \times K \times 100\%$$

（2）初次登记日为 2011 年 9 月，评估基准日为 2014 年 9 月，则已使用年限 $Y = 36$ 个月，规定使用年限为 15 年，$Y_g = 180$ 个月。

（3）重置成本的确定：因属交易类，故重置成本为市场价，即重置成本为 23.58 万元。

（4）综合调整系数 K 的确定：根据技术鉴定情况，该车无须进行项目修理或换件，参考表 5-7 得到以下综合调整系数：

① 该车技术状况较好，车辆技术状况调整系数 $K_1 = 0.9$；

② 使用、维护保养好，使用与维护保养调整系数 $K_2 = 1.0$；

③ 此高尔夫轿车是进口名牌车，制造质量调整系数 $K_3 = 1.0$；

④ 该车为私人用车，车辆用途调整系数 $K_4 = 1.0$；

⑤ 该车主要在市内行驶，使用条件好，使用条件调整系数 $K_5 = 1.0$。

综合调整系数为

$$
\begin{aligned}
K &= K_1 \times 30\% + K_2 \times 25\% + K_3 \times 20\% + K_4 \times 15\% + K_5 \times 10\% \\
&= 0.9 \times 30\% + 1.0 \times 25\% + 1.0 \times 20\% + 1.0 \times 15\% + 1.0 \times 10\% \\
&= 0.97
\end{aligned}
$$

（5）计算成新率 C_z：

$$
\begin{aligned}
C_z &= \left(1 - \frac{Y}{Y_g}\right) \times K \times 100\% \\
&= \left(1 - \frac{36}{180}\right) \times 0.97 \times 100\% = 77.6\%
\end{aligned}
$$

（6）计算评估值 P：

$$P = B \times C_Z = 23.58 \times 77.6\% = 18.3（万元）$$

例 5‑14　一汽马自达轿车 2.0 自动豪华型，初次登记日期为 2014 年 10 月，行驶里程为 7.8 万千米，手续证件齐全。车辆检查发现：驾驶舱内保持良好、干净，底盘无腐蚀，轮胎状况良好。发动机舱内完好，干净整洁，发动机无维修痕迹，变速器、悬架无伤痕，整体状况良好，线路正常，车内饰较新。动态检查发动机运转平顺，换挡无顿挫，方向操纵精准省力，制动响应灵敏稳定。评估基准日为 2018 年 9 月，已知该车的现行市场售价为 13.2 万元，其他税费不计，试评估该车的现时市场价值。

解：（1）该车属于私家车，4 年一共行驶了 7.8 万千米，属于合理范围，里程表上显示的累计行驶里程数比较真实地反映了使用强度，故可采用行驶里程法估算其成新率。

（2）根据《汽车报废标准》，轿车规定的累计行驶里程数为 45 万千米。已知该车里程表显示累计行驶里程约为 7.8 万千米。

（3）根据公式 $C_S = \dfrac{S_g - S}{S_g} \times 100\%$，该车的行驶里程成新率为

$$C_S = (1 - 7.8/45) \times 100\% = 82.67\%$$

（4）评估值＝重置成本×成新率＝13.2×82.67％＝10.9 万元。

例 5‑15　奔驰 ML350 豪华型轿车，上牌时间为 2009 年 3 月，行驶里程为 12.5 万千米，评估基准日为 2015 年 7 月，现在新车市场售价为 84.8 万，手续证件齐全。车辆检查结果为：全车有部分补漆的地方，各车门没有发生过侧面碰撞，车内饰保养较好，底盘较高，并无任何刮花的痕迹。起动发动机，声音沉稳，没有杂音，悬架正常，制动系统灵敏度较高，四个轮胎磨损程度一般。试评估该车的现时市场价值。

解：（1）该车为私人轿车，参考规定使用年限为 15 年，即 180 个月。该车初次登记日为 2009 年 3 月，评估基准日为 2015 年 7 月，已使用 76 个月。

（2）由于此项业务属于交易类业务，故该车的现时成本为 84.8 万元。

（3）由于该车型为高档车型，故可采用部件鉴定法估算该车的成新率。根据对该车的检查结果，其成新率的估算明细见表 5‑10。

表 5‑10　二手车成新率估算明细表

序号	车辆各主要总成、部件名称	价值权重（%）	成新率（%）	加权成新率（%）
1	发动机及离合器总成	23	55	12.65
2	变速器及万向传动装置总成	12	55	6.6
3	前桥、前悬架及转向系总成	9	55	4.95
4	后桥及后悬架总成	9	55	4.95
5	制动系	7	55	3.85
6	车架	2	55	1.1
7	车身	24	50	12

（续表）

序号	车辆各主要总成、部件名称	价值权重（%）	成新率（%）	加权成新率（%）
8	电器仪表	6	55	3.3
9	轮胎	8	50	4
合计		100		53.4%

值得注意的是，此车没有进行大件更换而产生附加费用，所以部件鉴定法计算的成新率不应高于使用年限法计算的成新率 C_n，即

$$C_n = \left(1 - \frac{Y}{G}\right) \times 100\% = \left(1 - \frac{76}{180}\right) \times 100\% = 57.78\%$$

（4）评估值＝重置成本×成新率＝84.8×53.4%＝49 万元。

例 5-16 天籁 2.5L 豪华型轿车，初次登记日期为 2009 年 5 月，评估基准日为 2013 年 8 月，手续证件齐全。行驶里程为 88 600 km。车辆检查结果为：从外表看，没有伤痕，车底无漏油、漏水现象，发动机舱内线路正常，关键部件都是原装，无修复更换痕迹。底盘检查中没有发现碰撞修复的痕迹，轮毂有轻微划伤，轮胎正常。车辆起动后，发动机运转平稳，转向精确，制动性能良好。试评估该车的现时市场价值。

解：（1）经当地市场调查，2009 款天籁三厢 2.5 L 豪华型新车市场价格为 20.3 万元。

（2）成新率的确定。由于该车型价值较高，为了全面反映二手车的新旧状态，故采用综合成新率法计算成新率。

① 计算理论成新率 C_1。该车登记日期为 2009 年 5 月，评估基准日为 2013 年 8 月，已使用 51 个月。

$$C_1 = \left(1 - \frac{Y}{G}\right) \times 100\% = \left(1 - \frac{51}{180}\right) \times 100\% = 71.67\%$$

② 计算现场查勘成新率 C_2。评估人员在现场对该车的勘察中，分别对车辆的发动机、底盘、车身、内饰及电气系统进行鉴定打分，见表 5-11。

表 5-11　车辆鉴定评分表

项目	鉴定标准	标准分	鉴定情况	评定分数
发动机、离合器总成	① 气缸压力是否符合标准 ② 机油是否泄漏，冷却系统是否漏冷却液 ③ 燃油消耗是否在正常范围内 ④ 测量气缸内圆度误差不超过 0.125 mm ⑤ 在高中低速时没有断火现象和其他异常现象	35	正常	32
前桥总成	工字梁应无变形和裂纹，转向系统操作轻便灵活，转向节不应有裂纹	8	转向精确，制动性能良好	6
后桥总成	圆锥主动齿轮轴转速在 1 400～1 500 r/min 时，各轴承温度不应高于 60℃，差速器及半轴的齿轮符合要求的敲击声或高低变化声响，各接合部位不允许漏油	10	基本符合要求	8

（续表）

项目	鉴定标准	标准分	鉴定情况	评定分数
变速器总成	变速器接合动力输出迅速，各操控部件性能优良	8	符合要求	6
车身总成	车身无碰伤变形、脱漆、锈蚀，门窗玻璃完好，各焊口应无裂纹及损伤，连接件齐全无松动，密封良好，座椅完整	29	外表没有伤痕，维护保养好	26
轮胎	依磨损量确定	2	轮毂有轻微的划伤，轮胎磨损正常	1
其他	① 制动系统：制动液不泄漏，制动反应良好 ② 电系统：电源点火、信号、照明应正常	8	工作状况一般	6
合计		100		85

根据表5-11，现场查勘成新率 C_2＝现场勘察打分值/100＝72%

取权重系数 $\alpha=0.4$，$\beta=0.6$，则综合成新率为

$$C_2' = C_1\alpha + C_2\beta = 71.67\% \times 0.4 + 85\% \times 0.6 = 79.67\%$$

（3）评估值的确定。

评估价值＝重置成本×综合成新率＝20.3×79.67%＝16.2万元。

一、任务目标与要求

1．小组成员分工协作，利用网络、图书馆资料，依据任务工单分析制定工作计划，并通过小组自评或互评检查工作计划。

2．登记二手车基本信息，对现实技术状况进行检查，确定其成新率，运用重置成本法计算二手车评估值。

二、准备工作

1．小组接受工作任务，组长带领组内成员阅读任务工单，查阅相关资料，合理分工，制定任务计划，并检查计划有效性。

2．准备试验场地、试验车辆、试验器材。

三、实施指导

由教师为学生提供不同类型二手车几辆，车型不限，要求学生在规定时间内，完成车辆技术状况检查，并运用重置成本法评估车辆价值。

1. 收集评估对象的资料

评估对象的资料一般包括车辆的类别名称、型号、性能指标、生产厂家、出厂日期、车辆来源、使用年限、行驶里程、使用情况、实际技术状况及尚可使用的年限、市场状况、交易动机和目的,车辆所处地理位置、成交数量和成交时间等。收集到的资料越全面、越多,则评估的准确性越高。

2. 确定成新率

根据评估对象不同,选择合适的方法计算成新率。

3. 计算评估值

根据重置成本法计算车辆评估值,做出结论。

项目	评估二手车价值		
任务	重置成本法确定二手车价格	姓名	
班级	组号	日期	
任务目的	1. 对二手车技术状况进行检查。 2. 采用重置成本法评估二手车价值。		
任务描述	按照课程安排,通过情景模拟,教师提供待鉴定评估车辆、参考资料、视频资料等教学资源,在教师指导下完成用重置成本法确定二手车价格这一教学任务。请各组对教师提供车辆进行技术状况检查,运用重置成本法评估车辆价值。		
任务要求	通过教师的引导、自学和查找资料等方式,按照工作过程的完整性和连贯性(资讯—决策—计划—实施—检查)评估要求,逐步养成就业岗位的隐性工作方法,最终以小组协作形式完成二手车价值评估。		
资讯	现有一待评估车辆,基本情况如下,请用重置成本法评估该车价值。 品牌:凯越 型号:SGM7165MTB 车辆类型:轿车 国产/进口:国产 制造厂名称:上海通用汽车 发动机型号:F16D3 车身颜色:黑 燃油种类:汽油 排量/功率:1.6 L 初次登记日期:2013 年 10 月 20 日 评估基准日:2016 年 7 月 行驶里程:65 000 km 手续、规费情况:行驶证、登记证书、购车发票、车辆保险、购置税等手续齐全。 配置:手动空调、真皮座椅、导航、天窗、电动车窗、中控门锁。 静态检查:登记证书 VIN、发动机号与原车一致;绕车一周,车身四周漆面色彩一致,没有补漆现象;车门开启、关闭正常;各仪表正常工作;轮胎正常磨损;打开发动机舱盖,大梁及发动机舱盖没有发现事故痕迹;机油尺正常;大梁及各部件完好;行李箱整洁;备胎没有落地;工具齐全。 动态检查:起动车辆,发动机无杂音、运转平稳;冷却液温度正常,加速灵敏,制动稳定,变速器工作顺畅。		
决策	每 6 人一组,每组选出一名组长,组长对小组任务进行分配,组员按组长要求完成相关任务内容。 表格见下		

序号	个人职责(任务)	负责人
1		
2		

（续表）

	序号	个人职责（任务）	负责人
决策	3		
	4		
	5		
	6		
制定计划	根据任务内容制定任务计划，并反复修改、讨论工作方案。		
任务实施	各小组成员按照制定的工作计划查阅相关资料，制定采用重置成本法评估二手车价值方法的工作计划，并实施。 1. 检查待评估车辆技术状况，并进行量化 2. 计算该车成新率 3. 计算评估		
检查评估	成果展示，小组自评与互评，并讨论、总结、反思学习过程中的不足，撰写工作报告并交流。		

任务三　现行市价法确定二手车价格

现行市价法（扫码见视频 5-5）又称市场法、市场价格比较法，是指通过比较被评估车辆与最近售出类似车辆的异同，并将类似车辆的市场价格进行调整，从而确定被评估车辆价值的一种评估方法。现行市价法是最直接、最简单的一种评估方法。

这种方法的基本思路是：通过市场调查，选择一个或几个与评估车辆相同或类似的车辆作为参照物，分析参照物的构造、功能、性能、新旧程度、地区差别、交易条件及成交价格等，并与评估车辆一一对照比较，找出两者的差别及差别所反映在价格上的差额，经过调整，计算出二手车辆的价格。

一、现行市价法的应用前提

1. 二手车交易市场

要有一个充分发育、活跃，交易量大，车型丰富，容易找到可类比参照物的二手车市场，即要有二手车交易的公开市场。市场上有众多的卖者和买者，交易充分平等，排除交易的偶然性和特殊性。市场成交的二手车价格可以准确反映市场行情，评估结果更公平、公正，双方都易接受。

2. 评估参照物

评估中参照的二手车与被评估车辆可比较的指标、技术参数等资料是可收集到的，并且价值影响因素明确，可以量化。

3. 近期可比性

运用现行市价法,重要的是要能够找到与被评估车辆相同或相类似的参照物,并且参照物是近期的、可比较的。所谓近期,即指参照物交易时间与车辆评估基准日相差时间相近,一般在一个季度之内。所谓可比较,指车辆在规格、型号、功能、性能、内部结构、新旧程度及交易条件等方面不相上下。还有选择参照物的数量,按照市价法的通常做法,参照物一般要在2个以上。

现行市价法是从卖者的角度来考虑被评估二手车的变现值的,二手车评估价值的大小直接受市场的制约。因此,它特别适用于产权转让的畅销车型的评估,如二手车收购(尤其是成批收购)和典当等业务。畅销车型的数据充分可靠,市场交易活跃,评估人员熟悉其市场交易情况,采用现行市价法评估二手车时间会很短。

二、现行市价法的计算方法

运用现行市价法评估二手车价值通常采用直接市价法和类比调整市价法。

(一)直接市价法

直接法是指在市场上能找到与被评估车辆完全相同的车辆的现行市价,并依其价格直接作为被评估车辆评估价格的一种方法。直接市价法应用有两种情况。

(1)参照车辆与被评估二手车完全相同。所谓完全相同是指车辆型号、使用条件和技术状况基本相同,生产和交易时间相近。这样的参照车辆常见于市场保有量大、交易比较频繁的畅销车型,如普通桑塔纳、捷达和夏利等。

(2)参照车辆与被评估二手车相近。这种情况是参照车辆与被评估车辆类别相同、主参数相同、结构性能相同,只是生产序号不同并只做局部改动,交易时间相近的车辆,也可近似等同作为评估过程中的参照车辆。这种情况在我国汽车市场上是非常常见的,很多汽车厂商为了追求车型的变化,给消费者一种新的感受,每年都在原车型的基础上做一些小的改动,如车身的小变化、内饰配置的变化等。

直接市价法评估公式为

$$P = P' \qquad (5-20)$$

式中:P——评估值,元;

P'——参照车辆的市场成交价格,元。

(二)类比调整市价法

1. 计算模型

类比调整市价法是指评估二手车时,在公开市场上找不到与之完全相同的车辆,但在公开市场上能找到与之相类似的车辆,以此为参照物,通过对比分析车辆技术状况和交易条件的差异,在参照物成交价格的基础上做出相应调整,进而确定被评估车辆价格的一种方法。其基本计算公式为

$$P = P' \times K \qquad (5-21)$$

式中:P——评估值,元;

P'——参照车辆的市场成交价格,元;

K——差异调整系数。

　　类比调整市价法不像直接市价法对参照车辆的条件要求那么严,只要求参照车辆与被评估二手车大的方面相同即可。

　　2. 评估步骤

　　(1)收集被评估二手车资料。

　　收集被评估二手车的相关资料,内容包括车辆的类别名称、车辆型号和技术性能参数、生产厂家和出厂年月、车辆用途、目前使用情况和实际技术状况、尚可使用的年限等,为市场数据资料的搜集及参照物的选择提供依据。

　　(2)选取参照车辆。

　　根据了解到的被评估二手车资料,按照可比性原则,从二手车交易市场上寻找可类比的参照车辆,参照车辆的选择应在两辆以上。车辆的可比因素主要包括以下几点:

　　① 车辆型号和生产厂家。

　　② 车辆用途。指的是私家车还是公务车,是乘用车还是商用车等。

　　③ 车辆使用年限和行驶里程。

　　④ 车辆实际技术性能和技术状况。

　　⑤ 车辆所处地区。由于地区经济发展的不平衡,收入水平存在差别,在不同地区的二手车交易市场,同样车辆的价格会有较大的差别。

　　⑥ 市场状况。指的是二手车交易市场处于低迷还是复苏、繁荣,车源丰富还是匮乏,车型涵盖面如何,交易量如何,新车价格趋势如何等。

　　⑦ 交易动机和目的。指车辆出售是以清偿还是以淘汰转让为目的,买方是获利转手倒卖或是购买自用。不同情况下的交易作价往往有较大的差别。

　　⑧ 成交数量。单辆与成批车辆交易的价格会有一定差别。

　　⑨ 成交时间。应采用近期成交的车辆作类比对象。由于国家经济、金融和交通政策以及市场供求关系会随时发生一些变化,市场行情也会随之变化,引起二手车价格的波动。

　　(3)类比和调整。

　　对被评估二手车和参照车辆之间的差异进行分析、比较,并进行适当的量化后调整为可比因素。主要差异及量化方法体现在以下方面:

　　① 结构性能的差异及量化。汽车型号、结构上的差别都会集中反映到汽车的功能和性能的差别上,功能和性能的差异可通过功能、性能对汽车价格的影响进行估算(量化调整值＝结构性能差异值×成新率)。

　　② 销售时间的差异与量化。在选择参照车辆时,应尽可能选择评估基准日的成交案例,以免去销售时间差异的量化;若参照车辆的交易时间在评估基准日之前,可采用价格指数法将销售时间差异量化并调整。

　　③ 新旧程度的差异及量化。被评估二手车与参照车辆在新旧程度上存在一定的差异,要求评估人员能够对二者做出基本判断,取得被评估二手车和参照车辆成新率后,以参照车辆的价格乘以被评估二手车与参照车辆成新率之差,即可得到两者新旧程度的差异量[新旧程度差异量＝参照车辆价格×(被评估二手车成新率－参照车辆成新率)]。

　　④ 销售数量的差异及量化。销售数量的大小、采用何种付款方式均会对二手车成交

单价产生影响,应首先了解清楚,然后根据具体情况做出必要的调整。一般来讲,卖主充分考虑货币的时间价值,会以较低的单价吸引购买者(常为经纪人)多买,尽管价格比零售价格低,但可提前收到货款。当被评估二手车是成批量交易时,以单辆汽车作为参照车辆是不合适的;而当被评估的二手车只有一辆时,以成批汽车作为参照车辆也不合适。销售数量的不同会造成成交价格的差异,必须对此差异进行分析,适当调整被评估二手车的价值。

⑤ 付款方式的差异及量化。在二手车交易中,绝大多数为现款交易,在一些经济较活跃的地区已出现二手车的银行按揭销售。银行按揭的二手车与一次性付款的二手车价格差异由两部分组成:一部分是银行的贷款利息,贷款利息按贷款年限确定;另一部分是汽车按揭保险费,各保险公司的汽车按揭保险费率不完全相同,会有一些差异。

(4)计算评估值。

将各可比因素差异的调整值以适当的方式加以汇总,并据此对参照车辆的成交市价进行调整,从而确定被评估二手车的评估价格。

三、现行市价法的优缺点

1. 优点

(1)能够客观反映二手车辆目前的市场情况,其评估的参数、指标直接从市场获得,评估值能反映市场现实价格。

(2)评估结果易于被各方面理解和接受。

2. 缺点

(1)需要公开及活跃的市场作为基础。但我国二手车市场还处于起步阶段,发育不完全、不完善,寻找参照物有一定的困难。

(2)可比因素多而复杂,即使是同一个生产厂家生产的同一型号的产品,同一天登记,由不同的车主使用,其使用强度、使用条件、维护水平等多种因素不同,其实体损耗、新旧程度都各不相同。

例 5-17 现在要评估一辆轿车,二手车市场上获得市场参照物的品牌型号、购置日期、行驶里程、整车技术状况基本相同。区别在于:

(1)参照物的左后组合灯损坏需更换,费用 220 元。

(2)被评估车辆改装了一套音响系统,目前价值约 5 000 元。

已知参照物的市场交易价为 225 000 元,试计算被评估车辆的价值。

解: 根据题意可得出

$$被评估车辆的价值 = 参照物现行市价 \pm \sum 差异量$$
$$= 225\,000 + 220 + 5\,000 = 230\,220 \text{元}$$

例 5-18 在对某辆二手车进行评估时,评估人员选择了三辆近期成交的与被评估二手车类别、结构基本相同,技术经济参数相近的车辆作参照车辆。参照车辆与被评估二手车的一些具体技术经济参数见表 5-12。试采用现行市价法对该车进行价值评估。

表 5－12 被评估车辆及参照车辆的有关经济参数

序号	技术经济参数	参照车辆 A	参照车辆 B	参照车辆 C	被评估二手车
1	车辆交易价格/元	50 000	65 000	40 000	
2	销售条件	公开市场	公开市场	公开市场	公开市场
3	交易时间	6 个月前	2 个月前	10 个月前	
4	已使用年限/年	5	5	6	5
5	尚可使用年限/年	5	5	4	5
6	成新率/%	62	75	55	70
7	年均维修费用/元	20 000	18 000	25 000	20 000
8	每百公里耗油量/L	11	9	13	10

解：

1. 对被评估二手车与参照车辆之间的差异进行比较和量化

（1）销售时间的差异

根据收集到的资料表明，在评估之前到评估基准日之间的 1 年内，物价指数每月上涨 0.5% 左右。各参照车辆与被评估二手车由于时间差异所产生的差额为

① 被评估二手车与参照车辆 A 相比较晚 6 个月，价格指数上升 3%，其差额为

$$50\ 000 \times 3\% = 1\ 500(元)$$

② 被评估二手车与参照车辆 B 相比较晚 2 个月，价格指数上升 1%，其差额为

$$55\ 000 \times 1\% = 550(元)$$

③ 被评估二手车与参照车辆 C 相比较晚 10 个月，价格指数上升 5%，其差额为

$$40\ 000 \times 5\% = 2\ 000(元)$$

（2）车辆性能的差异

① 各参照车辆与被评估二手车每年由于燃油消耗的差异所产生的差额。按每日营运 150 km、每年平均出车 250 天，燃油价格按每升 7.0 元计算：

Ⅰ. 参照车辆 A 每年比被评估二手车多消耗燃料的费用为

$$(11-10) \times 7.0 \times \frac{150}{100} \times 250 = 2\ 625(元)$$

Ⅱ. 参照车辆 B 每年比被评估二手车少消耗燃料的费用为

$$(10-9) \times 7.0 \times \frac{150}{100} \times 250 = 2\ 625(元)$$

Ⅲ. 参照车辆 C 每年比被评估二手车多消耗燃料的费用为

$$(13-10) \times 7.0 \times \frac{150}{100} \times 250 = 7\ 875(元)$$

② 各参照车辆与被评估二手车每年由于维修费用的差异所产生的差额：

Ⅰ．参照车辆 A 与被评估二手车每年维修费用的差额为

$$20\ 000-20\ 000=0(元)$$

Ⅱ．参照车辆 B 与被评估二手车每年少花费的维修费用为

$$20\ 000-18\ 000=2\ 000(元)$$

Ⅲ．参照车辆 C 与被评估二手车每年多花费的维修费用为

$$25\ 000-20\ 000=5\ 000(元)$$

③ 各参照车辆与被评估二手车每年多花费的营运成本：

Ⅰ．参照车辆 A 与被评估二手车每年多花费的营运成本为

$$2\ 625+0=2\ 625(元)$$

Ⅱ．参照车辆 B 与被评估二手车每年少花费的营运成本为

$$2\ 625+2\ 000=4\ 625(元)$$

Ⅲ．参照车辆 C 与被评估二手车每年多花费的营运成本为

$$7\ 875+5\ 000=12\ 875(元)$$

④ 取所得税率为 33%，则税后各参照车辆每年比被评估二手车多（或少）花费的营运成本：

Ⅰ．税后参照车辆 A 与被评估二手车每年多花费的营运成本为

$$2\ 625\times(1-33\%)=1\ 758.75(元)$$

Ⅱ．税后参照车辆 B 与被评估二手车每年少花费的营运成本为

$$4\ 625\times(1-33\%)=3\ 098.75(元)$$

Ⅲ．税后参照车辆 C 与被评估二手车每年多花费的营运成本为

$$12\ 875\times(1-33\%)=8\ 626.65(元)$$

⑤ 适用的折现率为 $i=10\%$，则在剩余的使用年限内，各参照车辆比被评估二手车多（或少）花费的营运成本为

Ⅰ．参照车辆 A 比被评估二手车多花费的营运成本折现累加为

$$1\ 758.75\times\frac{(1+10\%)^5-1}{10\%\times(1+10\%)^5}=1\ 758.75\times3.790\ 8=6\ 667(元)$$

Ⅱ．参照车辆 B 比被评估二手车少花费的营运成本折现累加为

$$3\ 098.75\times\frac{(1+10\%)^5-1}{10\%\times(1+10\%)^5}=3\ 098.75\times3.790\ 8=11\ 747(元)$$

Ⅲ．参照车辆 C 比被评估二手车多花费的营运成本折现累加为

$$8\,626.65 \times \frac{(1+10\%)^5-1}{10\% \times (1+10\%)^5} = 8\,626.65 \times 3.790\,8 = 32\,702(元)$$

（3）成新率的差异

Ⅰ．参照车辆 A 比被评估二手车由于成新率的差异所产生的差额为

$$50\,000 \times (70\% - 60\%) = 5\,000(元)$$

Ⅱ．参照车辆 B 比被评估二手车由于成新率的差异所产生的差额为

$$65\,000 \times (70\% - 75\%) = -3\,250(元)$$

Ⅲ．参照车辆 C 比被评估二手车由于成新率的差异所产生的差额为

$$40\,000 \times (70\% - 55\%) = 6\,000(元)$$

2. 根据被评估二手车与参照车辆之间差异的量化结果，确定车辆的评估值

（1）初步确定被评估二手车的评估值：

① 与参照车辆 A 相比分析调整差额，初步评估的结果为

$$车辆评估值 = 50\,000 + 1\,500 + 6\,667 + 5\,000 = 61\,167(元)$$

② 与参照车辆 B 相比分析调整差额，初步评估的结果为

$$车辆评估值 = 65\,000 + 550 - 11\,747 - 3\,250 = 50\,553(元)$$

③ 与参照车辆 C 相比分析调整差额，初步评估的结果为

$$车辆评估值 = 40\,000 + 2\,000 + 32\,702 + 6\,000 = 80\,702(元)$$

（2）综合定性分析，确定被评估二手车的评估值：

从上述初步估算的结果可知，按三个不同的参照车辆进行比较测算，初步评估的结果最多相差 30 149 元。其主要原因是三个参照车辆的成新率不同。另外，在选取有关的技术经济参数时也可能存在误差。为减少误差，结合考虑被评估二手车与参照车辆的相似程度，决定采用加权平均法确定评估值。参照车辆 B 的交易时间离评估基准日较接近，且已使用年限、尚可使用年限、成新率等都与被评估二手车最相近，由于它的相似程度比参照车辆 A、C 更大，故决定取参照车辆 B 的加权参数为 60%；参照车辆 A 的交易时间、已使用年限、尚可使用年限、成新率等比参照车辆 C 的相似程度更大，故决定取参照车辆 A 的加权系数为 30%，取参照车辆 C 的加权系数为 10%。加权平均后，被评估二手车的评估值为

$$车辆评估值 = 50\,553 \times 60\% + 61\,667 \times 30\% + 80\,702 \times 10\% \approx 56\,902.1(元)$$

任务实施

一、任务目标与要求

1. 小组成员分工协作，利用网络、图书馆资料，依据任务工单分析制定工作计划，并通

过小组自评或互评检查工作计划。

2. 登记二手车基本信息,对现实技术状况进行检查,确定其成新率,运用现行市价法计算二手车评估值。

二、准备工作

1. 小组接受工作任务,组长带领组内成员阅读任务工单,查阅相关资料,合理分工,制定任务计划,并检查计划有效性。

2. 准备试验场地、试验车辆、试验器材。

三、实施指导

由教师为学生提供一辆二手车,车型不限,要求学生在规定时间内,完成车辆技术状况检查,并运用现行市价法评估车辆价值。

1. 收集评估对象的资料

评估对象的资料一般包括车辆的类别名称、型号、性能指标、生产厂家、出厂日期、车辆来源、使用年限、行驶里程、使用情况、实际技术状况及尚可使用的年限、市场状况、交易动机和目的,车辆所处地理位置、成交数量和成交时间等。收集到的资料越全面、越多,则评估的准确性越高。因此,收集资料是市价法评估的关键。

2. 选定参照对象

参照对象选定的关键是参照对象应具有可比性并且要有一定数量,一般参照对象不少于3个。

主要可比因素包括:

(1) 型号与制造厂商。

(2) 车辆来源:指私用车、公务车、商用车、出租车或其他营运车。

(3) 使用年限与行驶里程。

(4) 车辆实际技术状况。

(5) 市场状况:主要指供求关系,看市场主要是买方市场,还是卖方市场。

(6) 交易条件:包括交易动机和目的、交易时间、交易批量等。

3. 分析类比

(1) 结构性能的差异及量化。汽车型号、结构上的差别都会集中反映到汽车的功能和性能的差别上,功能和性能的差异可通过功能、性能对汽车价格的影响进行估算(量化调整值=结构性能差异值×成新率)。

(2) 销售时间的差异与量化。在选择参照车辆时,应尽可能选择评估基准日的成交案例,以免去销售时间差异的量化;若参照车辆的交易时间在评估基准日之前,可采用价格指数法将销售时间差异量化并调整。

(3) 新旧程度的差异及量化。被评估二手车与参照车辆在新旧程度上存在一定的差异,要求评估人员能够对二者做出基本判断,取得被评估二手车和参照车辆成新率后,以参照车辆的价格乘以被评估二手车与参照车辆成新率之差,即可得到两者新旧程度的差异量[新旧程度差异量=参照车辆价格×(被评估二手车成新率-参照车辆成新率)]。

(4) 付款方式的差异及量化。在二手车交易中,绝大多数为现款交易,在一些经济较活跃的地区已出现二手车的银行按揭销售。银行按揭的二手车与一次性付款的二手车价格差异由两部分组成：一部分是银行的贷款利息，贷款利息按贷款年限确定；另一部分是汽车按揭保险费，各保险公司的汽车按揭保险费率不完全相同，会有一些差异。

4. 做出评估结论

以参照物的成交价格作为评定估算评估对象价值的基础，在这个基础上将已经量化的参照物与评估对象对比指标差异进行调增或调减，就可以得到以每个参照物为基础的评估对象的初步评估结果。评估人员对若干评估初步结果进行综合分析，以确定最终的评估值（可根据比较分析选取其中一个，也可采用加权平均或算术平均值）。

根据现行市价法计算车辆评估值，做出结论。

项目	评估二手车价值		
任务	现行市价法确定二手车价格	姓名	
班级	组号	日期	
任务目的	1. 对二手车技术状况进行检查。 2. 采用现行市价法评估二手车价值。		
任务描述	按照课程安排，通过情景模拟，教师提供待鉴定评估车辆、参考资料、视频资料等教学资源，在教师指导下完成用现行市价法确定二手车价格这一教学任务。请各组对教师提供车辆进行技术状况检查，运用现行市价法评估车辆价值。		
任务要求	通过教师的引导、自学和查找资料等方式，按照工作过程的完整性和连贯性（资讯—决策—计划—实施—检查）评估要求，逐步养成就业岗位的隐性工作方法，最终以小组协作形式完成二手车价值评估。		
资讯	某评估人员在用现行市价法对某捷达轿车进行价值评估时，收集了两辆参照车辆的技术经济参数，请运用现行市价法对该车进行评估，该车及参照车辆的技术经济参数见下表。 {{TABLE}}		

其中资讯表格：

序号	技术经济参数	参照车辆 I	参照车辆 II	待评估车辆
1	车型	捷达 FV6160CL	捷达 FV6160CIX	捷达 FV6160GIX
2	销售条件	公开市场	公开市场	公开市场
3	行驶里程	12 万千米	15 万千米	13 万千米
4	上牌时间	2004 年 6 月	2004 年 2 月	2005 年 3 月
5	技术状况	良好	良好	良好
6	交易地点	南京	南京	南京
7	付款方式	现金	现金	现金
8	交易时间	2008 年 4 月	2009 年 10 月	2010 年 2 月
9	成新率	53%	48%	50%
10	规定使用年限	15 年	15 年	15 年
11	物价指数	1	1.03	1.03
12	交易价格	5 万元	5.5 万元	待评估

（续表）

序号	个人职责（任务）	负责人
1		
2		
3		
4		
5		
6		

决策

　　每6人一组，每组选出一名组长，组长对小组任务进行分配，组员按组长要求完成相关任务内容。

制定计划

根据任务内容制定任务计划，并反复修改、讨论工作方案。

任务实施

　　各小组成员按照制定的工作计划查阅相关资料，制定采用现行市价法评估二手车价值方法的工作计划，并实施。

1. 检查待评估车辆技术状况，并进行量化

2. 选取参照物

3. 分析类比

4. 计算评估

检查评估

成果展示，小组自评与互评，并讨论、总结、反思学习过程中的不足，撰写工作报告并交流。

任务四　收益现值法确定二手车价格

　　收益现值法（扫码见视频5-6）是将被评估的车辆在剩余寿命期内预期收益用适用的折现率折现为评估基准日的现值，并以此确定评估价格的一种方法。

　　当汽车作为生产资料而非消费资料时，即营业性汽车评估时，时常会考虑汽车的使用收益问题。采用收益现值法对二手车辆进行评估所确定的价格，是指为获得该机动车辆以取得预期收益的权利所支付的货币总额。

一、收益现值法的基本原理

　　收益现值法是基于这样的假设，即人们之所以购买某辆二手车，主要是考虑这辆车能为自己带来一定的收益。任何一个理智的投资者在决定投资购买这辆二手车时，他所愿意支付的货币金额不会高于评估时求得的该车未来预期收益的折现值。

二、收益现值法的应用前提

　　收益现值法的应用基于以下几个前提：

（1）被评估二手车必须是经营性车辆，且具有继续经营和获利的能力。

（2）继续经营的预期收益可以预测而且必须能够用货币金额来表示。

（3）二手车购买者获得预期收益所承担的风险可以预测，并可以用货币衡量。

（4）被评估二手车预期获利年限可以预测。

由以上应用的前提条件可见，运用收益现值法进行评估时，是以车辆投入使用后连续获利为基础的。在机动车的交易中，人们购买的目的往往不是在于车辆本身，而是车辆获利的能力。因此，收益现值法更适用于投资营运的车辆。

三、收益现值法的计算方法

（一）计算公式

收益现值法评估值的计算，实际上就是对被评估车辆未来预期收益进行折现的过程。被评估车辆的评估值等于剩余寿命期内各期的收益现值之和，其基本计算公式为

$$
\begin{aligned}
P &= \sum_{t=1}^{n} \frac{A_t}{(1+i)^t} \\
&= \frac{A_1}{(1+i)^1} + \frac{A_2}{(1+i)^2} + \cdots + \frac{A_n}{(1+i)^n}
\end{aligned}
\tag{5-22}
$$

当 $A_1 = A_2 = \cdots = A_n = A$ 时，即 t 从 1 到 n 未来收益分别相同为 A 时，则有

$$
\begin{aligned}
P &= A \cdot \left[\frac{1}{1+i} + \frac{1}{(1+i)^2} + \cdots + \frac{1}{(1+i)^n} \right] \\
&= A \cdot \frac{(1+i)^n - 1}{i \cdot (1+i)^n}
\end{aligned}
\tag{5-23}
$$

式中：P——评估值；

A_t——未来第 t 个收益期的预期收益额，收益期有限时（机动车的收益期是有限的），A_t 中还包括车辆的残值，一般估算时残值忽略不计；

n——收益年期（剩余经济寿命的年限）；

i——折现期；

t——收益期（一般以年计）。

其中 $\frac{1}{(1+i)^t}$ 称为现值系数，$\frac{(1+i)^n - 1}{i \cdot (1+i)^n}$ 为年金现值系数。

（二）收益现值法各评估参数的确定

1. 收益年期 n 的确定

收益年期（即二手车剩余使用寿命的年限）指从评估基准日到二手车报废的年限。各类营运车辆的报废年限在国家《汽车报废标准》中都有具体规定。如果剩余使用寿命期估算得过长，则计算的收益期就多，车辆的评估价格就高；反之，则会低估价格。因此，必须根据二手车的实际状况对其收益年期做出正确的评定。

2. 预期收益额 A 的确定

运用收益现值法时，未来每年收益额的确定是关键。预期收益额是指被评估二手车在其剩余使用寿命期内的使用过程中，可能带来的年纯收益额。确定车辆预期收益额时应注

意以下两点:

(1)预期收益额时通过预测分析获得的。对于买卖双方来说,判断车辆是否有价值,应判断该车辆是否能带来收益。对车辆收益能力的判断,不仅要看现在的情形,更重要的是关注未来的经营风险。

(2)收益额的构成。以企业为例,目前有几种观点:① 企业税后利润;② 企业税后利润与提取折旧额之和扣除投资额;③ 利润总额。在二手车评估业务中建议选择第一种观点,目的是准确反映预期收益额。其计算公式为

$$收益额=税前收入-应交所得税=税前收入×(1-所得税率) \qquad (5-24)$$

$$税前收入=一年的毛收入-车辆使用的各种税费和人员劳务费等 \qquad (5-25)$$

3. 折现率 i 的确定

折现率是指将未来预期收益额折算成现值的比率。从本质上讲,折现率是一种期望投资报酬率,是投资者在投资风险一定的情况下,对投资所期望的回报率。折现率由无风险报酬率和风险报酬率两部分组成,即

$$折现率(i) = 无风险报酬率 + 风险报酬率 \qquad (5-26)$$

无风险报酬率一般是指期间国库券利率,它实际上是一种无风险收益率。风险报酬率是指超过无风险收益率以上部分的投资回报率。在资产评估中,因资产的行业分布、种类、市场条件等的不同,其折现率亦不相同。因此,在利用收益法对二手车鉴定评估选择折现率时,应该进行本企业、本行业历年收益率指标的对比分析,以尽可能准确地估测二手车的折现率。但是,最后确定的折现率应该起码不低于国家债券或银行存款的利率。

四、收益现值法的优缺点

1. 优点

(1)与技术资料决策相结合,容易被交易双方接受。

(2)能真实和较准确地反映车辆本金化的价格。

2. 缺点

(1)预期收益额和折现率以及风险报酬率的预测难度大。

(2)受较强的主观判断和未来不可预见因素的影响较大。

例5-19 某企业拟将一辆金杯10座旅行车转让,某个体商户准备将该车用于载客营运,按国家汽车报废标准的规定,该车辆剩余使用年限为4年,通过对该地区载客营运市场的分析和预测,得出未来4年内各年预期收益的数据如下:

年份	收益额/元	折现率/%	折现系数	收益折现额/元
第一年	10 000	8	0.925 9	9 259
第二年	8 000	8	0.857 3	6 854
第三年	7 000	8	0.793 8	5 557
第四年	6 000	8	0.735 0	4 410

解:由式(5-22)可得到该车评估值为:

评估值＝9 259＋6 854＋5 557＋4 410＝26 080 元。

例 5－20　某出租车行拟购置一辆桑塔纳普通轿车作为出租车经营使用,该车各项数据及情况如下:

(1) 评估基准日:2019 年 12 月 15 日。

(2) 初次登记日期:2015 年 12 月。

(3) 技术状况正常。

(4) 每年营运天数:350 天。

(5) 每天毛收入:500 元。

(6) 日营业所得税:50 元。

(7) 每天燃油、润滑油费:120 元。

(8) 每年日常维修保养费:6 000 元。

(9) 每年保险及各项规费:12 000 元。

(10) 营运证使用费:18 000 元。

(11) 两名驾驶员的工资及保险费:60 000 元。

用收益现值法求评估值是多少?

解:预期年收入:350×500＝175 000(元)

预计年各项支出:税费为 350×50＝17 500(元)

油费为 350×120＝42 000(元)

维修、保养费为 6 000 元

保险及规费为 12 000 元

营运证使用费为 18 000 元

驾驶员工资、保险费为 60 000 元

支出合计＝175 00＋42 000＋6 000＋12 000＋18 000＋60 000＝155 500(元)

年收入＝175 000－155 500＝19 500(元)

根据当时银行储蓄和贷款利率、债券、行业收益等情况,确定资金预期收益率为 10%,风险报酬率为 5%,折现率为资金预期收益率与风险报酬率之和,即 $i=15\%$。已使用年限为 4 年,出租车的规定使用年限是 8 年,故未来可使用的年限 $n=4$,假定每年的年收益相同,即 $A=19\,500$ 元＝1.95 万元,评估值为

$$P = A \times \frac{(1+i)^n - 1}{i \cdot (1+i)^n} = 1.95 \times \frac{(1+0.15)^4 - 1}{0.15 \times (1+0.15)^4} = 5.57(万元)$$

例 5－21　某人拟购置一台普通桑塔纳车用作个体出租车经营使用,经调查得到以下各数据和情况:车辆登记日期是 2018 年 4 月,已行驶公里数 5.3 万千米,目前车况良好,能正常运行。如用于出租使用,全年可出勤 300 天,每天平均毛收入 450 元。评估基准日是 2021 年 4 月。试用收益现值法估算该车的价值。

解:从车辆登记之日起至评估基准日止,车辆投入运行已 3 年。根据行驶公里数和车辆外观和发动机等技术状况来看,该车辆原投入出租营运,还算正常使用、维护之列。根据国家有关规定和车辆状况,车辆剩余使用寿命为 5 年。

预期收益额的确定思路是:将一年的毛收入减去车辆使用的各种税和费用,包括驾驶人

员的劳务费等,以计算其税后纯利润。

根据目前银行储蓄年利率、国家债券、行业收益等情况,确定资金预期收益率为15%,风险报酬率5%,具体计算步骤如下:

预期年收入:450×300＝135 000(元)

预计年支出:每天耗油量75元,年耗油量为75×300＝22 500(元)

日常维修费12 000元

平均大修费用8 000元

牌照、保险、养路费及各种规费、杂费30 000元

人员劳务费15 000元

出租车标付费6 000元

年收入:135 000－22 500－12 000－8 000－30 000－15 000－6 000＝41 500(元)

按个人所得税条例规定年收入为3万~5万元,应缴纳所得税率为30%。

故车辆的年纯收益额为:41 500×(1－30%)＝29 000(元)

确定车辆的折现率。该车剩余使用寿命为5年,预计资金收益率为15%,再加上风险率5%,故折现率为20%。

计算车辆的评估值。假设每年的纯收入相同,则由公式(5-23)可求得收益现值,即评估值:

$$P = A \times \frac{(1+i)^n - 1}{i \cdot (1+i)^n} = 29\,000 \times \frac{(1+0.2)^5 - 1}{0.2 \times (1+0.2)^5} = 8.67(万元)$$

一、任务目标与要求

1. 小组成员分工协作,利用网络、图书馆资料,依据任务工单分析制定工作计划,并通过小组自评或互评检查工作计划。

2. 登记二手车基本信息,对现实技术状况进行检查,确定其成新率,运用收益现值法计算二手车评估值。

二、准备工作

1. 小组接受工作任务,组长带领组内成员阅读任务工单,查阅相关资料,合理分工,制定任务计划,并检查计划有效性。

2. 准备试验场地、试验车辆、试验器材。

三、实施指导

由教师为学生提供一辆二手车,车型不限,要求学生在规定时间内,完成车辆技术状况检查,并运用收益现值法评估车辆价值。

1. 收集资料

收集并验证与评估对象未来预期收益有关的数据资料,包括营运车辆的经营行情、经营前景、营运车辆的消费结构以及经营风险等。

2. 了解评估对象技术情况

充分了解被评估车辆的技术状况,对车辆进行静态检查、动态检查。

3. 预测预期收益、确定折现率

根据所了解的营运车辆经营行情、经营前景、消费结构以及经营风险等预测预期收益,了解行业投资报酬率和风险率,要选用国家权威部门发布的数据,确定合适的折现率。

4. 计算评估值

根据收益现值法计算车辆评估值。

5. 分析确定评估结果

根据计算结果,进行综合分析,最终确定车辆评估值。

项目	评估二手车价值		
任务	收益现值法确定二手车价格	姓名	
班级		组号	日期
任务目的	1. 对二手车技术状况进行检查。 2. 采用收益现值法评估二手车价值。		
任务描述	按照课程安排,通过情景模拟,教师提供待鉴定评估车辆,参考资料、视频资料等教学资源,在教师指导下完成用收益现值法确定二手车价格这一教学任务。请各组对教师提供车辆进行技术状况检查,运用收益现值法评估车辆价值。		
任务要求	通过教师的引导、自学和查找资料等方式,按照工作过程的完整性和连贯性(资讯—决策—计划—实施—检查)评估要求,逐步养成就业岗位的隐性工作方法,最终以小组协作形式完成二手车价值评估。		
资讯	现有一待评估车辆,基本情况如下,请用收益现值法评估该车价值。 　某人预购一辆桑塔纳普通型出租车,作为个体出租车经营使用,该车各项数据和情况如下:		

出租车基本数据和情况

1. 评估基准日	2014 年 12 月 15 日
2. 初次登记年月	2010 年 12 月
3. 技术状况	正常
4. 每年营运天数	350 天
5. 每天毛收入	500 元
6. 日营业所得税	50 元
7. 每天燃油费用	120 元
8. 每年日常维修、保养费	6 000 元
9. 每年保险及各项规费	12 000 元
10. 营运证使用费	18 000 元
11. 两名驾驶人劳务、保险费	60 000 元

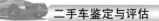

（续表）

决策	每6人一组,每组选出一名组长,组长对小组任务进行分配,组员按组长要求完成相关任务内容。		
	序号	个人职责(任务)	负责人
	1		
	2		
	3		
	4		
	5		
	6		
制定计划	根据任务内容制定任务计划,并反复修改、讨论工作方案。		
任务实施	各小组成员按照制定的工作计划查阅相关资料,制定采用收益现值法评估二手车价值方法的工作计划,并实施。 1. 了解行业收益,预计车辆投入使用后收益 2. 查阅资料,选择合适的折现率 3. 计算评估		
检查评估	成果展示,小组自评与互评,并讨论、总结、反思学习过程中的不足,撰写工作报告并交流。		

任务五　清算价格法确定二手车价格

清算价格法(扫码见视频5-7)是指企业由于破产或其他原因,要求在一定的期限内将车辆变现,在企业清算之日预期出卖车辆可收回的快速变现价格。

一、清算价格法基本原理

清算价格法在原理上基本与现行市价法相同,所不同的是迫于停业或破产,清算价格往往大大低于现行市场价格。这是由于企业被迫停业或破产,急于将车辆拍卖、出售。

二、清算价格法的应用前提

清算价格法适用于企业破产、抵押、停业清理时要售出的车辆。

1. 企业破产

当企业或个人因经营不善造成的严重亏损不能清偿到期债务时,企业应依法宣告破产,法院以其全部财产依法清偿其所欠的债务,不足部分不再清偿。

2. 抵押

抵押是以所有者资产作抵押物进行融资的一种经济行为,是合同当事人一方用自己特定的财产向对方保证履行合同义务的担保形式。提供财产的一方为抵押人,接受抵押财产的一方为抵押权人。抵押人不履行合同时,抵押权人有权利将抵押财产在法律允许的范围内变卖,从变卖抵押物价款中优先受偿。

3. 停业清理

停业清理是指企业由于经营不善导致严重亏损,已临近破产的边缘或因其他原因将无法继续经营下去,为弄清企业财物现状,对全部财产进行清点、整理和查核,为经营决策(破产清算或继续经营)提供依据,以及因资产损毁、报废而进行清理、拆除等的经济行为。

在以上三种经济行为中,若有机动车辆进行评估,可用清算价格为标准进行。

以清算价格法评估车辆价格的前提条件有以下三点:

(1) 以具有法律效力的破产处理文件或抵押合同及其他有效文件为依据;

(2) 车辆在市场上可以快速出售变现;

(3) 所卖收入足以补偿因出售车辆导致的附加支出总额。

三、决定清算价格的主要因素

在二手车评估中,决定清算价格的有以下几种主要因素:

1. 破产形式

如果企业丧失车辆处置权,出售的一方无讨价还价的可能,那么以买方出价决定车辆售价;如果企业未丧失处置权,出售车辆一方尚有讨价还价余地,那么以双方议价决定售价。

2. 债权人处置车辆的方式

按抵押时的合同契约规定执行,如公开拍卖或收回已有。

3. 清理费用

在破产等评估车辆价格时,应对清理费用及其他费用给予充分的考虑。

4. 拍卖时限

一般来说,拍卖时限长,售价会略高,反之略低。这是快速变现原则的作用所决定的。

5. 公平市价

公平市价指车辆交易成交双方都满意的价格。在清算价格中,卖方满意的价格一般不易求得。

6. 参照物价格

在市场上出售相同或类似车辆的价格。一般来说,市场参照物价格高,车辆出售的价格就会高,反之则低。

四、清算价格法的计算方法

清算价格法的计算方法主要有以下三种:

1. 现行市价折扣法

现行市价折扣法指对清理车辆,首先在二手车市场上寻找一个相适应的参照物,然后根据快速变现原则估定一个折扣率并据以确定其清算价格。

例如:经调查,使用年限、行驶里程、新旧程度和其他技术状况大致相当的一辆捷达轿车在二手车市场上的成交价为 5 万元,根据销售情况调查,折价 10% 可以当即出售,则该车辆清算价格为 5×(1−10%)＝4.5 万元。

2. 模拟拍卖法(也称意向询价法)

这种方法是根据向被评估车辆的潜在购买者询价的办法取得市场信息,最后经评估人员分析确定其清算价格的一种方法。用这种方法确定的清算价格受供需关系影响很大,要充分考虑其影响的程度,适用于常见车型。

例如,一辆旧捷达普通型轿车,拟评估其清算价格,评估人员经过对 5 个有购买意向的经纪人询价,其价格分别为 4.6 万元、4.7 万元、4.8 万元、4.9 万元和 4.7 万元,其价格差异不大,评估人员确定清算价格为 4.7 万元。

又如,有广州本田雅阁轿车一辆,拟评估其清算价格,评估人员经过对 5 个意向客户的征询,其估价分别为 8 万元、9 万元、10 万元、8.5 万元和 9.5 万元,其价格差异较大,评估人员不能以此来确定清算价格。综合考虑各种因素,评估人员确定清算价格为 8.8 万元。

3. 竞价法

竞价法通常由法院或其他执法机构,按照法定程序或由卖方根据评估结果提出一个拍卖底价,在公开市场上由买方竞价,谁出的价格高就卖给谁。现在我国许多地方对国有资产中的汽车转让均采取这种方法。

例 5－22 某法院将在近期内出售一辆扣押的国产丰田普拉多 4.0AT－GX 豪华型,至评估基准日该车已经使用了 3 年 6 个月,车况与新旧程度相符,试评估该车的清算价格。

解: (1)根据题目已知条件,采用重置成本法确定清算价格。

(2)求已使用年限和规定使用年限。该车已使用 3 年 6 个月,规定使用年限为 15 年。

(3)确定车辆成新率。被评估车辆技术状况与其新旧程度相符,决定采用使用年限法确定其成新率,被评估车辆成新率 C_n 为

$$C_n = \left(1 - \frac{Y}{G}\right) \times 100\% = \left(1 - \frac{42}{180}\right) \times 100\% = 77\%$$

(4)确定车辆的重置成本全价。根据调查,全新的同型车目前售价为 47 万。根据相关规定,购置此型车时,要缴纳 10% 的车辆购置税,故被评估车辆的重置成本全价为

$$B = 470\,000 \times (1 + 10\%) = 517\,000 \text{ 元}$$

(5)确定被评估车辆在公平市场条件下的评估值。根据调查了解,被评估车辆的功能性损耗及经济性损耗均很小,可忽略不计,故在公平市场条件下,该车的评估值为

$$P = BC = 517\,000 \times 77\% = 398\,090 \text{ 元}$$

(6)确定折扣率。根据市场调查,折扣率取 80% 时,可在清算日内出售车辆,故确定折扣率为 80%。

（7）确定被评估车辆的清算价格为

车辆的清算价格＝398 090×80％＝318 472 元。

任务实施

一、任务目标与要求

1. 小组成员分工协作,利用网络、图书馆资料,依据任务工单分析制定工作计划,并通过小组自评或互评检查工作计划。

2. 登记二手车基本信息,对现实技术状况进行检查,确定其成新率,运用清算价格法计算二手车评估值。

二、准备工作

1. 小组接受工作任务,组长带领组内成员阅读任务工单,查阅相关资料,合理分工,制定任务计划,并检查计划有效性。

2. 准备试验场地、试验车辆、试验器材。

三、实施指导

由教师为学生提供一辆二手车,车型不限,要求学生在规定时间内,完成车辆技术状况检查,并运用清算价格法评估车辆价值。

1. 用其他方式确定评估底价

采用清算价格法时,一般采用市场比较法、重置成本法和收益现值法或综合运用几种方法的组合来确定被评估车辆的评估底价。

如采用重置成本法确定被评估车辆价格基数的方法是:先确定重置成本,再计算成新率,最后确定评估值,即被评估车辆的评估底价。

2. 根据相关因素确定折扣率(或快速变现系数)

影响折扣率(或快速变现系数)大小的因素有:

（1）被评估标的车辆市场接受程度是通用车型还是专用车型,例如运钞车就比一般的小客车难以变现。

（2）要综合考虑车辆的欠费情况,欠费较多的车辆只能变换用途拆零出售,价格相对较低。

（3）拍卖时限。变现时间的长短影响快速变现系数。变现时间越短,折扣率(或快速变现系数)就越低。

3. 确定清算价格

根据选取的折扣率,计算车辆清算价格。

项目	评估二手车价值		
任务	清算价格法确定二手车价格	姓名	
班级		组号	日期	

任务目的	1. 对二手车技术状况进行检查。 2. 采用清算价格法评估二手车价值。
任务描述	按照课程安排,通过情景模拟,教师提供待鉴定评估车辆、参考资料、视频资料等教学资源,在教师指导下完成用清算价格法确定二手车价格这一教学任务。请各组对教师提供车辆进行技术状况检查,运用清算价格法评估车辆价值。
任务要求	通过教师的引导、自学和查找资料等方式,按照工作过程的完整性和连贯性(资讯—决策—计划—实施—检查)评估要求,逐步养成就业岗位的隐性工作方法,最终以小组协作形式完成二手车价值评估。
资讯	现法院处理一辆抵押车辆,基本情况如下,请用清算价格法评估该车价值。 品牌:长安福特福克斯　　　　　　　型号:SGM7165MTB 车辆类型:轿车　　　　　　　　　　国产/进口:国产 制造厂名称:长安福特　　　　　　　车身颜色:白 燃油种类:汽油　　　　　　　　　　排量/功率:1.6 L 初次登记日期:2015 年 8 月 20 日　评估基准日:2018 年 7 月 行驶里程:67 000 km 手续、规费情况:行驶证、登记证书、购车发票、车辆保险、购置税等手续齐全。 配置:手动空调、真皮座椅、导航、天窗、电动车窗、中控门锁。 静态检查:登记证书 VIN、发动机号与原车一致;绕车一周,车身四周漆面色彩一致,没有补漆现象;车门开启、关闭正常;各仪表正常工作;轮胎正常磨损;打开发动机舱盖,大梁及发动机舱盖没有发现事故痕迹;机油尺正常;大梁及各部件完好;行李箱整洁;备胎没有落地;工具齐全。 动态检查:起动车辆,发动机无杂音、运转平稳;冷却液温度正常,加速灵敏,制动稳定,变速器工作顺畅。
决策	每 6 人一组,每组选出一名组长,组长对小组任务进行分配,组员按组长要求完成相关任务内容。

序号	个人职责(任务)	负责人
1		
2		
3		
4		
5		
6		

制定计划	根据任务内容制定任务计划,并反复修改、讨论工作方案。

（续表）

任务实施	各小组成员按照制定的工作计划查阅相关资料,制定采用清算价格法评估二手车价值方法的工作计划,并实施。 1. 检查待评估车辆技术状况,并进行量化 2. 计算该车成新率 3. 确定折扣率 4. 确定车辆清算价格
检查评估	成果展示,小组自评与互评,并讨论、总结、反思学习过程中的不足,撰写工作报告并交流。

任务六　二手车价格评估方法的比较和应用

一、评估方法的区别与联系

1. 重置成本法与收益现值法

重置成本法与收益现值法的区别在于:前者是历史过程,后者是预期过程。重置成本法比较侧重对车辆过去使用状况的分析。尽管重置成本法中的更新重置成本是现时价格,但重置成本法中的其他许多因素都是基于对历史的分析,再加上对现时的比较后得出结论。如有形损耗就是基于被评估车辆的已使用年限和使用强度等来确定的。由此可见,如果没有对被评估车辆的历史判断和记录,那么运用重置成本法评估车辆的价值是不可能的。

与重置成本法相比,收益现值法的评估要素完全是基于对未来的分析。收益现值法不必考虑被评估车辆过去的情况怎样,也就是说,收益现值法从不把被评估车辆已使用年限和使用程度作为评估基础。收益现值法所考虑和侧重的是被评估对象未来能给予投资者带来多少收益。预期收益的测定是收益现值法的基础。一般而言,预期收益越大,车辆的价值越大。

2. 重置成本法与现行市价法

理论上讲,重置成本法也是一种比较方法。它是将被评估车辆与全新车辆进行比较的过程,而且,这里的比较更侧重于性能方面。比如,评估一辆二手车时,首先要考虑重新购置一台全新的车辆时需花多少成本,同时还需进一步考虑二手车的陈旧状况和功能、技术情况。只有当这一系列因素充分考虑周到后,才可能给二手车定价。而上述过程都涉及与全新车辆的比较,没有比较就无法确定二手车的价格。

与重置成本法相比,现行市价法的出发点更多地表现在价格上。由于现行市价法比较重视价格分析,因此,对现行市价法的运用便十分强调市场化程度。如果市场很活跃,参照物很容易取得,那么运用现行市价法所取得的结论就会更可靠。现行市价法的这种比较性,相对于重置成本法而言,其条件更为广泛。

运用重置成本法时,也许只需有一个或几个类似的参照物即可。但运用现行市价法时,必须有更多的市场数据。如果只取某一数据做比较,那么现行市价法所做的结论将肯定受到怀疑。

3. 收益现值法与现行市价法

如果说收益现值法与现行市价法存在某种联系,那么这一联系就是现行市价法与收益现值法的结合。通过把现行市价法和收益现值法结合起来评估车辆的价值,在市场发达国家应用得相当普遍。

从评估观点看,收益现值法中任何参数的确定都具有人的主观性。因为预期收益、折现率等都是不可知的参数,也容易引起争议。但这些参数在运用收益现值法评估车辆价值时必须明确,否则收益现值法就不能使用。然而,一旦从估计的角度上来考虑收益现值法中的参数,这就会涉及估计的依据问题。对这样的问题,在市场发达的地方,解决的方式便是寻求参照物。通过选择参照物,进一步计量其收益折现率及预期年限,然后将这些参照物数据比较有效地运用到被评估车辆上,以确定车辆的价值。

把收益现值法和现行市价法结合起来使用,其目的在于降低评估过程中的人为因素,更好地反映客观实际,从而使车辆的评估更能体现市场观点。

4. 清算价格法与现行市价法

清算价格法与现行市价法都是基于现行市场价格确定车辆价格的方法。所不同的是,利用现行市价法确定的车辆价格,如果被出售者接受,而不被购买者接受,出售者有权拒绝交易。但利用清算价格法确定的清算价格,若不能被买方接受,清算价格就失去意义。这就使得利用清算价格进行的评估完全是一种站在购买方立场上的评估,在某种程度上,这可以被认为是一种取悦于购买方的评估。

二、评估方法的选用

1. 重置成本法的适用范围

重置成本法是汽车评估中一种常用方法,对在用车辆,可直接运用重置成本法进行评估,无须做较大的调整。目前,我国二手车交易市场尚需进一步规范和完善,运用现行市价法和收益现值法的客观条件受到一定的制约;而清算价格法仅在特定的条件下才能使用。因此,重置成本法在汽车评估中得到了广泛的应用。

2. 收益现值法的适用范围

汽车的评估多数情况下采用重置成本法,但在某些情况下,也可运用收益现值法。运用收益现值法进行汽车评估的前提是被评估车辆具有独立的、能连续用货币计量的可预期收益。由于在车辆的交易中,人们购买的目的往往不在于车辆本身,而是车辆的获利能力。因此,该方法较适于从事营运的车辆。

3. 现行市价法的适用范围

现行市价法的运用首先必须以市场为前提,它是借助参照物的市场成交价或变现价运作的(该参照物与被评估车辆相同或相似)。因此,一个发达活跃的车辆交易市场是现行市价法得以广泛运用的前提。

此外,现行市价法的运用还必须以可比性为前提。运用该方法评估车辆市场价值的合理性与公允性,在很大程度上取决于所选取的参照物的可比性如何。

可比性包括两方面内容:

(1)被评估车辆与参照物之间在规格、型号、用途、性能、新旧程度等方面应具有可比性。

(2)参照物的交易情况(如交易目的、交易条件、交易数量、交易时间、交易结算方式等)与被评估车辆将要发生的情况具有可比性。

以上所述的市场前提和可比前提,既是运用现行市价法进行汽车评估的前提条件,同时也是对运用现行市价法进行二手车评估的范围界定。对于车辆的买卖,以车辆作为投资参股、合作经营,均适用现行市价法。

4. 清算价格法的适用范围

清算价格法适用于企业破产、抵押、停业清理时要售出的车辆。这类车辆必须同时满足以下三个条件,方可利用清算价格进行出售:

(1)具有法律效力的破产处理文件、抵押合同及其他有效文件为依据。

(2)车辆在市场上可以快速出售变现。

(3)清算价格足以补偿因出售车辆所付出的附加支出总额。

项目小结

1. 二手车六种成新率的计算方法及应用范围。成新率是反映二手车新旧程度的指标。二手车成新率是表示二手车的功能或使用价值占全新机动车的功能或使用价值的比率,也可以理解为二手车的现时状态与机动车全新状态的比率。常用的成新率的计算方法有使用年限法、行驶里程法、整车观测法、部件鉴定法、综合分析法和综合成新率法。

2. 重置成本法是目前二手车评估中应用最广泛的评估方法,有两种计算方法:一是利用重置成本和各个贬值计算,二是利用重置成本和成新率进行评估值的计算。

3. 现行市价法的应用有两个前提:一是要有一个活跃的二手车交易市场,有充分的参照物可取;二是参照物及其与被评估车辆资料可收集并可以量化。现行市价法的计算方法有直接法和类比法,当参照物和被评估车辆完全相同时使用直接法进行计算,除此之外,要使用类比法计算。

4. 收益现值法是将被评估的车辆在剩余寿命期内预期收益用适用的折现率折现为评估基准日的现值,并以此确定评估价格的一种方法。使用收益现值法时各个评估参数的确定是比较重要的,包括剩余经济寿命、预期收益额和折现率的确定。运用收益现值法计算被评估车辆的评估值等于剩余寿命期内各期的收益现值之和。

5. 清算价格法主要用于企业破产、抵押、停业清理时要售出的车辆。用清算价格法计算车辆评估值的方法主要有现行市价折扣法、模拟拍卖法和竞价法。

 课后习题

一、单项选择题

1. 汽车的经济使用寿命的量标——规定使用年限是汽车从投入运行到报废的年数,没有考虑(　　)。

A. 使用条件和使用强度　　　　　　　B. 使用状况

C. 运行时间　　　　　　　　　　　　D. 闲置时间的自然损耗

2. 营运一年的1.6 L伊兰特出租车,交易后转为私人生活用车,按照国家有关法规,其规定使用年限尚余(　　)。

A. 10 年　　　　　B. 7 年　　　　　C. 14 年　　　　　D. 8 年

3. 采用重置成本法评估二手车时,一般使用的是(　　)。

A. 折旧成本　　　　　　　　　　　　B. 更新重置成本

C. 复原重置成本　　　　　　　　　　D. 税后成本

4. 用综合分析法来确定成新率时,综合调整系数取值应考虑如下五项影响因素(　　)。

A. 技术状况、维护保养、制造质量、工作性质、安全条件

B. 技术状况、维护保养、制造质量、实体性贬值、工作条件

C. 技术状况、维护保养、排放水平、工作性质、工作条件

D. 技术状况、维护保养、制造质量、工作性质、工作条件

5. 在现行市价法评估二手车时,参照物的价格应为(　　)。

A. 新车的报价　　　　　　　　　　　B. 预测的车价

C. 新车的现行市价　　　　　　　　　D. 二手车市场的现行市价

6. 二手车鉴定评估采用哪一种评估方法,取决于(　　)。

A. 鉴定评估的目的　　　　　　　　　B. 被评估的车辆

C. 评估师　　　　　　　　　　　　　D. 卖主

7. 车辆不能继续使用,只能按拆件处理时,应用(　　)方法评估其价值。

A. 重置成本　　　B. 收益现值　　　C. 现行市价　　　D. 清算价格

8. 对于现行市价法中,关于二手车交易的可比性叙述,(　　)不正确。

A. 参照的二手车在近期市场上交易过

B. 参照的二手车型号及使用年限相同

C. 与参照的二手车比较的指标、技术参数资料可收集

D. 价值影响因素明确,可以量化

9. 下列(　　)不是现行市价法的特点。

A. 能够较为准确地反映二手车的市场情况

B. 评估结果易于被各方面接受

C. 必须要有成熟、公开、活跃的二手车交易市场为基础

D. 一般情况下,同一厂家、同一型号、同一天登记的车辆,其评估价格应该是一样的

10. 下列( )不是收益现值法的依据三要素。

A. 被评估二手车的预期收益

B. 折现率或资本化率

C. 被评估二手车的预期收益持续时间

D. 具有可比性的二手车市场价格

11. 在二手车原始成本的基础上,通过现行物价指数确定其重置成本的方法称为( )。

A. 重置核算法　　　B. 物价指数法　　　C. 综合分析法　　　D. 技术分析法

12. 下列( )不是物价指数法的特点。

A. 适用于被评估车辆无法找到现时市场价格

B. 必须要有被评估车辆的账面购买原价

C. 其确定的是复原重置成本

D. 在汽车价格变动较快的时期采用此法评估较为准确

13. 用重置成本法与有形损耗率来计算车辆实体性贬值的方法称为( )。

A. 有形损耗法　　　B. 成新率法　　　C. 使用年限法　　　D. 修复费用法

14. 下列对二手车评估方法选择的叙述( )不正确。

A. 同一种评估标准,可以采用不同的评估方法

B. 数据与信息收集制约评估方法

C. 尽量选择简单的方法

D. 尽量选择重置成本法

15. 通过评估得出二手车评估价值的过程中,下列( )基本不予考虑。

A. 二手车的原值　　B. 二手车的净值　　C. 二手车的残值　　D. 二手车的重置全价

16. 对于运用重置成本法进行二手车评估时,其成新率确定方法选择的叙述,( )不正确。

A. 对于重置成本不高的车辆,采用使用年限法

B. 对于重置成本中等的车辆,采用综合分析法

C. 对于重置成本较高的车辆,采用部件鉴定法

D. 以上叙述均不正确

17. 用下列( )评估二手车价值时,主要是从卖者的角度考虑的。

A. 重置成本法　　　B. 收益现值法　　　C. 现行市价法　　　D. 清算价格法

18. 实体性损耗的主要计算依据是( )。

A. 车辆磨损度　　B. 车辆技术状况　　C. 已使用年限　　D. 车辆已使用的里程

19. 如国家提高对汽车排放标准的要求,实施欧Ⅴ排放标准,原来执行欧Ⅳ排放标准的在用车辆就会因此而贬值。这种贬值属于( )。

A. 经济性贬值　　B. 一次性功能贬值　C. 营运性功能贬值　D. 实体性贬值

20. 决定能否使用重置成本法的关键因素是( )。

A. 能否获得二手车交易市场参考价格

B. 能查询到相同车型新车的市场报价

C. 二手车的未来收益可以预测

D. 交易必须是在受迫的条件下进行

21. 在二手车市场上,由于车辆颜色不受欢迎,使车辆的评估值降低,这种贬值是(　　　)。

A. 经济性贬值　　　　　　　　　　B. 实体性贬值

C. 功能性贬值　　　　　　　　　　D. 都不是

二、多项选择题

1. 二手车评估方法有(　　　)。

A. 重置成本法　　　　　　　　　　B. 收益现值法

C. 现行市价法　　　　　　　　　　D. 清算价格法

2. 采用现行市价法评估二手车时,参照物的市场售价来源于(　　　)。

A. 4S店置换价格　　　　　　　　　B. 二手车购买者的购进价格

C. 相关出版物所公布的价格资料　　D. 网上价格资料

3. 与清算价格高低有关的因素有(　　　)。

A. 企业破产形式　　　　　　　　　B. 车辆拍卖时限

C. 车辆现行市价　　　　　　　　　D. 车辆拍卖方式

4. 确定评估基准日的目的是(　　　)。

A. 确定对计价的时间　　　　　　　B. 确定评估机构的工作日程

C. 将动态下的机动车固定到某一时间　D. 确定评估报告的有效期间

5. 构成折现率的因素包括(　　　)。

A. 超额收益率　　　　　　　　　　B. 无风险利率

C. 通货膨胀率　　　　　　　　　　D. 风险报酬率

6. (　　　)是现行市价法的缺点。

A. 需要公开及活跃的二手车市场作为基础

B. 不容易寻找参照车辆

C. 可比因素多而复杂

D. 二手车评估价值存在较大差异

7. 整车观测法观察和检测的技术指标主要包括(　　　)。

A. 二手车的现时技术状态

B. 使用时间及行驶里程

C. 主要故障经历及大修情况

D. 整车外观和完整性

8. 以清算价格法评估车辆价格的前提条件有(　　　)。

A. 以具有法律效力的破产处理文件或抵押合同及其他有效文件为依据

B. 车辆在市场上可以快速出售变现

C. 所卖收入足以补偿因出售车辆的附加支出费用总额

D. 可以查询到现时新车销售价格

9. 利用使用年限法计算得到的成新率能够反映车辆的(　　　)。

A. 时间损耗　　　B. 时间折旧率　　　C. 日常使用强度　　　D. 车况

10. 下列(　　　)应用清算价格评估的具体方法。

A. 重置核算法　　　B. 评估价格折扣法　C. 模拟拍卖法　　　D. 竞价法

三、判断题

1. 现行市价法就是用曾经交易过的参照二手车价格作为被评估车辆的评估价格。
（　　）

2. 收益现值法一般适用于有特定经营权的二手车。（　　）

3. 无风险利率一般指同期国库券利率。（　　）

4. 在运用收益现值法进行二手车评估时,可以认为,二手车的未来收益是逐年减少的。
（　　）

5. 用综合分析法求成新率时,一般调整系数的取值均可大于 1.0。（　　）

6. 实际评估时,对于重置成本很高的车辆,最好采用使用年限法求成新率。（　　）

7. 有效市场的前提条件是提供的信息都是真实可信且参照物在市场上交易是活跃的。
（　　）

8. 在二手车鉴定估价中,通常用得最多的是收益现值法。（　　）

9. 处在抵押登记时段期内的车辆可以进入二手车交易市场。（　　）

10. 即使采用清算价格法评估二手车,但市场参照车辆价格高,车辆出售的价格也会高些。
（　　）

四、简述题

1. 简述成新率的计算方法有哪些? 各自的适用范围?
2. 简述综合分析法中影响二手车成新率的因素有哪些及各自的权重比例。
3. 实际工作中,如何确定二手车的重置成本全价?
4. 什么是收益现值法? 它适用于哪类二手车重置成本的计算?
5. 说明清算价格评估的 3 种方法。

五、计算题

1. 某人欲出售一辆已使用 7 年 6 个月的飞度轿车。该车为家庭用车,常年工作在郊区或市区,工作条件好。维护、保养较好,车身依然光亮如新,没有明显的划痕;发动机动力性较好;新换的离合器和轮胎;制动时稍向右跑偏,其他情况均与车辆新旧程度基本相符。试用综合分析法估算该车的成新率。

2. 某一被评估车辆甲,其出厂时燃油经济性指标为百公里耗油 28 升,平均每年维修费用为 3 万元,以目前新出厂的同型号车辆乙为参照物,乙车出厂时燃油经济性指标为百公里油耗 23 升,平均年维修费为 2 万元,如果甲、乙两车其他方面的营运成本大致相同,被评估车尚可使用 5 年,每年平均出车日为 300 天,每天运行 150 公里,所得税为 33％,适用折现率为 8％,试计算被评估车辆甲的营运性功能损耗。【油价 7 元/升,已知 $(P/A,8\%,5)=3.9927$】

3. 某公司有一辆进口沃尔沃轿车欲出售。根据调查,目前全新的此款车的售价为 60 万元。至评估基准日止,该车已使用了 5 年,累计行驶里程 200 000 km。经现场技术勘察,该车发动机提速不快,排气有冒蓝烟的现象,车身处有补漆痕迹,自动变速器不能升入超速挡,其他车款均与车辆的新旧程度相符,试利用重置成本法估算车辆的价格。

二手车交易过户

扫码可见
项目六视频

1. 完成二手车过户的基本流程及相关手续的办理；

2. 阐释二手车收购与销售的流程、定价方法以及操作技巧；

3. 撰写二手车鉴定评估报告书，要求内容填写完整，培养学生法治意识，使其遵守职业规范；

4. 具有操作收购、翻新、置换、销售二手车业务过程的能力，培养学生工作认真负责的精神并使其具备创业的勇气和能力；

5. 具有掌握二手车价格行情、供求信息的收集渠道和方法的能力，培养公平公正和诚信服务的职业素养。

任务一　撰写二手车鉴定评估报告书

一、二手车鉴定评估报告的概念与内容

1. 二手车鉴定评估报告的概念

二手车鉴定评估报告（扫码见视频 6-1）是指二手车鉴定评估机构按照评估工作制度有关规定，在完成鉴定评估工作后，向委托方和有关方面提交的说明二手车鉴定评估过程和结果的书面报告。它是按照一定格式和内容来反映评估目的、程序、依据、方法、结果等基本情况的报告，还是二手车鉴定评估机构为其所完成的鉴定评估结论承担相应法律责任的证明文件。

2. 二手车鉴定评估报告的作用

二手车鉴定评估报告对委托方来说，具有以下重要作用：

（1）为被委托方的车辆提供作价依据。

（2）作为法庭辩论和裁决时确认财产价格的举证材料。

（3）作为支付评估费用的依据。

（4）二手车鉴定评估报告是反映和体现评估工作情况，明确委托方、受托方及有关方面责任的依据。

二手车鉴定评估报告书对接受委托的鉴定评估机构来说，还具有以下重要作用：

（1）它是评估机构评估成果的体现，是一种动态管理的信息资料，体现了评估机构的工

作情况和工作质量。

（2）它是建立评估档案，归集评估档案资料的重要信息来源。

3. 撰写二手车鉴定评估报告的基本要求

（1）鉴定评估报告必须依照客观、公正、实事求是的原则由二手车鉴定评估机构独立撰写，如实反映鉴定评估的工作情况。

（2）鉴定评估报告应有委托单位（或个人）的名称，二手车鉴定评估机构的名称和印章，二手车鉴定评估机构法人代表或其委托人和二手车评估师的签字，以及提供评估报告的日期。

（3）鉴定评估报告要写明评估基准日，并且不得随意更改。所有在评估过程中采用的税率、费率、利率和其他价格标准，均应采用基准日的标准。

（4）鉴定评估报告中应写明评估目的、范围、二手车状态和产权归属。

（5）鉴定评估报告应说明评估工作遵循的原则和依据的法律法规，简述鉴定评估过程，写明评估方法。

（6）鉴定评估报告应有明确的鉴定估算价值的结果，鉴定结果应有二手车的成新率，应有二手车原值、重置价值、评估价值等。

（7）鉴定评估报告还应有齐全的附件。

4. 二手车鉴定评估报告的基本内容

（1）封面

二手车鉴定评估报告的封面包含以下内容：二手车鉴定评估报告的名称、鉴定评估机构出具鉴定评估报告的编号、二手车鉴定评估机构全称和鉴定评估报告提交日期等。

（2）首部

① 标题。标题应简练清晰，含有"××××（评估项目名称）鉴定评估报告书"字样，位置居中偏上。

② 报告书序号。报告书序号应符合公文的要求，包括评估机构特征字、公文种类特征字、年份、文件序号，如××评报字（2017）第 12 号。

（3）绪言

绪言应写明该评估报告委托方全称、受委托评估事项及评估工作整体情况。一般应采用包含下列内容的表达格式。

"××××（鉴定评估机构）接受××××的委托，根据国家有关资产评估的规定，本着客观、独立、公正、科学的原则，按照公认的资产评估方法，对××××（车辆）进行了鉴定评估。本机构鉴定评估人员按照必要的程序，对委托鉴定评估车辆进行了实地查勘与市场调查，对其在××××年××月××日所表现的市场价值做出了公允反映。现将车辆评估情况及鉴定评估结果报告如下："

（4）委托方与车辆所有方简介

① 写明委托方、委托方联系人的名称、联系电话及住址。

② 车主的名称。

（5）鉴定评估的目的

应写明本次鉴定评估是为了满足委托方的何种需要，及其所对应的经济行为类型。例如，根据委托方的要求，本项目评估目的为

□交易　□转籍　□拍卖　□置换　□抵押　□担保　□咨询　□司法裁决

（6）鉴定评估对象

简要写明评估车辆的厂牌型号、车牌号码、发动机号、车辆识别代码、注册登记日期、年审检验合格有效日期、车辆购置税证号码、车船税缴纳有效期、养路费交至日期。

（7）鉴定评估基准日

写明车辆鉴定评估基准日的具体日期,式样为:鉴定评估基准日是××××年××月××日。

（8）评估原则

严格遵循"客观性、独立性、公正性、科学性"原则。

（9）评估依据

评估依据一般包括行为依据、法律法规依据、产权依据和评定及取价依据等。

① 行为依据

行为依据主要是指二手车鉴定评估委托书、法院的委托书等经济行为文件。

② 法律法规依据

法律法规依据应该包括车辆鉴定评估的有关条款、文件及涉及车辆评估的有关法律、法规等。

③ 产权依据

产权依据是指被评估车辆的机动车登记证书或其他能够证明车辆产权的文件等。

④ 评定及取价依据

评定及取价依据应为鉴定评估机构收集的国家有关部门发布的统计资料和技术标准资料,以及评估机构收集的有关询价资料和参数资料等。

（10）评估方法及计算过程

简要说明评估人员在评估过程中选择并使用的评估方法;简要说明选择评估方法的依据和原因;如评估时采用一种以上的评估方法,应适当说明原因并说明该资产评估价值确定方法;对于所选择的特殊评估方法,应该适当介绍原理与使用范围;各种评估方法计算的主要步骤等。

（11）评估过程

评估过程应该反映二手车鉴定评估机构自接受评估委托起到提交评估报告止的工作过程,包括接受委托、验证、现场勘察、市场调查和询证、评定估算和提交报告等过程。

（12）评估结论

给出被评估车辆的评估价格、金额(小写和大写)。

（13）特别事项说明

评估报告中陈述的特别事项是指在已确定评估结果的前提下,评估人员揭示在评估过程中已发现可能影响评估的结论,但非评估人员执业水平和能力所能评定估算的有关事项;提示评估报告使用者应注意特别事项对评估结论的影响;揭示鉴定评估人员认为需要说明的其他问题。

（14）评估报告法律效力

揭示评估报告的有效日期,特别提示评估基准日后事项对评估结论的影响以及评估报告的使用范围等,常见写法如下:

① 本项评估结论有效期为 90 天,自评估基准日至××××年××月×日。

② 当评估目的在有效期内实现时,本评估结果可以作为作价参考依据;超过 90 天,需要重新评估。另外,在评估报告的有效期内若被评估车辆的市场价格发生变化或因为交通

事故等导致车辆的价值发生变化,对车辆评估结果产生明显影响时,委托方也需要重新委托评估机构重新评估。

③ 鉴定评估报告书的使用权归委托方所有,其评估结论仅供委托方为本项目评估目的使用和送交二手车鉴定评估主管机关审查使用,不适用其他目的;因使用本报告书不当而产生的任何后果与签署本报告书的鉴定评估师无关;未经委托方许可,本鉴定评估机构承诺不将本报告书的内容向他人提供或公开。

(15)鉴定评估报告提出日期

写明评估报告提交委托方的具体时间。评估报告原则上应该在确定的评估基准日后一周内提出。

(16)附件

附件应包括:二手车鉴定评估委托书、二手车鉴定评估作业表、车辆行驶证复印件、车辆购置税证明复印件、车辆登记证书复印件、二手车鉴定评估师资格证书复印件、鉴定评估机构营业执照复印件、鉴定评估机构资质复印件、二手车照片等。

(17)尾部

写明出具评估报告的评估机构名称,并签章;写明评估机构法人代表姓名并签名;注册二手车鉴定评估师盖章并签名,高级鉴定评估师审核签章,注明报告日期。

二、编制二手车鉴定评估报告书的步骤及注意事项

1. 编制二手车鉴定评估报告书的步骤

二手车鉴定评估报告是记述鉴定评估成果的文件,是鉴定评估机构向委托方和二手车鉴定评估管理部门提交的主要成果。因此,要求评估人员编制的报告要思路清晰、文字简练准确、格式规范、有关的取证与调查材料和数据真实可靠。评估人员应按下列步骤进行评估报告的编制。

(1)评估资料的分类整理

被评估二手车的有关背景资料、技术鉴定资料及其他可供参考的数据记录等评估资料是编制二手车鉴定评估报告的基础。

(2)鉴定评估资料的分析讨论

在资料整理工作完成后,应该召集参与评估工作的人员,对评估的情况和初步结论进行分析讨论。如果发现存在提法不妥、计算错误、作价不合理等方面的问题,应进行必要的调整。对于采用两种不同方法评估并得出两个不同结论的,需要在充分讨论的基础上得出一个正确的结论。

(3)鉴定评估报告书的撰写

评估报告的负责人应根据评估资料讨论后的修正意见,进行资料的汇总编排和评估报告的撰写工作;将二手车鉴定评估情况与委托方交换意见,在坚持客观、公正、科学、可行的前提下,认真分析委托方提出的问题和意见,考虑修改完善,撰写出正式的二手车鉴定评估报告。

(4)评估报告的审核

评估报告应该先由项目负责人审核,再报评估机构签发,同时要求鉴定评估人员签字并加盖评估机构公章,送达客户签收。

2. 二手车鉴定评估报告书编制注意事项

（1）实事求是，切忌出具虚假报告。报告书必须建立在真实、客观的基础上，不能脱离实际情况，更不能无中生有。报告拟定人应是参与鉴定评估并全面了解被评估车辆的主要鉴定评估人员。

（2）坚持一致性，切忌出现表里不一。报告的文字、内容要前后一致，正文、评估说明、作业表、鉴定工作底稿、格式甚至数据要相互一致，不能出现相互矛盾的情况。

（3）提交报告书要及时、齐全和保密。在正式完成二手车鉴定评估报告工作后，应按业务约定书的约定时间及时将报告书送交委托方。送交报告书时，报告书及有关文件要送交齐全。

三、典型二手车鉴定评估报告样式

封面（略）

二手车鉴定评估报告书

_____鉴定评估机构评报字（20___年）第____号

一、绪言

_____（鉴定评估机构）接受_____的委托，根据国家有关资产评估的规定，本着客观、独立、公正、科学的原则，按照公认的资产评估方法，对_____（车辆）进行了鉴定评估。本机构鉴定评估人员按照必要的程序，对委托鉴定评估车辆实行了实地查勘与市场调查，并对其在_____年_____月_____日所表现的市场价值做出了公允反映。现将车辆评估情况及鉴定评估结果报告如下：

二、委托方与车辆所有方简介

（一）委托方_____，委托方联系人_____，联系电话：_____

（二）根据机动车行驶证所示，委托车辆车主_____。

三、评估目的

根据委托方的要求，本项目评估目的

□交易 □转籍 □拍卖 □置换 □抵押 □担保 □咨询 □司法裁决

四、评估对象

评估车辆的厂牌型号（　　　　）；号牌号码（　　　　）；发动机号（　　　　）；车辆识别代号/车辆号（　　　　）；登记日期（　　　　）；年审检验合格至_____年____月；交强险（含车船税）交至_____年____月；购置附加税（费）证（　　　　）；商业险（　　　　）。

五、鉴定评估基准日

鉴定评估基准日_____年____月____日。

六、评估原则

严格遵循"客观性、独立性、公正性、科学性"原则。

七、评估依据

（一）行为依据

二手车评估委托书第_____号。

（二）法律、法规依据

1.《国有资产评估管理办法》（国务院令第 91 号）；

2.《摩托车报废标准暂行规定》（国家经贸委等部门令第 33 号）；

3. 原国家国有资产管理局《关于印发〈资产评估管理办法施行细则〉的通知》（国资办发【1992】36 号）；

4. 原国家国有资产管理局《关于转发〈资产评估操作规范意见（试行）〉的通知》（国资办发【1996】23 号）；

5. 国家经贸委等部门《汽车报废标准》（国经贸经【1997】456 号）、《关于调整轻型载货汽车及其补充规定》（国经贸经【1998】407 号）、《关于调整汽车报废标准若干规定的通知》（国经贸资【2000】1202 号）、《农用运输车报废标准》（国经贸贸【2001】234 号）等；

6. 其他相关的法律、法规等。

（三）产权依据

委托鉴定评估车辆的机动车登记证书编号：

（四）评定及取价依据

技术标准资料：＿＿＿＿＿＿＿＿＿＿＿＿＿＿＿＿

技术参数资料：＿＿＿＿＿＿＿＿＿＿＿＿＿＿＿＿

技术鉴定资料：＿＿＿＿＿＿＿＿＿＿＿＿＿＿＿＿

其他资料：＿＿＿＿＿＿＿＿＿＿＿＿＿＿＿＿＿＿

八、评估方法

□重置成本法　　□现行市价法　　□收益现值法　　□其他①

计算过程如下：

九、评估过程

按照接受委托、验证、现场查勘、评定估算、提交报告的程序进行。

十、评估结论

车辆评估价格＿＿＿＿＿＿＿＿元，金额大写＿＿＿＿＿＿＿＿＿＿

十一、特别事项说明②

十二、评估报告法律效力

（一）本项评估结论有效期为 90 天，自评估基准日至＿＿＿＿＿年＿＿月＿＿日止；

（二）当评估目的在有效期内实现时，本评估结果可以作为作价参考依据。超过 90 天，需重新评估。另外在评估有效期内若被评估车辆的市场价格或因交通事故等原因导致车辆的价值发生变化，对车辆评估结果产生明显影响时，委托方也需重新委托评估机构重新评估；

---

① 指利用两种或两种以上的评估方法对车辆进行鉴定评估，并以它们评估结果的加权值为最终评估结果的方法。

② 特别事项是指在已确定评估结果的前提下，评估人员揭示在评估过程中已发现可能影响评估结论，但非评估人员执业水平和能力所能评定估算的有关事项以及其他问题。

（三）鉴定评估报告书的使用权归委托方所有，其评估结论仅供委托方为本项目评估目的使用和送交二手车鉴定评估主管机关审查使用，不适用于其他目的；因使用本报告书不当而产生的任何后果与签署本报告书的鉴定估价师无关；未经委托方许可，本鉴定评估机构承诺不将本报告书的内容向他人提供或公开。

附件：

一、二手车鉴定评估委托书

二、二手车鉴定评估作业表

三、车辆行驶证、购置附加税（费）证复印件

四、鉴定估价师职业资格证书复印件

五、鉴定评估机构营业执照复印件

六、二手车照片（要求外观清晰，车辆牌照能够辨认）

注册二手车鉴定评估师（签字、盖章）　　　　　　复核人①（签字、盖章）

　　　　　　　　　　　　　　　　　　　　　　（二手车鉴定评估机构盖章）

　　　　　　　　　　　　　　　　　　　　　　20____年____月____日

备注：本报告书和作业表一式三份，委托方二份，受托方一份。

附件一

二手车鉴定评估委托书（示范文本）

委托书编号：_____

委托方名称（姓名）：　　　　　　　　　　法人代码证（身份证）号：

鉴定评估机构名称：　　　　　　　　　　　法人代码证：

委托方地址：　　　　　　　　　　　　　　鉴定评估机构地址：

联系人：　　　　　　　　　　　　　　　　电话：

因　□交易　□典当　□拍卖　□置换　□抵押 □担保　□咨询　□司法裁决需要，委托人与受托人达成委托关系，号牌号码为_____，车辆类型为_____，车架号（VIN码）为_____的车辆进行技术状况鉴定并出具评估报告书，_____年_____月_____日前完成。

---

① 复核人须具有高级鉴定师资格。

委托评估车辆基本信息

车辆情况	厂牌型号			使用用途	营运 □ 非营运 □
	总质量/座位/排量			燃料种类	
	初次登记日期	年　月　日		车身颜色	
	已使用年限	年　个月	累计行驶里程(万公里)		
	大修次数	发动机(次)		整车(次)	
	维修情况				
	事故情况				
价值反映	购置日期	年　月　日		原始价格(元)	
备注:					

委托方:(签字、盖章)　　　　　　　　　　　　受托方:(签字、盖章)

(二手车鉴定评估机构盖章)

年　　月　　日　　　　　　　　　　年　　月　　日

1. 委托方保证所提供的资料客观真实,并负法律责任。

3. 仅对车辆进行鉴定评估。

4. 评估依据:《机动车运行安全技术条件》《二手车鉴定评估技术规范》等。

5. 评估结论仅对本次委托有效,不做它用。

6. 鉴定评估人员与有关当事人没有利害关系。

7. 委托方如对评估结论有异议,可于收到《二手车鉴定评估报告》之日起10日内向受托方提出,受托方应给予解释。

附件二

二手车评估作业表

车主		所有权性质	□公 □私		联系电话	
住址					经办人	
原始情况	厂牌型号		号牌号码		车辆类型	
	车辆识别代号（VIN）			车身颜色		
	发动机号		车架号			
	载重量/座位/排量			燃料种类		
	初次登记日期	年 月	车辆出厂日期	年 月		
	已使用年限	年 个月	累计行驶里程	万公里	用途	

检查核对交易证件	证件	□原始发票 □机动车等级证书 □机动车行驶证 □法人代码证或身份证 □其他
	税费	□购置附加费 □养路费 □车船使用税 □其他

结构特点	
现时技术状况	

维护保养情况		现实情况	
价值反映	账面原值（元）		
	重置成本（元）		成新率%		评估价格	

鉴定评估目的：

鉴定评估说明：

注册二手车鉴定评估师（签名）　　　　　　　　　　复核人（签字）
　　年 月 日　　　　　　　　　　　　　　　　　　　年 月 日

填表说明：

1. 现时技术状况：必须如实填写对车辆进行技术鉴定的结果，客观真实地反映出二手车主要部分（含车身、底盘、发动机、电气、内饰等）以及整车的现时技术状况；

2. 鉴定评估说明：应说明评估价格的计算方法。

一、任务目标与要求

1. 小组成员分工协作,利用所学知识点,查询相关资料,依据任务工单分析制定工作计划,并通过小组自评或互评进行检查。

2. 为待评估车辆撰写二手车鉴定评估报告书。

二、任务准备

1. 小组接受工作任务,组长带领组内成员阅读任务工单,查阅相关资料,合理分工,制定任务计划,并检查计划有效性。

2. 由教师为学生提供不同类型二手车几辆,车型不限,要求学生在规定时间内,完成车辆价值评估,并填写二手车鉴定评估报告书。

三、具体实施

项目	撰写二手车鉴定报告书		
任务	撰写二手车鉴定报告书	姓名	
班级		组号	日期	
任务目的	1. 对二手车技术状况进行检查,评估车辆价格。 2. 完成二手车鉴定评估报告书的撰写。		
任务描述	按照学习项目安排,通过情景模拟,教师提供待鉴定评估车辆、参考资料、视频资料等教学资源,在教师指导下完成撰写二手车鉴定报告书这一教学任务。请各组对教师提供的车辆进行检查,对车辆进行检查,评估车辆价格,并完成二手车鉴定评估报告书的撰写。		
任务要求	通过教师的引导、自学和查找资料等方式,按照工作过程的完整性和连贯性评估要求,逐步养成就业岗位的隐性工作方法,最终以小组协作形式完成二手车鉴定评估报告书。		
资讯	掌握撰写二手车评估报告书的要求。		
决策	每6人一组,每组选出一名负责人,负责人对小组任务进行分配,组员按负责人的要求完成相关任务内容。 序号 / 个人职责(任务) / 负责人 1 2 3 4 5 6		

（续表）

制定计划	根据任务内容制定任务计划,并反复修改和讨论工作方案。
任务实施	各小组成员按照制定的工作计划查阅相关资料,制定撰写二手车鉴定评估报告书的工作计划,并实施。 　　二手车鉴定评估报告书(含附件:二手车鉴定评估委托书、二手车评估作业表)见典型二手车鉴定评估报告样式。
检查评估	成果展示,小组自评与互评,并讨论、总结和反思学习过程中的不足,填写报告并交流。
实施考核	教师评语:(包括核查的方法、全面性、准确性等方面,并按等级制给出成绩) 记录成绩_____　　　教师签字_____　___年___月___日

任务二　二手车交易流程

一、二手车交易类型

二手车交易是一种产权交易,是实现二手车所有权从卖方到买方的转移过程。二手车必须完成所有权转移登记(即过户)才算是合法、完整的交易。

1. 二手车交易类型

根据《二手车流通管理办法》的规定,二手车交易有以下几种类型:

(1) 直接交易

二手车直接交易是指二手车所有人不通过经销企业、拍卖企业和经纪机构将车辆直接出售给买方的交易行为。二手车直接交易应当在二手车交易市场进行。

(2) 中介经营

中介经营是指二手车买卖双方通过中介方的帮助而实现交易,中介方收取约定佣金的一种交易行为。中介经营包括二手车经纪、二手车拍卖等。

① 二手车经纪

二手车经纪是指二手车经纪机构以收取佣金为目的,为促成他人交易二手车而从事居间、行纪或者代理等经营活动。

② 二手车拍卖

二手车拍卖是指二手车拍卖企业以公开竞价的形式将二手车转让给最高应价者的经营活动。

(3) 二手车销售

二手车销售是指二手车销售企业收购、销售二手车的经营活动。

二手车置换也是一种二手车经销行为。所谓二手车置换,就是指客户在汽车销售公司购买新车时,将目前在用的汽车经过该公司的检测估价后以一定的折价抵扣部分新车款的一种交易方式。

二手车典当不赎回情况也可以算作一种二手车销售。二手车典当是指二手车所有人将其拥有的、具有合法手续的车辆质押给典当公司,典当公司支付典当当金,封存质押车辆,双方约定在一定期限内由出典人(二手车所有人)结清典当本息、赎回车辆的一种贷款行为。

2．二手车交易者的类型

二手车可以在任何身份的人群中交易。根据二手车买卖双方身份不同,二手车交易者有以下四种类型:

(1) 个人对个人交易

这种交易类型是二手车所有权人为个人;二手车买受人也是个人。

(2) 个人对单位交易

这种交易类型是二手车所有权人为个人;二手车买受人是单位。

(3) 单位对个人交易

这种交易类型是二手车所有权人为单位;二手车买受人是个人。

(4) 单位对单位交易

这种交易类型是二手车所有权人为单位;二手车买受人也是单位。

3．二手车交易的相关规定

(1) 二手车交易地点

2021年6月,国家发布了《关于推进二手车交易登记跨省通办便利二手车异地交易的通知》(简称"通知"),明确对已经登记的小型非营运二手车,买卖双方可以选择在车辆转出地或者转入地进行交易,但不得在第三地进行交易。在《通知》出台以前,二手车是不允许在异地进行交易的,即应在车辆注册登记所在地进行交易。

(2) 机动车档案资料管理及手续办理地点

根据《通知》规定,小型非营运二手车可以在车辆转入地或转出地办理转移登记,机动车档案资料实行电子化网上转递。由二手车买方向公安机关交通管理部门申请办理,该部门可以在经营规范的二手车交易市场、二手车经销企业等场所设立机动车登记服务站,为办理机动车登记手续提供便利。二手车交易档案保存期不少于3年。

二、二手车交易合同的签订(扫码见视频6-2)

二手车交易合同是指二手车经营公司、经纪公司与法人、其他组织和自然人相互之间为实现二手车交易的目的,明确相互权利和义务关系,所订立的协议。

1．二手车交易合同的基本准则

(1) 合法原则

订立的二手车交易合同,必须遵守国家的法律法规。法律法规集中体现了人民的利益和要求。合同内容及订立合同的程序、形式只有与国家法律法规相符合,才具有法律效力,当事人的合法权益才能得到有效保护。

(2) 平等互利、协商一致原则

订立合同的当事人法律地位一律平等,任何一方不得以大欺小、以强凌弱,把自己的意愿强加给对方,双方必须在完全平等的地位上签订二手车交易合同。

2．交易合同的主体

二手车交易合同的主体是为了实现二手车交易目的,以自己名义签订交易合同,享有合同权利、承担合同义务的组织和个人。根据《中华人民共和国合同法》的规定,我国合同当事人从其法律地位来划分,可以分为以下几种:

（1）法人

法人是指具有民事权利能力和民事行为能力,依法独立享有民事权利和承担民事义务的组织。法人应当具备以下条件:

① 依法成立。

② 有必要的财产或者经费。

③ 有自己的名称、场所和组织机构。

④ 能够独立承担民事责任的企业法人、机关法人、事业单位法人和社会团体法人。

（2）其他组织

其他组织是指合法成立、有一定的组织机构和财产,但又不具备法人资格的组织,如私营独资企业、合伙组织和个体工商户。

（3）自然人

自然人是指具有完全民事行为能力,可以独立进行民事活动的人。

3. 交易合同的内容

（1）主要条款

① 标的。指合同当事人双方权利、义务共同指向的对象,可以是物也可以是行为。二手车交易合同的标的是被交易的二手车。

② 数量。

③ 质量。是标的内在因素和外观形态优劣的标志,是标的满足人们一定需要的具体特征。

④ 双方的权利和义务。

⑤ 履行期限、地点和方式。

⑥ 违约责任。

⑦ 合同争议的解决方式。

⑧ 车辆价款、过户手续费及支付时间、方式。

（2）其他条款

包括上述条款中没有说明的但是双（单）方关心的、需要特别约定以便今后发生时能够得到解决的问题。

4. 合同的变更和解除

（1）交易合同的变更

交易合同的变更是指依法成立的交易合同尚未履行或未完全履行之前,当事人就其内容进行修改和补充而达成的协议。

交易合同的变更必须以有效成立的合同为对象,凡未成立或无效的合同,不存在变更问题。交易合同的变更是在原合同的基础上,达成一个或者几个新的合同作为修正,以新协议代替原协议。所以,变更作为一种法律行为,使原合同的权利义务关系消灭,新权利义务关系产生。

（2）交易合同的解除

交易合同的解除,是指交易合同订立后,没有履行或没有完全履行以前,当事人依法提前终止合同。

（3）交易合同变更和解除的条件

《合同法》规定,凡发生下列情况之一,准许变更或解除合同。

① 当事人双方经协商同意,而且不因此损害国家利益和社会公共利益。

② 由于不可抗拒因素致使合同的全部义务不能履行。

③ 由于另一方在合同约定的期限内没有履行合同。

5. 违约责任

违约责任是指交易合同一方或双方当事人由于自己的过错造成合同不能履行或不能完全履行,依据法律或合同约定必须承受的法律制裁。

(1) 违约责任的性质

① 等价补偿

凡是已给对方当事人造成财产损失的,就应当承担补偿责任。

② 违约惩罚

合同当事人违反合同的,无论这种违约是否已经给对方当事人造成财产损失,都要依据法律规定或合同约定,承担相应的违约责任。

(2) 承担违约责任的条件

① 要有违约行为

要追究违约责任,必须有合同当事人不履行或不完全履行的违约行为。它可分为作为违约和不作为违约。

② 行为人要有过错

过错是指当事人违约行为主观上出于故意或者过失。故意是指当事人应当预见自己的行为会产生一定的不良后果,但仍用积极的不作为或者消极的不作为希望或放任这种后果的发生;过失是指当事人对自己的行为不良后果应当预见或者能够预见到,但由于疏忽大意造成严重不良后果。

(3) 承担违约责任的方式

① 违约金

违约金是指合同当事人因过错不履行或不适当履行合同,依据法律规定或合同约定,支付给对方一定数额的货币。

② 赔偿金

赔偿金是指合同当事人一方过错违约给另一方造成损失超过违约金数额时,由违约方当事人支付给对方当事人的一定数额的补偿货币。

③ 继续履行

继续履行是指合同违约方支付违约金、赔偿金后,应对方的要求,在对方指定或者双方约定的期限内,继续完成没有完成的合同义务。

6. 合同纠纷处理方式

合同纠纷是指合同当事人之间因对合同的履行状况及不履行的后果所发生的争议。根据《合同法》及有关条例的规定,我国合同纠纷的解决方式一般有协商解决、调解解决、仲裁和诉讼四种方式。

(1) 协商解决

协商解决是指合同当事人之间直接磋商,自行解决彼此发生的合同纠纷。这是合同当事人双方在自愿、互谅互让基础上,按照法律法规和合同的约定,达成解决纠纷的协议。

（2）调解解决

调解解决是指合同当事人以外的第三人出面调解，使争议双方在互谅互让的基础上自愿达成解决纠纷的协议。

（3）仲裁

仲裁是指合同当事人将合同纠纷提交国家规定的仲裁机关，由仲裁机关对合同纠纷做出裁决的一种活动。

（4）诉讼

诉讼是指合同当事人之间发生争议而合同中未规定仲裁条款或者发生争议后未达成仲裁协议的情况下，由当事人一方将争议提交有管辖权的法院按照诉讼程序审理做出裁决的活动。

7. 二手车交易合同的种类

二手车交易合同按当事人在合同中处于出让、受让或居间中介的不同情况，分为二手车买卖合同和二手车居间合同两种。

（1）二手车买卖合同

① 出让人（售车方）：有意向出让二手车合法产权的法人或其他组织、自然人。

② 受让人（购车方）：有意向受让二手车合法产权的法人或其他组织、自然人。

（2）二手车居间合同

① 出让人（售车方）：有意向出让二手车合法产权的法人或其他组织、自然人。

② 受让人（购车方）：有意向受让二手车合法产权的法人或其他组织、自然人。

③ 中介人（居间方）：合法拥有二手车中介交易资源的二手车经纪公司。

三、二手车交易合同范本

（一）二手车买卖合同范本

合同编号：_____

签约地址：_____

出卖人（以下简称甲方）：_____

买受人（以下简称乙方）：_____

第一条　目的

依据有关法律、法规，甲、乙双方在自愿、平等和协商一致的基础上，就甲方拥有的二手车过户给乙方的相关事宜，签订本合同。

第二条　当事人及过户车辆情况

（一）甲方基本情况：

身份证号码_____

现居住地址_____

邮政编码_____　　　　联系电话_____

（二）乙方基本情况：

身份证号码_____

现居住地址_____

邮政编码＿＿＿＿＿＿＿＿　　　　　联系电话＿＿＿＿＿＿＿＿＿

（三）要过户的二手车的基本情况：

车辆牌号＿＿＿＿＿＿＿＿　　　　　车辆类型＿＿＿＿＿＿＿＿＿

厂牌、型号＿＿＿＿＿＿＿＿　　　　颜　色＿＿＿＿＿＿＿＿＿

初次登记日期＿＿＿＿＿＿＿　　　　登记证号＿＿＿＿＿＿＿＿

发动机号码＿＿＿＿＿＿＿＿　　　　车架号码＿＿＿＿＿＿＿＿

行驶里程＿＿＿＿＿＿km　　　　使用年限至＿＿＿＿＿年＿＿月＿＿日

车辆年检签证有效期至＿＿＿＿＿年＿＿月＿＿　排放标准＿＿＿＿＿＿

车辆购置税完税证明证号＿＿＿＿＿（征税、免税）。

车船使用税纳税记录卡缴付截止期＿＿＿＿＿＿

车辆养路费交讫截止期＿＿＿＿＿年＿＿月（证号＿＿＿＿＿＿＿＿）

车辆保险险种＿＿＿＿＿＿＿＿＿＿＿＿＿＿＿＿＿＿＿＿＿＿＿＿＿

保险有效期截止日期＿＿＿＿＿＿年＿＿月＿＿日

配置＿＿＿＿＿＿＿＿＿＿＿＿＿＿＿＿＿＿＿＿＿＿＿＿＿＿＿＿＿

其他情况＿＿＿＿＿＿＿＿＿＿＿＿＿＿＿＿＿＿＿＿＿＿＿＿＿＿＿

第三条　车辆价款、过户手续费

本车价款为人民币＿＿＿＿＿＿＿元（大写＿＿＿＿＿＿＿元），其中包含车辆、备胎以及＿＿＿＿＿＿＿等款项。

过户手续费约为人民币＿＿＿＿＿＿＿元（大写＿＿＿＿＿＿＿元），由＿＿＿＿＿＿＿承担（以实际发生费用为准支付）。

第四条　定金和价款的支付、过户手续、车辆交付

（一）乙方应于本合同签订时，按车价款＿＿＿＿＿＿＿％（≤20%）人民币＿＿＿＿＿＿＿元（大写＿＿＿＿＿＿＿元）作为定金支付给甲方。

（二）车辆在过户、转籍手续完成前，选择以下第（　　　　）项方式使用和保管：

1. 继续由甲方使用和保管。

2. 交由乙方使用和保管。

（三）＿＿＿＿＿＿＿方应于本合同签订后＿＿＿＿＿＿＿日内，将本车办理（过户□/转籍□）所需的有关证件原件及复印件交付给＿＿＿＿＿＿＿方（做好签收手续），由＿＿＿＿＿＿＿方负责办理手续；＿＿＿＿＿＿＿方为二手车经销企业时，由＿＿＿＿＿＿＿方负责办理（过户□/转籍□）手续。

（四）自过户、转籍手续完成之日起＿＿＿＿＿＿＿日内，乙方应向甲方支付车价款人民币＿＿＿＿＿＿＿元（大写＿＿＿＿＿＿＿元），同时＿＿＿＿＿＿＿方付清过户手续费。支付方式：（现金□/转账□）。

（五）如由甲方办理过户、转籍手续的，应于收到全部车价款之日起＿＿＿＿＿＿＿日内将有关证件交给乙方；如车辆由甲方使用和保管的应于收到全部车价款之日起＿＿＿＿＿＿＿日内将车辆交给乙方（交付地点＿＿＿＿＿＿＿）。

（六）＿＿＿＿＿＿＿＿＿＿＿＿＿＿＿＿＿＿＿＿＿＿＿＿＿＿＿＿＿

第五条　双方的权利义务

（一）甲方承诺出卖车辆不存在任何权属上的法律问题和尚未处理完毕的道路交通安全违法行为或者交通事故；应提供车辆的使用、维修、事故、检验以及是否办理抵押登记、海关监管、交纳税费期限、使用期限等真实情况和信息。

（二）甲方属二手车经销企业的，还应向乙方提供质量保证及售后服务承诺。

（三）对转出本市的车辆，乙方应了解、确认买受车辆能在转入所在地办理转入手续。

（四）双方应在约定的时间内提供各类证明、证件并确保真实有效。

（五）_____

第六条　违约责任

（一）违反本合同第四条第 3 款，致使车辆不能过户、转籍，合同无法继续履行的，本合同解除。甲方违约的，甲方向乙方双倍返还定金并赔偿乙方相应损失；乙方违约的，则乙方无权要求返回定金并赔偿甲方相应损失。

（二）违反本合同第四条第 4 款，乙方未按合同约定支付的，应按延期天数向甲方支付违约金每天人民币_____元。

（三）违反本合同第四条第 5 款，甲方延期交付过户、转籍的有关证件或车辆的，应按延期天数向乙方支付违约金每天人民币_____元。

（四）违反本合同第五条第 1 款，乙方有权解除本合同，甲方应无条件接受退回的车辆并退回乙方全部车款，双倍返还定金并赔偿乙方相应损失。

（五）违反本合同第五条第 2 款，甲方应向乙方支付车辆价款的_____％（人民币_____元）的违约金，并继续提供质量保证及售后服务承诺。

（六）违反本合同第五条第 3 款，致使车辆不能在转入所在地办理转入手续的，本合同解除，乙方无权要求返还定金，并赔偿甲方相应经济损失。

（七）违反本合同第五条第 4 款，致使出让车辆不能过户、转籍的，守约方有权解除本合同，违约方应支付人民币_____元给守约方，守约方另有损失的，由违约方赔偿损失。

（八）_____

第七条　风险承担

本合同签订后，车辆在过户、转籍手续完成并实际交付前：

（一）甲方使用和保管的，由甲方承担风险责任。

（二）乙方使用和保管的，由乙方承担风险责任。

第八条　争议解决方式

因本合同发生的争议，由双方协商解决，或向有关行业组织及消费者权益保护委员会申请调解。

当事人不愿协商、调解，或协商、调解不成的，按下列第_____种方式解决：

（一）向上海仲裁委员会申请仲裁；

（二）向人民法院起诉。

第九条　其他

（一）本合同未约定的事项，按照《中华人民共和国合同法》《二手车流通管理办法》以及有关的法律、法规和规章执行。

（二）双方因履行本合同而签署的补充协议及提供的其他书面文件，均为本合同不可分割的一部分，具有同等法律效力。

（三）本合同经双方当事人签字或盖章后生效。本合同一式三份，由甲方、乙方和二手车交易市场各执一份，具有同等法律效力。

（四）附件

附件一：车辆状况说明书（车辆信息表）

附件二：车辆相关凭证

1.《机动车登记证书》

2.《机动车行驶证》

3. 有效的机动车安全技术检验合格标志

4. 车辆购置税完税证明

5. 车船使用税缴付凭证

6. 车辆养路费缴付凭证

7. 车辆保险单

8. 购车发票

甲方（签章）：＿＿＿＿＿＿　　　　　　乙方（签章）：＿＿＿＿＿＿

签约时间：＿＿＿＿年＿＿月＿＿日　　　签约时间：＿＿＿＿年＿＿月＿＿日

（二）二手车居间合同范本

合同编号：＿＿＿＿＿＿＿＿＿＿＿＿＿

签约地址：＿＿＿＿＿＿＿＿＿＿＿＿＿

出卖委托人（以下简称甲方）：＿＿＿＿＿＿＿＿＿＿＿＿＿

卖受委托人（以下简称乙方）：＿＿＿＿＿＿＿＿＿＿＿＿＿

居间人（以下简称丙方）：＿＿＿＿＿＿＿＿＿＿＿＿＿

第一条　目的

依据国家有关法律、法规的规定，三方在自愿、平等和协商一致的基础上，就丙方接受甲乙双方的委托，促成甲、乙双方二手车交易，并完成其他委托的服务事项达成一致，订立本合同。

第二条　当事人及车辆情况

一、甲方基本情况：

1. 单位代码证号＿＿＿＿＿＿，法定代表人＿＿＿＿＿＿＿

经办人＿＿＿＿＿＿＿，身份证号码＿＿＿＿＿＿＿＿

单位地址＿＿＿＿＿＿＿＿＿＿＿＿＿＿＿＿＿＿＿＿

邮政编码＿＿＿＿＿＿＿＿＿，联系电话＿＿＿＿＿＿＿＿。

2. 自然人身份证号码＿＿＿＿＿＿＿＿＿＿＿

现常住地址＿＿＿＿＿＿＿＿＿＿＿＿＿＿＿＿＿＿

邮政编码＿＿＿＿＿＿＿＿，联系电话＿＿＿＿＿＿＿＿。

二、乙方基本情况

1. 单位代码证号＿＿＿＿＿＿＿＿＿＿＿＿，法定代表人＿＿＿＿＿＿＿＿

经办人＿＿＿＿＿＿＿＿＿＿，身份证号码＿＿＿＿＿＿＿＿＿

单位地址＿＿＿＿＿＿＿＿＿＿＿＿＿

邮政编码_____,联系电话_____。

2. 自然人身份证号码_____

现常住地址_____

邮政编码_____,联系电话_____。

3. 丙方基本情况

单位代码证号_____,法定代表人_____

执业人_____,执业经纪人证书号_____

执业经纪人身份证号码_____

单位地址_____

邮政编码_____,联系电话_____。

四、车辆基本情况

车辆牌号_____,车辆类型_____。

厂牌、型号_____,颜色_____。

初次登记时间_____,登记证号_____。

发动机号码_____,车架号码_____。

行驶里程_____km,使用年限至_____年____月____日。

车辆年检签证有效期至_____年____月,车辆购置费完税交纳证号_____/
免税交纳(有证/无证),车辆保险险种:1._____ 2._____ 3._____ 4.____
____。保险有效期截止日期:_____年____月____日;

配置:_____
_____。

其他情况:_____
_____。

第三条 车辆价款、过户手续费

经协商一致,本车价款定为人民币_____元(大写:_____元),上述价
款包括车辆、备胎及_____等附件。

过户手续费为人民币_____元(大写:_____元),由_____方负责。

第四条 付款及交付、过户

1. 乙方于合同签订后(当日/_____日)内支付价款_____%(人民币:_____
元,大写_____元)作为定金支付给甲方;支付方式:(现金/指定账户)。

2. 甲方于合同签订(当日/_____日)内,将本车辆存放于居间方指定地点,由居间方和
乙方查验认可,出具查验单后,由居间方代为保管或三方约定由甲方继续使用本车。甲方于
合同签订后_____日内将本车辆有关证件原件及复印件交付给乙方,并协助乙方办理过户
手续。

3. 乙方于(过户/转籍)事项完成后(当日/_____日)内向甲方支付剩余价款(人民币
_____元,大写:_____元);支付方式:(现金/指定账户)。

第五条 佣金标准、数额、收取方式和退赔

1. 居间方已完成本合同约定的委托人甲方委托的事项,委托人甲方按照下列第_____
种方式计算支付佣金(任选一种):

（1）按照该二手车成交价＿＿＿＿＿的＿＿＿＿＿％，具体数额为人民币＿＿＿＿＿元作为佣金支付给居间方。

（2）按双方约定,佣金为人民币＿＿＿＿＿元,支付给居间方。

2. 居间方已完成本合同约定的委托人乙方委托的事项,委托人乙方按照下列第＿＿＿＿＿种方式计算支付佣金(任选一种);

（1）按照该二手车成交价＿＿＿＿＿的＿＿＿＿＿％,具体数额为人民币＿＿＿＿＿元作为佣金支付给居间方。

（2）按双方约定,佣金为人民币＿＿＿＿＿元,支付给居间方。

3. 居间方未完成本合同委托事项的,按照下列约定退还佣金:

（1）居间方未完成委托人甲方委托的事项,将本合同约定收取佣金的＿＿＿＿＿％,具体数额为人民币＿＿＿＿＿元退还给委托人甲方,已发生费用由居间方承担;

（2）居间方未完成委托人乙方委托的事项,将本合同约定收取佣金的＿＿＿＿＿％,具体数额为人民币＿＿＿＿＿元退还给委托人乙方,已发生费用由居间方承担。

第六条　甲方的权利和义务

甲方承诺车辆出让时不存在任何权属上的法律问题和各类尚未处理完毕的交通违章记录,所提供的证件、证明均真实、有效,无伪造情况;否则,致使出让车辆不能过户、转籍的,乙方有权单方解除本合同或终止本合同的履行,甲方应接受退回的车辆,全额退回车款,向居间方支付佣金和实际发生的费用,并承担赔偿责任。

本合同有效期内,甲方委托出让的车辆根据本合同约定将本车存放在指定的地点,并按规定支付停车费,因保管不善造成车辆毁损、灭失的,由责任方承担赔偿责任。

甲方不提供相关文件、证明,或未按本合同第四条第2款的约定将本车存放于指定地点,除非有正当理由或不可抗力,否则乙方有权终止本合同并要求双倍返还定金。

第七条　乙方的权利和义务

本合同签订后,乙方应向居间方预付定金(人民币＿＿＿＿＿元,大写＿＿＿＿＿元)。

乙方履行合同后,定金抵作乙方应当支付给居间方的佣金。如乙方违约,乙方无权要求返还定金并支付实际发生的费用;如居间方违约,应当双倍返还定金。

乙方如未按本合同规定的时间支付定金,甲方有权单方解除本合同,并要求乙方赔偿相应的经济损失。

乙方如拒绝接受甲方提供的文件、证明,除非有正当理由或不可抗力,否则甲方可单方终止本合同,并不返还定金。

乙方如在收取有关文件、证明后＿＿＿＿＿日内未办理(过户/转籍)手续或由于乙方的过失导致(过户/转籍)手续不能办理或不能在合理期限内完成(双方约定该合理期限为收取文件、证明后的＿＿＿＿＿日内),除非有正当理由或不可抗力,否则甲方可单方终止本合同,并不返还定金,已经发生的费用应由乙方承担。

第八条　居间方的权利和义务

居间方应向甲、乙双方出示营业执照等有效证件。

居间方的执业经纪人应向甲、乙双方出示经纪执业证书,并应亲自处理委托事务,未经甲、乙双方同意,不得转委托。

居间方应按照甲、乙双方的要求处理委托事务,报告委托事务处理情况,为甲、乙双方保

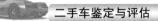

守商业秘密。

居间方应按约定或依规定收取甲、乙双方支付的款项并开具收款凭证。

居间方不得采取胁迫、欺诈、贿赂和恶意串通等手段,促成交易。

居间方不得伪造、涂改、买卖交易文件、证明和凭证。

第九条　合同在履行中的变更及处理

本合同在履行期间,任何一方要求变更合同条款的,应及时书面通知对方,并征得相对方的同意后,在约定的时限_____天内,签订补充条款,注明变更事项。未书面告知相对方,并征得相对方同意,擅自变更造成的经济损失,由责任方承担。

本合同履行期间,三方因履行本合同而签署的补充协议及其他书面文件,均为本合同不可分割的一部分,具有同等效力。

第十条　违约责任

1. 三方商定,居间方有下列情况之一的,应承担违约责任:

(1) 无正当理由解除合同的;

(2) 与他人私下串通,损害委托人甲、乙双方利益的;

(3) 其他过失影响委托人甲、乙双方交易的。

2. 三方商定,委托人甲、乙双方有下列情况之一的,应承担违约责任:

(1) 无正当理由解除合同的;

(2) 未能按照合同提供必要的文件、证明和配合,造成居间方无法履行合同的;

(3) 相互或与他人私下串通,损害居间方利益的;

(4) 其他造成居间方无法完成委托事项的行为。

3. 三方商定,发生上述违约行为的,按照合同约定佣金总数的_____%,计人民币违约金_____元支付给各守约方。违约方给各守约方造成的其他经济损失,由守约方按照法律、法规的有关规定追偿。

第十一条　风险承担

本车在过户、转籍手续完成前由甲方作为所有人承担一切风险责任;本车在过户、转籍手续完成后乙方作为所有人承担一切风险责任。

第十二条　其他规定

本合同未约定的事项,按照《中华人民共和国合同法》以及有关法律、法规的规定执行。

第十三条　发生争议的解决办法

三方在履行本合同过程中发生争议,由三方协商解决;协商不成的,提请二手车交易市场和二手车交易管理协会调解。调解成功的,三方应当履行调解协议;调解不成的,按本合同约定的下列第_____项进行解决:

1. 向仲裁委员会申请仲裁;

2. 向法院提起诉讼。

第十四条　合同效力和订立数量

本合同内,空格部分填写的文字,其效力优于印刷文字的效力。本合同所称"日",均指工作日。

本合同经三方当事人签字、盖章后生效;本合同一式四份,由甲方、乙方、居间方、二手车交易市场各执一份,均具有同等的法律效力。

甲方(签章):		乙方(签章):
法定代表人(签章)		法定代表人(签章):
经办人:		经办人:
开户银行:		开户银行:
账号:		账号:
签约时间:　　年　　月　　日		签约时间:　　年　　月　　日

丙方(签章):

营业执照注册号:

法定代表人(签章):

执业经纪人(签名):

执业经纪人证书号:

账号:

签约时间:　年　月　　日

四、二手车交易过户业务(扫码见视频6-3)

二手车交易过户过程实际上是分为两个步骤:车辆买卖交易过户和转移登记业务(产权变更),两个步骤缺一不可。车辆交易过户业务在二手车交易市场里办理,获得二手车销售统一发票;转移登记过户业务在车辆管理所办理,主要完成《机动车登记证书》的变更登记、核发《机动车行驶证》及新的机动车号牌。办理二手车交易过户时,如果原车主及新车主不能到场,可以授权委托其他人来办理交易及过户业务,但必须签署授权委托书。

(一)二手车买卖交易过户

目前,我国没有统一的二手车交易程序标准,各地二手车交易市场在完成二手车交易过程方面可能有差异,但主要程序和最终的目的是相同的。下面以沈阳二手车交易为例,介绍二手车交易过户流程(如图6-1)。

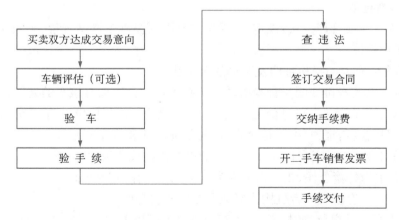

图6-1　二手车交易过户流程

1. 买卖双方达成交易意向

买卖双方达成交易意向是指买卖双方已就二手车交易谈妥了相关条件,达成成交愿望。达成交易意向是买卖双方的一个谈判过程,这个过程可以在二手车交易市场内或市场外完成,一旦谈妥就可以进入市场内交易大厅办理交易过户的相关手续完成交易。

2. 车辆评估

在二手车交易的过程中,个人车辆进行买卖时买卖双方达成交易意向后自愿选择评估,但现在部分省份的在用车辆进行买卖时需进行强制评估,再根据评估金额到税务局缴纳相应的税费(缴纳金额为车辆评估价值的百分之二)。

消费者要求鉴定评估的目的主要有二,一是想通过鉴定评估了解二手车的技术状况,尤其是发现车辆存在的故障和安全隐患;二是了解二手车的参考价值。对于不熟悉汽车性能的普通消费者来说,在购买二手车时,委托二手车鉴定评估机构做鉴定评估还是十分必要的。

3. 验车

验车的主要目的是检查车辆和行驶证上的内容是否一致,对车辆的合法性进行验证。检查的内容包括:车主姓名、车辆名称、车辆的号牌号码、车辆类型、车辆识别代码、发动机号、排气量、初次登记日期等。经检查无误后,填写车辆检验单,进入检验手续阶段。

4. 验手续

验手续主要查验车辆手续和机动车所有人身份证明。目的是检验买卖双方所提供的所有手续是否具备办理过户的条件,检查有无缺失以及不符合规定的手续。

(1)车辆手续检查

① 查验证件

查验证件的目的是查验交易车辆的合法性。每辆合法注册登记的机动车都有车辆管理所核发的机动车登记证书和机动车行驶证、机动车号牌,号牌必须悬挂在车体指定位置。对于车辆的机动车登记证书和机动车行驶证、车辆号牌的真伪进行识别。

② 查验税费证明

根据《二手车流通管理办法》规定,二手车交易必须提供车辆购置税、车船使用税和车辆保险等税费缴付凭证。

(2)机动车所有人的身份证明及车辆的合法性

机动车所有人的身份证明是查验机动车所有人是否合法拥有该车的处置权。

① 如果车主为自然人,则身份证件为个人身份证。个人身份又有本地和外地个人之分:本市个人,只需身份证原件;外地个人,需身份证原件和暂住证原件。

② 如果车主为企业,则身份证件为企业的组织机构代码证书。

③ 如果车主为外籍公民,则身份证件为其护照及工作(居留)证。

④ 买卖双方身份证明或者机构代码证书原件合法有效。

根据《二手车交易规范》的规定,二手车交易市场可按下列项目检查车辆合法性:

① 车辆号牌、机动车登记证书、机动车行驶证、机动车安全技术检验合格标志真实、合法、有效。

② 需要注意的是，并不是所有的机动车都可办理过户手续。车辆有下列情形之一的，不予办理过户手续：

　　a. 已报废或者达到国家强制报废标准的车辆；

　　b. 在抵押期间或者未经海关批准交易的海关监管车辆；

　　c. 在人民法院、人民检察院、行政执法部门依法查封、扣押期间的车辆；

　　d. 通过盗窃、抢劫、诈骗等违法犯罪手段获得的车辆；

　　e. 发动机号码、车辆识别代号或者车架号码与登记号码不相符，或者有凿改迹象的车辆；

　　f. 走私、非法拼（组）装的车辆；

　　g. 不具有二手车交易所需的法定证明、凭证的车辆；

　　h. 在本行政辖区以外的公安机关交通管理部门注册登记的车辆；

　　i. 国家法律、行政法规禁止经营的车辆。

同时，二手车交易市场经营者和二手车经营主体应该核实卖方的所有权或处置权证明。车辆所有权或处置权证明应符合下列条件：

　　① 机动车登记证书、行驶证与卖方身份证明名称一致；国家机关、国企事业单位出售的车辆，应附有资产处理证明。

　　② 委托出售的车辆，卖方应提供车主授权委托书和身份证明。

　　③ 二手车经销企业销售的车辆，应具有车辆收购合同等能够证明经销企业拥有该车所有权或处置权的相关材料，以及原车主身份证明复印件。原车主名称应与机动车登记证、行驶证名称一致。

5. 查违法

查违法就是查询交易的二手车是否有违法行为记录。具体方法是登录车辆管理部门的信息数据库或查询网站进行查询。

6. 签订交易合同

根据《二手车流通管理办法》规定，二手车交易双方应该签订交易合同，要在合同当中对二手车的状况、来源的合法性、费用负担以及出现问题的解决方法等各方面进行约定，以便分清各自的责任和义务。

二手车经过查验和评估后，其车辆的真实性和基本价格已基本确定。如果车主不同意评估价格，可以和二手车销售企业或卖方协商达成最终交易的价格，同时，需要原车主对其车辆的一些其他事宜（使用年限、行驶里程、安全隐患、有无违章记录等）做出一个书面承诺。这些都以签订交易合同的形式来确定。交易合同是确立买卖双方交易关系和履行责任的法律合约，是办理交易手续和过户手续的必要凭证之一。目前全国还没有统一的二手车交易合同格式。

7. 交纳手续费

手续费俗称过户费，是指在二手车交易市场中办理交易过户业务相关手续的服务费用。颁布实施《二手车流通管理办法》之前，二手车过户费的收取是按照车辆评估价值的一定比例征收的，也是二手车交易市场的主要利润来源。

各个地区二手车市场服务费收取标准不一样。目前，很多二手车交易市场的服务费是按照汽车的排量来进行定额收取的，小排量少收，大排量多收。例如，北京市二手车交易市场收取标准按排量、年份、价格来划分,并设起始价和最低价。微型轿车的过户费用200元起,1.0排量的轿车300元起,两者的过户费最高均为600元。然后随着排量的增大,过户费也随着增加,3.0排量的轿车最高过户费用为4 000元,最低为500元。相应的相同排量的客车与货车的过户费用低于轿车,最低的微型货车和农用车的过户费只需100元。

8. 开具二手车销售发票

二手车销售发票是二手车的来历证明,是办理转移登记手续变更的重要文件,因此,它又被称为"交易发票"。过户发票的有效期为一个月,买卖双方应在此期间内,到车辆管理部门办理机动车行驶证、机动车登记证书、牌照的相关变更手续。

二手车交易发票采用压感纸印制的计算机票,一式5联,其中存根联、记账联、入库联由开票方留存;发票联交给购车方、转移登记联交公安车辆管理部门办理过户手续。发票上记载买卖双方的身份证明和车辆的基本信息。但二手车销售发票的价款中不包括过户手续费和评估费。

9. 手续交付

二手车交易完成后,卖方应当及时向买方交付车辆、号牌及车辆法定证明和凭证。主要包括:

(1)《机动车登记证书》原件。

(2)《机动车行驶证》原件。

(3)车辆购置税完税证明。

(4)车辆保险单和车船税凭证。

(5)机动车号牌。

(6)所购二手车。

(7)原车主身份证明复印件。

(二)二手车产权转移登记

二手车产权转移登记是指办理车辆所有权证明信息的变更,以完成手续完备的、合法的交易。车辆产权证明包括《机动车登记证书》《机动车行驶证》和机动车号牌。根据我国《机动车登记规定》:已注册登记的机动车所有权发生转移的,现机动车所有人应当于机动车交付之日起30日内提交相关资料到指定地点查验车辆,办理转移登记。

1. 转移登记类型

根据买卖双方的住所是否在同一城市车辆管理所管辖区内,机动车产权转移登记手续可以分为同城转移登记和异地转移登记两种登记类型。

二手车同城转移登记手续应当在原车辆注册登记所在地公安交通管理部门办理。需要进行异地转移登记的,先由车辆原归属地公安交通管理部门办理车辆迁出手续,再由接收地公安交通管理部门办理迁入手续。

2. 同城车辆所有权转移登记

(1)过户登记的程序

① 提出申请。现车主向车辆管理所提出机动车产权转移申请,填写《机动车注册、转移、登记/转入申请表》,见表6-1所示。

表 6-1　机动车注册、转移、注销登记/转入申请表

申请人信息栏				
机动车所有人	姓名/名称		邮政编码	
	邮寄地址			
	手机号码		固定电话	
代理人	姓名/名称		手机号码	
申请业务事项				
申请事项	□注册登记　　□注销登记　　□转移登记　　□车辆转入 □车辆转出　　转出至：　　省（自治区、直辖市）　　市（地、州）			
号牌种类			号牌号码	
机动车	品牌型号		车辆识别代码	
	使用性质	□非营运　□公路客运　□公交客运　□出租客运　□旅游客运　□租赁　□教练 □接送幼儿　□接送小学生　□接送中小学生　□接送初中生　□危险货物运输 □货运 □消防　□救护　□工程救险　□警用　□出租营转非　□营转非		
机动车所有人及代理人对申请材料的真实有效性负责		机动车所有人（代理人）签字：		

填写说明：

1. 填写时请使用黑色或者蓝色墨水笔，字体工整，不得涂改；

2. 标注有"□"符号的为选择项目，选择后在"□"中划"√"，各栏目只能选择一项；

3. "邮寄地址"栏，填写可通过邮寄送达的地址；

4. "机动车"栏的"品牌型号"项目，按照车辆的技术说明书、合格证等资料标注的内容填写；

5. "机动车所有人（代理人）签字"栏，机动车属于个人的，由机动车所有人签字；属于单位的，由单位的被委托人签字。由代理人代为办理的，机动车所有人不签字，由代理人或者代理单位的经办人签字，填写姓名/名称、手机号码；

6. "号牌种类"栏，按照大型汽车号牌、小型汽车号牌、普通摩托车号牌、轻便摩托车号牌、低速车号牌、挂车号牌、使馆汽车号牌、使馆摩托车号牌、领馆汽车号牌、领馆摩托车号牌、教练汽车号牌、教练摩托车号牌、警用汽车号牌、警用摩托车号牌填写。

②交验车辆：将车辆开到验车处，进行验车、拓印车架号、拆原有机动车牌照、对车辆进行拍照，最后将业务表传递给业务窗口。其中验车主要检查车辆是否为盗抢车、走私车和拼装车等，检查车辆和行驶证、登记证书上的内容是否一致，对车辆的合法性进行验证，审查机动车行驶证；查验机动车，核对车架号和发动机号；查验机动车安全技术检验合格证明。将车辆照片和拓印的车架号粘贴到机动车查验记录表，见表 6-2 所示。

表6-2　机动车查验记录表

号牌号码(流水号或其他与车辆能对应的号码):　　　　　　　　　　　　　　　　　　号牌种类:

业务类型:注册登记　转入　转移登记　变更迁出　变更车身颜色　核发检验合格标志
更换车身或者车架 更换发动机　变更使用性质 重新打刻 VIN　重新打刻发动机号
更换整车　申领登记证书　补领登记证书　监销　其他

类别	序号	查验项目	判定	类别	序号	查验项目	判定
通用项目	1	车辆识别代号		大中型客车、校车、危险化学品运输车	14	灭火器	
	2	发动机型号/号码			15	行驶记录装置	
	3	车辆品牌/型号			16	安全出口/安全手锤	
	4	车身颜色			17	外部标识、文字	
	5	核定载人数		其他	18	标志灯具、警报器	
	6	车辆类型			19	安全技术检验合格证明	
	7	号牌/车辆外观形状		查验结论:			
	8	轮胎完好情况					
	9	安全带、三角警告牌					
货车挂车	10	外廓尺寸、轴数		查验员:			年　月　日
	11	轮胎规格					
	12	侧后部防护装置		复检合格	查验员:		年　月　日
	13	车身反光标识					
机动车照片 (注册登记、转移登记、需要制作照片的变更登记、转入、监销)				备注:			
车辆识别代号(车架号)拓印膜 (注册登记、转移登记、转出、转入、更换车身或者车架、更换整车、申领登记证书、重新打刻 VIN)							

说明:1. 填表时应在对应的业务类型名称上划"√";2. 对按照规定不须查验的项目,在对应的判定栏内划"—";3. 本表所列查验项目判定不合格时在对应栏划"×",本表以外的查验项目不合格时,在备注栏内注明情况,查验结论签注为"不合格";所有查验项目合格,查验结论签注为"合格";4. 复检合格时,查验员签字并签注日期;复检仍不合格的,不签注;5. 注册登记查验时,"车身颜色、核定载人数、车辆类型"判定栏内签注查验确定的相应内容,变更颜色查验时签注车身颜色。

③ 交警登记审核:审查《机动车注册、转移、注销登记/转入申请表》、现机动车所有人身份证明、二手车销售统一发票、机动车登记证书、机动车行驶证和机动车查验记录表;属于海关监管的机动车还应当审查《中华人民共和国海关监管车辆解除监管证明书》或者海关批准的转让证明;属于机动车超过检验有效期的,还应当审查交通事故责任强制保险凭证;核查交通安全违法行为和交通事故处理情况;与盗抢机动车信息系统比对。

④ 受理审核资料。受理转移登记申请,查验并收存相关资料,向现车主出具受理凭证。审批相关手续,符合规定的在计算机登记系统中确认;不符合规定的,说明理由开具退办单,将资料退回车主。

⑤ 收回号牌、交费:车辆过户如需更换号牌,交警就要将旧牌照收回;缴办理牌照费、照

相费、拓号费和更换行驶证费用。

⑥ 收回原《机动车行驶证》，核发新的《机动车行驶证》。

⑦ 拍牌照或自选发临牌、领取证件：重新核发新号牌；领取或邮寄新行驶证和变更后的车辆登记证书。

（2）过户登记需要的资料

① 机动车注册、转移、注销登记/转入申请表。

② 新车主的身份证明。

③《机动车登记证书》（原件）。

④《机动车行驶证》（原件）。

⑤ 解除海关监管的机动车，应当提交监管海关出具的《中华人民共和国海关监管车辆解除监管证明书》。

⑥ 车辆来历凭证（二手车交易发票）。

⑦ 所购买的二手车。

3. 异地车辆所有权转移登记

根据《通知》规定，二手车买方可以自行选择在转出地或转入地申请办理转移登记手续。对在转入地交易的，二手车买方应当向转入地公安机关交通管理部门申请办理转移登记，不需要返回转出地交验机动车、提取机动车登记实物档案。对在转出地交易的，二手车买方应当向转出地公安机关交通管理部门申请办理转移登记，申领临时行驶车号牌，不需要提取机动车登记实物档案，并在临时行驶车号牌有效期限内向转入地公安机关交通管理部门申请机动车转入。

在《通知》出台前，二手车异地交易后就需要牵涉二手车转出和转入登记问题。这里列出来供大家参考比较。

（1）转出登记

车辆转出登记是指在现车辆管理所管辖区内已注册登记的车辆，办理车辆档案转出的手续。

① 转出登记的规定

根据《机动车登记规定》，二手车交易后且现车主的住所不在原车辆管理所管辖区的，现车主应当于机动车交付之日（以二手车销售发票上登记日期为准）起 30 日内向原二手车管辖地车辆管理所提出转移登记申请，填写《机动车注册、转移、登记/转入申请表》（表 6-1），有些地方还要求车主签订外迁保证书。

② 转出登记程序

现车主提出申请，填写《机动车注册、转移、登记/转入申请表》→交验车辆→交警登记审核→受理审核资料→收回号牌、行驶证→登记证书变更→核对保险→交费→将档案封存邮寄、发临牌。

登记证书变更：确认车辆并在《机动车登记证书》上记载转出登记事项，然后将登记证书放在现车主手里充当其受理凭证。

交费：临牌、档案、照相、拓号、邮寄和交易费用。

③ 转出登记需要的资料

现车主在规定的时间内，持下列资料，向原二手车管辖地车辆管理所申请转出登记，并交验车辆。

　　a.《机动车注册、转移、登记/转入申请表》。

　　b. 现车主的身份证明。

　　c.《机动车登记证书》(原件)。

　　d. 机动车来历凭证(二手车销售发票注册登记联原件)。

　　e. 如果属于解除海关监管的机动车,应当提交监管海关出具的《中华人民共和国海关监管车辆解除监管证明书》。

　　f. 交回机动车号牌和《机动车行驶证》。

　　(2) 转入登记

　　① 机动车转入登记的条件

　　由于各地区对车辆环保要求执行不同的标准,如北京市执行"国Ⅴ"标准,不符合标准的,不得转籍;辽宁大连市执行"国Ⅳ"标准,对于出租、租赁车辆,化油器类轿车及相关小型客车,注册满4年货运车辆,注册满5年的其他车辆,均不允许迁入。现车主的住所属于本地车管所登记规定范围内的,满足上述条件的,允许机动车注册登记,以及接受转入登记的申请。所以,车主在将车辆转入"转入地"前,应向转入地的车辆管理部门征询该车辆是否符合转入条件。

　　② 转入登记规定

　　根据《机动车登记规定》,机动车档案转出原车辆管理所后,机动车所有人必须在90日内携带车辆及档案资料到住所地车辆管理所申请机动车转入登记。

　　③ 转入登记程序

　　领取档案→现车主提出申请,填写《机动车注册、转移、登记/转入申请表》→交验车辆→交警登记审核→出具受理凭证→交费→拍号或自选号、邮寄证件。

　　交费:照相、拓号、新牌照和邮寄费用。

　　④ 转出登记需要的资料

　　a. 机动车注册、转移、登记/转入申请表。

　　b. 现车主的身份证明。

　　c.《机动车登记证书》。

　　d. 机动车密封档案(原封条无断裂、破损)。

　　e. 交强险保单。

　　f. 海关监管的机动车,还应当提交监管海关出具的《中华人民共和国海关监管车辆进(出)境领(销)牌照通知书》。

　　(三) 办理其他税、证变更

　　二手车交易中,买方在变更车辆产权之后还需要进行车辆购置税、保险合同等文件的变更。各地在变更时对文件的要求不同,可以先到规定办理的单位窗口咨询。

　　1. 车辆购置税的变更

　　车辆购置税的征收部门是车辆登记注册地的主管税务机关,办理变更时,需填写《车辆变动情况登记表》,见表6-3所示。

表 6-3 车辆变动情况登记表

填表日期：年　月　日

车主名称			邮政编码		
联系电话			地址		
完税证明号码					
车辆原牌号			车辆新牌号		
车辆变动情况					
过户	过户前车主名称				
	过户前车主身份证件及号码				
转籍	转出	车主名称			
		地址			
	转入	车主名称			
		地址			
变更	变更项目				
	发动机	车辆识别代号（车架号码）		其他	
	变更前号码	变更前号码			
	变更后号码	变更后号码			
	变更原因：				
以下由税务机关填写					
接收人：		接收时间： 年　月　日		主管税务机关（印章）：	
备注：					

填表说明：
(1) 本表由车主到车购办申请办理车辆过户、转籍、变更档案手续时填写。
(2) "完税证明号码"栏，按下列要求填写。
① 过户车辆填写过户前车购办核发的完税证明号码。
② 转籍车辆填写转出地车购办核发的完税证明号码。
③ 变更车辆填写变更前车购办核发的完税证明号码。
(3) "有效凭证号码"栏，填写车辆交易时出具的有效凭证的号码。
(4) 本表"备注"栏填写新核发的完税证明号码。
(5) 本表一式二份（一车一表），一份由车主留存，一份由车购办留存。

（1）车辆购置税同城过户业务办理

办理车辆购置税同城过户业务提供的资料（原件及复印件）：

① 新车主的身份证明。

② 二手车交易发票。

③《机动车行驶证》。

④ 车辆购置税完税证明（正本）。

办理车辆购置税同城过户业务流程：

填写《车辆变动情况登记表》→报送资料→办理过户→换领车辆购置税完税证明。

（2）车辆购置税转籍（转出）业务办理

办理转籍（转出）业务提供的资料（原件及复印件）：

① 车主身份证明。

② 车辆交易有效凭证原件（二手车交易发票）。

③ 车辆购置税完税证明（正本）。

④ 公安车管部门出具的车辆转出证明材料。

办理转籍（转出）业务流程：

填写《车辆变动情况登记表》→报送资料→领取档案资料袋。

（3）车辆购置税转籍（转入）业务办理

办理转籍（转入）业务提供资料：

① 车主身份证明。

② 本地公安车管部门核发的机动车行驶证。

③ 车辆交易有效凭证原件（二手车交易发票）。

④ 车辆购置税完税证明。

⑤ 档案转移通知书。

⑥ 转出地车辆购置税办封签的档案袋。

办理转籍（转入）业务流程：

填写《车辆变动情况登记表》→报送资料→换领车辆购置税完税证明（正本）。

2. 车辆保险合同的变更

新的保险法规定：随着车辆过户，车辆保险自动转移，即被保险人将保险标的转让他人时，推定其同时转让保险合同的权利，如果车辆过户没有增加车辆使用危险程度，保险公司不得拒绝理赔。保险业内人士提醒，车辆过户后最好进行保险过户，以防日后发生理赔纠纷。

车辆保险合同变更，是指在保险合同有效期限内，由于订立保险合同时所依据的主客观情况发生变化，双方当事人按照法定或合同规定的程序，对原保险合同的某些条款进行修改或补充的行为。

（1）办理车辆保险过户的方式

办理车辆保险过户有两种方式：

① 第1种是对保单要素进行一些批改，关键是批改被保险人与车主。

② 第2种是申请退保，即把原来那份车险退掉，终止以前的合同。这时保险公司会退还剩余的保费。之后，新车主就可以到任何一家保险公司去重新办理一份车险。

（2）车辆保险合同变更的程序

① 填写一份汽车保险过户申请书，向原投保的保险公司申请办理批改被保险人称谓或者是退保的手续。申请书上注明保险单号码、车牌号、新旧车主的姓名及过户原因，并签字或盖章，以便保险公司重新核保。

② 带保险单和已过户的机动车行驶证、原车主的身份证复印件，找保险公司的业务部门办理。

一般情况下，保险公司都会受理并出具一张变更被保险人的批单，批单上面写明了被保险人的变化情况。

一、任务目标与要求

1. 小组成员分工协作,利用所学知识点,查询相关资料,依据任务工单分析制定工作计划,并通过小组自评或互评进行检查。

2. 完成二手车交易过户,转移登记,其他税、证变更业务。

二、任务准备及实施

1. 小组接受工作任务,组长带领组内成员阅读任务工单,查阅相关资料,合理分工,制定任务计划,并检查计划有效性。

2. 准备试验场地、试验车辆、试验器材。

三、具体实施

项目	二手车交易过户		
任务	二手车交易过户	姓名	
班级		组号	日期	
任务目的	1. 了解二手车交易类型、交易程序、二手车过户转移登记程序。 2. 能够引导客户完成二手车交易,签订二手车交易合同,并办理过户转移登记手续。		
任务描述	按照学习项目安排,通过情景模拟,教师提供待鉴定评估车辆、参考资料、视频资料等教学资源,在教师指导下完成二手车交易过户这一教学任务。请各组通过情景模拟、角色扮演完成不同类型二手车的交易过户。		
任务要求	通过教师的引导、自学和查找资料等方式,按照工作过程的完整性和连贯性评估要求,逐步养成就业岗位的隐性工作方法,最终以小组协作形式完成二手车交易过户。		
资讯	1. 掌握二手车交易过户手续办理; 2. 了解二手车交易合同签订。		
决策	每6人一组,每组选出一名负责人,负责人对小组任务进行分配,组员按负责人的要求完成相关任务内容。		

序号	个人职责(任务)	负责人
1		
2		
3		
4		
5		
6		

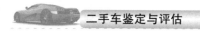

（续表）

制定计划	根据任务内容制定任务计划,并反复修改和讨论工作方案。
任务实施	各小组成员按照制定的工作计划查阅相关资料,制定二手车交易过户工作计划,完成二手车交易合同填写(合同模板见二手车交易合同范本),并实施。
检查评估	成果展示,小组自评与互评,并讨论、总结和反思学习过程中的不足,填写报告并交流。
实施考核	教师评语:(包括核查的方法、全面性、准确性等方面,并按等级制给出成绩) 记录成绩_____ 　　　教师签字:_____ 　　___年___月___日

任务三　二手车收购评估与销售定价

一、二手车收购评估（扫码见视频 6-4）

1. 二手车收购评估的思路与方法

二手车收购评估有其特定的目的,其评估的方法是在二手车鉴定评估的基础上充分考虑市场的供求关系,对评估的价格做快速变现的特殊处理。

（1）以清算价格的思想方法估算收购价格

清算价格的特点是企业(或个人)由于破产或其他原因(如急于转向投资、急还贷款等),要求在一定的期限内将车辆快速转卖变现。顾客要求快速转卖变现,因此,其收购评估大大低于二手车市场成交的同类型车辆的公平市价,一般来说也低于车辆现时状态客观存在的价格。

（2）以重置成本、现行市价折扣的思想方法估算收购价格

这种方法是先以重置成本法、现行市价法对二手车进行鉴定、估算现时的客观价格,再根据快速变现原则估定一个折扣率并以此估算出收购价格。

（3）以快速折旧的思想方法估算收购价格

机动车辆的折旧,是根据车辆的价值采用使用年限法计算折旧额,在所有折旧方法中,使用年限法是应用最广泛的方法。但使用年限法不能反映当代科学技术进步的客观要求,不能准确反映机动车辆价值损耗的客观实际,因此,推荐引用快速折旧的思想方法来估算收购价格。

2. 二手车收购价格的计算

（1）二手车收购应该注意考虑的问题

在二手车的收购评估中,应该着重考虑如下几个问题:

① 二手车收购要充分考虑车辆的完全价值,即车辆实体的产品价值和车辆牌证、税费等各项手续的价值。如果收购车辆的证件和规费凭证不全,不但会造成经济损失,而且可能造成转籍过户中意想不到的麻烦,带来许多难以解决的后续问题。

② 二手车收购要密切注视市场的微观环境,也要关注宏观环境,即注意国家宏观政策、国家和地方法规的因素变化和影响导致的车辆经济性贬值。例如,某车辆燃油消耗量较高,在实行公路养路费的环境中收购车辆不会引起足够的注意,刚刚收购后不久,国家改征燃油附加税,则这辆车因为油耗量高、附加费用高而难以销售出手,很明显,收购这辆车不能给公

司带来经济效益。

③ 二手车收购后应支出的费用。二手车收购除了支付车辆产品的货币以外,从收购到售出时限内,还要支出的费用有车船税、保险费、日常保养费、停车费、收购支出的货币利息和其他管理费等。

④ 二手车的收购要防止收购偷盗车、伪劣拼装车,要预防收购那些伪造手续凭证、伪造车辆档案的车辆。一旦有失误,不仅给公司造成直接经济损失,更严重的是造成社会的不良影响而损害公司的公众形象。

（2）二手车收购价格的确定

二手车收购价格的确定是指在被收购车辆手续齐全的前提下对车辆实体价格的确定。如果所缺失的手续能以货币支出补办,则收购价格应扣除补办手续的货币支出、时间和精力的成本支出。

① 运用重置成本法或现行市价法

对二手车进行鉴定评估,然后根据快速变现的原则,估定一个折扣率,将被收购车辆的估算价格乘以折扣率,即得二手车的收购价格。折扣率是指车辆能够当即出售的清算价格与现行市场价格之比值。它是根据经营者对市场销售情况的充分调查和了解,凭经验而估算的。用数学式表示为

$$收购价格＝评估价格×折扣率$$

② 运用综合评估法

对二手车确定重置成本,再根据折扣率计算收购价格。用数学式表示为

$$收购价格＝评估价格－（消耗成本＋维修保养费）$$

③ 运用快速折旧法

首先计算出二手车已使用年数累计折旧额,然后将重置成本全价减去累计折旧额,再减去车辆需要维修换件的总费用,即得二手车收购价格。用数学式表示为

$$收购价格＝重置成本全价－累计折旧额－维修费用$$

重置成本全价一律采用国内现行市场价格作为被收购车辆的重置成本全价。一般采用年份数求和法和余额递减折旧法两种快速折旧法求年折旧额。

3. 二手车收购评估与二手车鉴定评估的区别

二手车的收购是二手车交易市场的经营业务之一,二手车的收购评估与二手车鉴定评估的实质都是对二手车做现时价格评估,但两者相比较有明显的区别,主要表现为以下几点:

（1）二者评估的主体不同

二手车收购评估的主体是买卖当事人,它是以购买者的身份与卖方进行的价格估算与洽谈,根据供求价格规律可以讨价还价,自由定价;而二手车的鉴定评估是公正性、服务性的买卖中间人,它遵循独立的原则,通过对评估车辆的技术鉴定的全面判断来反映其客观价格,不可以随意变动。

（2）二者评估的目的不同

二手车收购评估时购买者当事人估算车辆价格,以求把握事实真相,心中有数地与卖主讨价还价,它是以经营为目的的;二手车鉴定评估是受委托人委托,为被评估对象将要发生

的经济行为提供价值依据,它是以服务为目的的。

(3) 二者评估的思想和方法不同

二手车鉴定评估,它要求严格遵守国家颁布的有关评估法规,按特定的目的选择与之相匹配的评估标准和方法,具有约束性;二手车收购评估接受国家有关评估法规的指导,根据评估目的,参照评估的标准和方法进行,具有灵活性。

(4) 二者评估的价值概念不同

虽然鉴定评估与收购评估其价位概念都具有交易价值和市场价值,但收购价格受快速变现原则的影响,其价格大大低于"市场价格"。

4. 二手车收购评估实例

例 6-1 张先生欲转让一辆一汽大众捷达 2008 款轿车,经与二手车交易公司洽谈由其收购。该车的初次登记日期为 2008 年 12 月,转让日期为 2013 年 5 月,已使用 4 年 6 个月。该型号的现行市场购置价为 8 万元,规定使用年限为 15 年,残值忽略不计,用快速折旧法计算收购价格。

解:

(1) 采用年份数求和法计算其累计折旧

根据年份数求和法公式,其计算结果见表 6-4。这里 $K_0 = 8$ 万元,$S_v = 0$,$N = 15$ 年,t 从 2008 年 12 月到 2013 年 5 月共 5 个年度。

表 6-4 用年份数求和法计算折旧额

年份	重置价格/元	递减系数	年折旧额/元	累计折旧额/元
2008 年 12 月—2009 年 11 月		15/120	10 000	10 000
2009 年 12 月—2010 年 11 月		14/120	9 333	19 333
2010 年 12 月—2011 年 11 月	80 000	13/120	8 667	28 000
2011 年 12 月—2012 年 11 月		12/120	8 000	36 000
2012 年 12 月—2013 年 11 月		11/120	7 333	43 333

由于车辆已使用 4 年 6 个月,则累计折旧额为

$$\frac{36\,000 + 43\,333}{2} = 39\,666 \text{(元)}$$

(2) 采用双倍余额递减折旧法计算其累计折旧

根据双倍余额递减折旧法计算公式,其计算结果见表 6-5。这里,折旧率按直线折旧率 $\frac{1}{N}$ 的两倍取值,即有折旧率 $= \frac{2}{N} = \frac{2}{15}$。

表 6-5 用双倍余额递减法计算累计折旧额

年份	重置价格/元	折旧率/%	年折旧额/元	累计折旧额/元
2008 年 12 月—2009 年 11 月	80 000	2/15	10 667	10 667
2009 年 12 月—2010 年 11 月	69 333	2/15	7 992	18 659

（续表）

年份	重置价格/元	折旧率/%	年折旧额/元	累计折旧额/元
2010 年 12 月—2011 年 11 月	61 341	2/15	6 128	24 787
2011 年 12 月—2012 年 11 月	55 213	2/15	4 781	29 568
2012 年 12 月—2013 年 11 月	50 432	2/15	3 785	33 352

车辆使用 4 年 6 个月，则其累计折旧额为

$$\frac{29\,568+33\,352}{2}=31\,460（元）$$

（3）其他费用

根据技术状况鉴定，左前轮行驶偏位，右前轮的轴承失效换件，需维修费 700 元，变速器漏油失效换件，需维修费 1 200 元。上述费用合计为

$$700+1\,200=1\,900\ 元$$

（4）收购评估

用年份数求和法计算收购评估价为

$$80\,000-39\,666-1\,900=38\,434（元）$$

用双倍余额递减法计算收购评估价为

$$80\,000-31\,460-1\,900=46\,640（元）$$

二、二手车翻新业务

通过对二手车的整修翻新，可以大大地提升二手车的价值和二手车贸易公司在客户中的影响。

1. 二手车整修翻新的途径

通常来说，开展二手车的整修翻新工作可以有以下几个途径：

（1）建立二手车整修翻新工厂，对所有收购来的二手车进行规模化的统一整修翻新。

（2）建立二手车整修翻新站，为需要对自己的二手车进行美容的二手车用户提供其所需的整修翻新服务。

2. 二手车翻新的基本步骤

（1）去除杂物、洗车（如图 6-2）

① 在进行车辆清洗前，应首先对车上各部位（包括发动机舱、驾驶室、后备厢）的杂物进行清理，使车上所有原配部件暴露出来，如去除发动机罩、车上座椅套、脚垫、储物盒内物品等，以便进行下一步工作；

② 为避免在车辆清洗时车上残存的灰尘与水混合形成湿泥，应对车上各部位的灰尘、污物进行彻底的清理；

③ 洗车，使车身外观的各类污浊、损伤明显表现。

图 6-2 去除杂物、洗车

（2）清洗内饰及后备厢（如图 6-3）（扫码见视频 6-5）

① 内饰存在不同的织物、皮革等材质，且有大量的缝隙和接口，因此，需要非常细心地进行清理。

② 内饰清洁应遵循由上至下、由内至外的顺序原则。

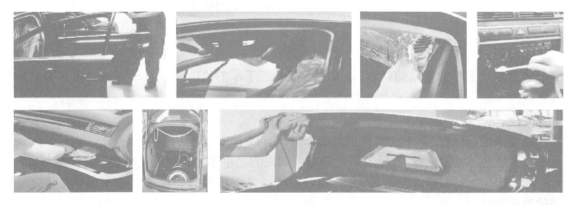

图 6-3 清洗内饰、后备厢

（3）发动机舱清洗（如图 6-4）（扫码见视频 6-6）

发动机舱清洗的清洗过程应注意车上电器设备及其他需要防水的部件。注意防止电瓶、车大灯、发动机节气门等部位进水，建议清洗前切断电瓶电路。

（4）清洗底盘及轮胎（如图 6-5）

底盘和轮胎是附着泥土、污渍较多的位置，

图 6-4 发动机舱清洗

虽不明显影响外观,但对翻新后的车辆品质也有很大影响。

图 6-5　清洗底盘及轮胎

(5)外观翻新(如图 6-6)

① 清洁后的车辆并不能完全称之为美观,一辆经过认真、专业、细致的清洗后的车辆还需要进行总体外观的翻新,以达到美观的效果;

② 外观的翻新主要是对车身漆面上的一些细微的瑕疵进行处理,给车身漆面进行整体养护,产生光亮如新的效果。

图 6-6　外观翻新　　　　　　　　　　图 6-7　收尾工作

(6)收尾检查(如图 6-7)

① 整个翻新工作结束后,车辆已经变得焕然一新,但可能还存在很多细节性的小问题,因此,要进行严格的收尾检查。

② 主要检查内容如下:内饰各接缝间是否清洁干净,是否存在清洁死角;曾拆卸的部件是否已恢复原位,是否存在安装遗漏;车身表面接缝处是否有研磨剂、抛光剂残留物质;验收工作应制定规范流程及检查用单证,以避免遗漏检查项目。

三、二手车销售定价（扫码见视频 6-7）

（一）二手车销售定价应考虑的因素

1. 成本因素

产品成本是定价的基础和最低界限，二手车的销售价格如果不能保证成本，企业的经营活动就难以维持。二手车流通企业销售定价应分析价格、需求量、成本、销量、利润之间的关系，正确地估算成本，以作为定价的依据。二手车销售定价时应考虑收购车辆的总成本费用。总成本费用由固定成本费用和变动成本费用之和构成。

（1）固定成本费用

固定成本费用是指在既定的经营目标内，不随收购车辆的变化而变动的成本费用，一般分摊在这一经营项目的固定资产的折旧、管理费等项支出。

（2）固定成本费用摊销率

固定成本费用摊销率是指单位收购价值所包含的固定成本费用，即固定成本费用与收购车辆总价值之比。如某企业根据经营目标，预计某年度收购 100 万元的车辆价值，分摊固定成本费用 1 万元，则单位固定成本费用摊销率为 1%。如花费 5 万元收购一辆捷达轿车，则应该将 500 元计入固定成本费用。

（3）变动成本费用

变动成本费用指收购车辆随收购价格和其他费用而相应变动的费用。主要包括车辆实体的价格、运输费、公路养路费、保险费、日常维护费、维修费，资金由上面成本分析可知，一辆二手车收购的总成本费用是这辆车应分摊的固定成本费用与变动成本费用之和，用数学式表达为占用的利息等。

$$二手车的总成本费用＝收购价格×固定成本费用摊销率＋变动成本费用$$

2. 供求关系

在市场经济中，产品的价格由买卖双方的相互作用来决定，以市场供求为前提，所以决定价格的基本因素有两个，即供给与需求。若供大于求，价格会下降；若供小于求，则价格会上升。这就是市场供求规律。供求关系必然会成为影响价格形成的重要因素，它是制定产品价格的一个重要前提。所以企业在定价决策时，除以产品价值为基础外，还可以自觉运用供求关系来分析和制订产品的价格。

对于二手车来说，其需求弹性较强，即二手车价格的上升（或下降）会引起需求量较大幅度地减少（增加）。因此，我们在估算二手车的销售价格时，应该把价格定得低一些，应该以薄利多销达到增加赢利、服务顾客的目的。

3. 竞争状况

在产品供不应求时，企业可以自由地选择定价方式。而在供大于求时，竞争必然随之加剧，定价方式的选择只能被动地根据市场竞争的需要来进行。为了稳定维持自己的市场份额，二手车的销售定价要考虑本地区同行业竞争对手的价格状况，根据自己的市场地位和定价的目标，选择与竞争对手相同的价格，甚至低于竞争对手的价格进行定价。

4. 国家政策法令

任何国家对物价都有适度的管理，所不同的是各个国家和地区对价格的控制程度、范围、方式等存在着一定的差异,完全放开和完全控制的情况是没有的。一般而言,国家可以通过物价部门直接对企业定价进行干预,也可以用一些财政、税收手段对企业定价实行间接影响。

(二)二手车销售定价目标

二手车销售定价的目标是指二手车流通企业通过制订价格水平,凭借价格产生的效用来达到预期目的。企业在定价以前,必须根据企业的内部和外部环境,定出既不违背国家的方针政策,又能协调企业的其他经营目标的价格。企业定价目标类型较多,二手车流通企业要根据自己树立的市场观念和市场微观、宏观环境,确立自己的销售定价目标。企业定价目标主要有两大类,即获取利润目标和占领市场目标。

1. 获取利润目标

利润是考核和分析二手车流通企业营销工作好坏的一项综合性指标,是二手车流通企业最主要的资金来源,以利润为定价目标有 3 种具体形式:预期收益、最大利润和合理利润。

（1）获取预期收益目标

预期收益目标是指二手车流通企业以预期利润（包括预交税金）为定价基点,并以利润加上商品的完全成本构成价格出售商品,从而获取预期收益的一种定价目标。

预期收益目标有长期和短期之分,大多数企业都采用长期目标。预期收益高低的确定,应当考虑商品的质量与功能、同期的银行利率、消费者对价格的反应以及企业在同类企业中的地位和在市场竞争中的实力等因素。预期收益定得过高,企业会处于市场竞争的不利地位;定得过低,又会影响企业投资的回收。一般情况下,预期收益适中,可能获得长期稳定的收益。

（2）获取最大利润目标

最大利润目标是指二手车流通企业在一定时期内综合考虑各种因素后,以总收入减去总成本的最大差额为基点,确定单位商品的价格,以取得最大利润的一种定价目标。

最大利润是企业在一定时期内可能并准备实现的最大利润总额,而不是单位商品的最高价格,最高价格不一定能获取最大利润。当企业的产品在市场上处于绝对有利地位时,往往采取这种定价目标,它能够使企业在短期内获得高额利润。最大利润一般应以长期的总利润为目标,在个别时期,甚至允许以低于成本的价格出售,以便招徕顾客。

（3）获取合理利润目标

合理利润目标是指二手车流通企业在补偿正常情况下社会平均成本的基础上,适当地加上一定量的利润作为商品价格,以获取正常情况下合理利润的一种定价目标。企业在自身力量不足、不能实行最大利润目标或预期收益目标时,往往采取这一定价目标。这种定价目标以稳定市场价格、避免不必要的竞争、获取长期利润为前提,因而商品价格适中、顾客乐于接受、政府积极鼓励。

2. 占领市场目标

以市场占有率为定价目标是一种志存高远的选择方式。市场占有率是指一定时期内某二手车流通企业的销售量占当地细分市场销售总量的份额。市场占有率高,意味着企业的竞争能力较强,说明企业对消费信息把握得较准确、充分。资料表明,企业利润与市场占有率正向相关。提高市场占有率,是增加企业利润的有效途径。

由于企业所处的市场营销环境不同,自身条件与营销目标不同,企业定价目标也大相径庭。因此,二手车流通企业应在综合考虑市场环境、自身实力及经营目标的基础上,将获取利润目标和占领市场目标结合起来,兼顾企业的眼前利益与长远利益,来确定适当的定价目标。

（三）二手车销售定价的方法

定价方法是企业为实现其定价目的所采用的具体方法。根据企业的定价目标,价格的计算方法有成本导向定价、需求导向定价和竞争导向定价三大类,每一大类中又有许多种具体方法。根据二手车销售的实际,现选择性地介绍如下:

1. 成本加成定价法

成本加成定价法是成本导向定价法大类中的一种方法,它是按照单位成本加上一定百分比的加成来制定产品的销售价格,其公式为

$$二手车销售价格＝单位完全成本×（1＋成本加成率）$$

采用成本加成法的关键在于确定成本加成率。二手车的需求弹性较大,应该把价格定得低一些,加成率宜低,由此薄利多销。我们用进货成本来衡量,其加成率＝毛利(加成)/进货成本。

单位完全成本是指一辆二手车的总成本费用,即这辆车应摊销的固定成本和变动成本之和。

2. 需求导向定价法

这种定价方法又称顾客导向定价法、市场导向定价法。它不是根据产品成本状况来定价,而是根据市场需求状况和消费者对产品的感觉差异来确定价格。其特点:产品的销售价格随需求的变动而变化。

3. 竞争导向定价法

这种定价方法是企业根据自身的竞争力,参考成本和供求情况,将价格定得高于、等于或低于竞争者价格,以实现企业定价目标和总体经营战略目标,谋求企业的生存和发展的一种方法。

在上述定价方法中,成本加成定价法深受企业界欢迎,主要有以下原因:

（1）成本的不确定性一般比需求少,将价格紧跟单位成本,可以大大简化企业定价程序,而不必根据需求情况的瞬息万变而做调整。

（2）只要行业中所有企业都采取这种定价方法,则价格在成本与加成相似的情况下也大致相似,价格竞争也会因此减至最低限度。

（3）成本加成定价法对买方和卖方来讲都比较公平。当买方需求强烈时,卖方不利用这一有利条件谋取额外利益而仍能获得公平的投资报酬。

（四）二手车销售价格确定实例

例 6－2 某 4S 店于 2013 年 4 月收购一辆大众捷达轿车,收购价格为 4.2 万元。该车的初次登记日期为 2008 年 12 月,年审检验合格至 2013 年 4 月,车辆购置税完税证明（有）。该车欲于 2013 年 10 月销售,其销售价格确定方法如下:

（1）固定成本费用摊销率的确定

根据该 4S 店的固定成本构成情况分析,分摊在二手车销售这一块的固定成本摊销率

为 1%。

（2）变动成本的确定

① 该车实体价格即为收购价格：4.2 万元。

② 收购车辆时的运输费用合计为 65 元。

③ 从收购日起至预计的销售日，分摊在该车上的日常维护费用约 400 元。

④ 该车收购后，维修翻新费用合计 3 200 元。

⑤ 车辆存放期间，银行的活期存款年利率为 0.36%。

该二手车的变动成本＝（收购价格＋运输费用＋维护费用＋维修翻新费用）×（1＋利率）＝$(42\,000+65+400+3\,200)\times(1+\frac{10-4}{12}\times0.36\%)=45\,747$（元）

该二手车的总成本费用＝收购价格×固定成本费用摊销率＋变动成本＝42 000×1%＋45 747＝46 167（元）

（3）确定销售价格

按成本加成定价法，本车型属于大众车型，市场保有量较大，且销售情况平稳。根据销售时日的市场行情，一般成本加成率在 6% 左右。因此该车的销售价格为

$$二手车销售价格＝该车总成本×（1＋成本加成率）$$
$$＝46\,167×（1＋6\%）＝48\,937（元）$$

（4）确定最终价格

① 该 4S 店目前处于比较稳定的经营时期，二手车经销状况也比较稳定，故应取获取合理利润为目标，所以成本加成率不做调整，即仍取 6%。

② 该车不准备采用折扣定价策略，而上述计算结果中有精确的尾数，即采用尾数定价策略，也不再做调整。

故该二手车的最终销售价格确定为 48 937 元。

三、二手车置换

随着汽车产业的快速发展以及人们收入的不断增加，汽车走入寻常百姓家，汽车保有量越来越多，同时人们对汽车的需求也越来越多样化，汽车置换作为汽车交易的一种方式逐渐显示出满足人们需要的优越性和调节汽车流通的重要作用。

1. 汽车置换的定义

汽车置换的定义分为狭义和广义两种。从狭义上来说，汽车置换就是以旧换新业务。经销商通过二手车的收购与新车的对等销售获取利益。目前，狭义的置换业务在世界各国都已成为流行的销售方式。而广义的汽车置换概念则是指在以旧换新业务基础上，还同时兼容二手商品整新、跟踪服务及二手商品再销售乃至折抵分期付款等项目的一系列业务组合，从而使之成为一种独立的营销方式。

2. 我国汽车置换

（1）我国汽车置换模式

从国内的交易情况来看，目前在我国进行的汽车置换有 3 种模式。

① 用本厂旧车置换新车（即以旧换新）。如厂家为"一汽大众"，车主可将旧捷达车折价

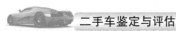

卖给一汽大众车的经销商,同时在该经销商处再买一辆新宝来或捷达。

② 用本品牌旧车置换新车。如品牌为"大众",假设某车主拥有一辆捷达,现在想买一辆帕萨特,那么他可以在任何一家"大众"的经销商处进行置换,也就是把他的捷达卖给经销商,交上差价,买到一辆帕萨特车。

③ 只要购买新车,置换的旧车不限品牌。国外基本上采用的都是这种置换方式,我国现在很多经销商也接受了这种方式。如上海通用汽车的"诚新二手车"开展的就是这种汽车置换模式,消费者可以用任何品牌的二手车置换别克品牌的新车。

④ 委托寄卖等新模式。委托寄卖主要分为:一是自行定价型,即由车主自行定价,委托商家代卖,成交后再支付佣金;二是两次付款型,即由商家先行支付部分费用,等到成交后再付余款,佣金按利润的一定比例来定;三是周期寄卖型,其方式是由商家向车主承诺交易周期,车价由双方共同确定,而佣金则以成交时间和成交金额双重标准来定。

（2）汽车置换授权经销商

汽车置换授权经销商是我国汽车置换运作的中介主体。汽车置换授权经销商的车辆置换服务将消费者淘汰旧车和购买新车的过程结合在一起,一次完成甚至一站完成卖旧车、购新车的全部业务,为车主节省了时间,提供了便利。我国汽车置换授权经销商的汽车置换服务一般具有以下特点:

① 打破车型限制。与以往的一些开展汽车置换的厂家或品牌专卖店不同,汽车置换授权经销商对所要置换的旧车以及选择购买的新车,都没有品牌及车型的限制,可以任意置换。汽车置换授权经销商采用汽车连锁超市的模式经营新车的销售,连锁超市中经营的汽车品牌众多,可以满足不同消费者的各种需求,也可根据顾客的要求,到指定的经销商处,为顾客购进指定的车辆,真正做到了无品牌限制地置换。

② 让利置换,旧车增值。汽车置换授权经销商将车辆置换作为顾客购买新车的一项增值服务,与顾客将旧车出售给二手车经纪公司不同,汽车置换授权经销商通常是以二手车交易市场二手车收购的最高价格甚至更高的价格,确定二手车价格,经双方认可后,置换二手车的钱款直接冲抵新车的价格。

汽车置换授权经销商有自己的二手车经纪公司,同时与二手车交易市场中的众多经纪公司保持联系,保证市场信息渠道的畅通,以及所置换的旧车能够有快速的销路。车况较好的旧车,汽车置换授权经销商经过整修后,补充到租赁车队中投放低端租车市场,用租赁收入弥补旧车的增值部分后,到二手车市场处置;或者发挥汽车置换授权经销商租车网络优势,在中小城市进行租赁运营。

③ "全程一对一"的置换服务。汽车置换授权经销商提供的车辆置换服务,是一种"全程一对一"的服务模式。由于汽车置换授权经销商的业务涉及汽车租赁、销售、汽车金融以及二手车经纪,因此,顾客在汽车置换授权经销商选择置换的购车方式后,从旧车定价、过户手续,到新车的贷款、购买、保险、牌照等过程都由汽车置换授权经销商公司内部的专业部门完成,保证了效率和服务水准。

④ 完善的售后服务。在汽车置换授权经销商通过置换购买的新车,汽车置换授权经销商将提供包括保险、救援、替换车、异地租车等服务在内的完善的售后服务。对于符合条件的顾客,汽车置换授权经销商还可以提供更加个性化的车辆保值回购计划,使顾客可以无需考虑再次更新时的车辆残值,安心使用车辆。

3. 汽车置换的程序

汽车置换包括旧车出售和新车购买两个环节。不同的汽车置换授权经销商对汽车置换流程的规定不尽完全一样,一汽大众二手车置换流程如图6-8所示。

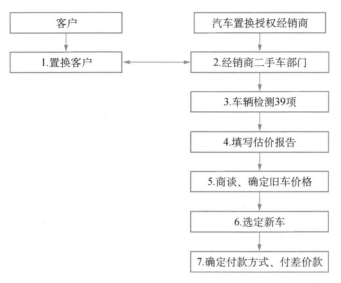

图6-8　一汽大众二手车置换流程

(1)顾客通过电话或直接到汽车置换授权经销商处进行咨询,也可以登录汽车置换授权经销商的网站进行置换登记。

(2)汽车评估定价。

(3)汽车置换授权经销商销售顾问陪同顾客选订新车。

(4)签订二手车购销协议以及置换协议。

(5)置换旧车的钱款直接冲抵新车的车款,顾客补足新车差价后,办理提车手续,或由汽车置换授权经销商的销售顾问协助在指定的经销商处提取所订车辆,汽车置换授权经销商提供一条龙服务。

(6)顾客如需贷款购新车,则置换旧车的钱款作为新车的首付款,汽车置换授权经销商为顾客办理购车贷款手续,提供汽车消费信贷所产生的资信管理服务,并建立个人资信数据库。

(7)汽车置换授权经销商办理旧车过户手续,顾客提供必要的协助和材料。

(8)汽车置换授权经销商为顾客提供全程后续服务。

一、任务目标与要求

1. 小组成员分工协作,利用所学知识点,查询相关资料,依据任务工单分析制定工作计划,并通过小组自评或互评进行检查。

2. 采用合理定价方法,确定二手车收购与销售价格。

二、任务准备及实施

1. 小组接受工作任务,组长带领组内成员阅读任务工单,查阅相关资料,合理分工,制定任务计划,并检查计划有效性。

2. 由教师为学生提供不同类型二手车几辆,车型不限,要求学生在规定时间内,综合考虑影响价格的各种因素,制定二手车收购与销售价格。

三、具体实施

项目	二手车交易过户		
任务	确定二手车收购与销售价格	姓名	
班级		组号	日期
任务目的	1. 掌握二手车销售定价方法。 2. 分别采用快速折旧法和成本加成定价法确定二手车收购和销售价格。		
任务描述	按照学习项目安排,通过情景模拟,教师提供待鉴定评估车辆、参考资料、视频资料等教学资源,在教师指导下完成二手车收购与销售价格确定这一教学任务。 　　具体任务如下:一辆大众高尔夫轿车,2013 年 4 月购买,手续证件齐全,配置:自动挡,天窗,米色内饰,电动门窗,中控锁,双气囊,行车电脑,6 碟 CD,6 声道,真皮座椅,防眩目后视镜等。 　　静态检查:围车查看此车外表漆面,可以查看全车有部分补漆的地方;查看各车门没有发生过侧面碰撞;打开发动机舱翼子板,螺钉没有松动过的痕迹;散热器框架为原车所有,说明此车没有发生过碰撞;发动机舱只能看到一层灰尘;进入驾驶室,仪表板没有被刮花的痕迹,门里板顶棚保持得很干净,没有刮花的痕迹。总体看来此车车况非常好。 动态检查:在 −10℃ 起动发动机,发动机起动顺畅,冷车高息速正常,热车后急速运转平稳,空挡急加速,发动机无异响,尾气无烧机油现象。起动挂 D 挡(车子挂挡时没有冲击感),起步加速到 60 km/h,车子在加速过程中升挡正常,在平路行驶松开转向盘,车子无跑偏现象。在非平路面行驶过减速带时底盘无异响,地面传回到车内的声音很小,整体动态检查很好。 　　现请大家根据目前车辆的技术状况,为其确定现时的收购价格和销售价格。		
任务要求	通过教师的引导、自学和查找资料等方式,按照工作过程的完整性和连贯性评估要求,逐步养成就业岗位的隐性工作方法,最终以小组协作形式完成二手车收购与销售价格的确定。		
资讯	1. 了解二手车收购与销售定价影响因素; 2. 掌握二手车收购与销售定价的方法。		
决策	每 6 人一组,每组选出一名负责人,负责人对小组任务进行分配,组员按负责人的要求完成相关任务内容。 <table><tr><td>序号</td><td>个人职责(任务)</td><td>负责人</td></tr><tr><td>1</td><td></td><td></td></tr><tr><td>2</td><td></td><td></td></tr><tr><td>3</td><td></td><td></td></tr><tr><td>4</td><td></td><td></td></tr><tr><td>5</td><td></td><td></td></tr><tr><td>6</td><td></td><td></td></tr></table>		

(续表)

制定计划	根据任务内容制定任务计划,并反复修改和讨论工作方案。
任务实施	各小组成员按照制定的工作计划查阅相关资料,制定二手车收购与销售定价工作计划,并实施。
检查评估	成果展示,小组自评与互评,并讨论、总结和反思学习过程中的不足,填写报告并交流。
实施考核	教师评语:(包括核查的方法、全面性、准确性等方面,并按等级制给出成绩) 记录成绩_____　　　　教师签字:_____　　____年____月____日

项目小结

1. 掌握鉴定评估报告书的基本内容和编写步骤。撰写鉴定评估报告应按照其基本要求实事求是地编写,填写完毕后不得随意涂改。报告的内容主要包括封面、首部、绪言、委托方与车辆所有方的简介、鉴定评估目的、鉴定评估对象、鉴定评估基准日、评估原则、评估依据、评估方法及计算过程、评估过程、评估结论、特别事项说明、评估报告法律效力、鉴定评估报告提出日期、附件、尾部。

2. 二手车交易过户介绍了二手车交易类型、交易程序和税费的变更。二手车交易类型主要包括直接交易、中介经营交易和二手车销售等类型。二手车交易程序是对该车进行验车、查手续、查违法、签订交易合同、缴纳手续费、开具二手车统一发票、手续交付。二手车进行转移登记办理,分为同城转移和异地转移两种。最后,二手车在进行买卖交易时会涉及车辆产权变更之后车辆购置税、保险合同等文件的变更。

3. 二手车收购介绍了收购评估的思路与方法、如何确定收购价格、收购评估与鉴定评估两者的区别;二手车销售定价则主要介绍了销售定价的影响因素、目标和方法。

4. 二手车置换主要介绍了二手车置换的定义,国内的置换运作模式和相关质量认证,以及二手车的置换流程。二手车置换目前在4S店里非常普遍。

课后习题

一、单项选择题

1. 下列对二手车鉴定评估报告的描述,(　　)不正确。

A. 是提交给委托方的法定性文件

B. 是二手车鉴定评估机构对二手车的作价意见

C. 是二手车鉴定评估机构履行评估合同情况的总结

D. 是二手车鉴定评估机构为其所完成的鉴定评估结论承担相应法律责任的证明文件

2. 二手车鉴定评估报告对于委托方来说的作用的描述,下列(　　)不正确。

A. 作为产权交易变动的作价依据

B. 作为法庭辩论和裁决时确认财产价格的举证材料

C. 作为统计评估业务的基础材料

D. 作为支付评估费用的依据

3. 二手车鉴定评估报告的法律效力一般为(　　)天。

A. 30　　　　　　B. 60　　　　　　C. 90　　　　　　D. 180

4. 评估报告提交给委托方的最迟时间为:确定评估基准日后(　　)天。

A. 1　　　　　　B. 3　　　　　　C. 5　　　　　　D. 7

5. 下列(　　)不属于二手车鉴定评估报告书的附件。

A. 二手车鉴定评估委托书　　　　　B. 车辆照片

C. 二手车鉴定评估师资格证书复印件　　D. 依据的法律文件

6. 现机动车所有人于住所迁出或者机动车所有权转移之日起(　　)日内,向机动车管辖地车辆管理所申请办理转出登记手续。

A. 10　　　　　　B. 20　　　　　　C. 30　　　　　　D. 60

7. 已注册登记的机动车辆的所有权发生转移,且原机动车辆所有人和现机动车辆所有人的住所在同一车辆管理所管辖区的,现机动车所有人应当于车辆所有权转移之日起(　　)日内,到机动车辆管辖地车辆管理所申请办理过户登记手续。

A. 7　　　　　　B. 10　　　　　　C. 20　　　　　　D. 30

8. 下列对车辆转入的叙述,(　　)不正确。

A. 剩余使用年限不足一年的车辆,不能转入　B. 出过严重交通事故的车辆,不能转入

C. 出租车,不能转入　　　　　　　　　D. 曾经从事过出租的车辆,不能转入

9. 二手车个人直接交易和通过二手车经纪机构进行的二手车交易,需在(　　)办理交易过户手续。

A. 公安机关交通管理部门　　　　　B. 经纪机构

C. 二手车评估机构　　　　　　　　D. 二手车交易市场

10. 下列(　　)不是承担违约责任的方式。

A. 继续履行　　　B. 保证金　　　C. 违约金　　　D. 赔偿金

11. 下列关于二手车收购价格的确定的叙述(　　)不正确。

A. 应根据其特定的目的　　　　　B. 以二手车鉴定估价为基础

C. 要充分考虑市场的供求关系　　D. 要考虑车辆的未来用途

12. 下列(　　)不是二手车销售定价的基本思路之一。

A. 收益　　　　　B. 成本　　　　　C. 需求　　　　　D. 竞争

13. 在确定销售定价时,首先考虑应用(　　)法。

A. 成本加成　　　　　　　　　B. 目标收益

C. 需求导向　　　　　　　　　D. 边际成本

14. 下列关于二手车销售阶段定价策略的叙述(　　)不正确。

A. 投入期以打开市场为主

B. 成长期以稳定市场为主

C. 成熟期以保持市场份额,利润总量最大为主

D. 衰退期以回笼资金为主

15.（　　　）不属于二手车买卖合同附件二中车辆相关凭证。

A. 机动车行驶证　　　　　　　　　　　B. 驾驶证

C. 机动车登记证书　　　　　　　　　　D. 车辆保险单

二、多项选择题

1. 下列对二手车评估报告的描述（　　　　）正确。

A. 是二手车鉴定评估机构完成对二手车作价意见

B. 是提交给委托方的公正性的报告

C. 是二手车鉴定评估机构履行评估合同情况的总结

D. 是二手车鉴定评估机构为其所完成的鉴定评估结论承担相应法律责任的证明文件

2. 二手车鉴定评估报告书对委托方的作用是（　　　　）。

A. 评估机构评估成果的体现

B. 作为产权交易变动的作价依据

C. 作为支付评估费用的依据

D. 作为法庭辩论和裁决时确认财产价格的举证材料

3. 下列（　　　　）是撰写二手车鉴定估价报告的基本要求。

A. 鉴定估价报告必须依照客观、公正、实事求是的原则

B. 鉴定估价报告要写明评估基准日,并且不得随意更改

C. 鉴定估价报告应有明确的鉴定估算价值的结果

D. 鉴定估价报告还应有齐全的附件

4. 二手车评估报告中的委托方与车辆有关简介中,应写明（　　　　）。

A. 委托方、委托方联系人的名称、联系电话及住址

B. 委托方的身份证号码

C. 车主的名称

D. 委托方要求评估的目的

5. 过户登记所需的主要证明材料有（　　　　）。

A. 现机动车辆所有人的身份证明

B. 机动车登记证书

C. 机动车行驶证、机动车来历凭证

D. 申请办理过户登记的机动车的标准照片

6. 车辆有（　　　　）之一的,不予办理过户手续。

A. 利用报废车辆的零部件拼（组）装的

B. 机动车办理了抵押登记的

C. 机动车所有人提交的资料无效的

D. 机动车所有人的住所不在车辆管理所管辖区内的

7. 有下列（　　　　）之一的,应当申请变更登记。

A. 机动车所有人更改姓名、单位名称或者身份证明号码的

B. 改变车身颜色的

C. 机动车所有人住所迁至外城市的

D. 因故损坏无法修复需要更换同型号车身或者车架的

8. 下列（　　）是二手车流通企业销售定价应考虑的因素。

A. 收购价格　　　　　　　　　　　　B. 需求量

C. 购买的对象　　　　　　　　　　　D. 利润

9. 下列关于成本加成率的描述（　　）正确。

A. 应与单位产品成本成正比

B. 和资金周转率成反比

C. 与需求价格弹性成反比

D. 需求价格弹性不变时加成率也应保持相对稳定

10. 下列（　　）是成本加成定价法的优点。

A. 对买卖双方都较为公平　　　　　　B. 可降低价格竞争程度

C. 可以实现企业的最大利润目标　　　D. 定价工作简化

三、判断题

1. 二手车鉴定评估报告书具有公证书的作用。　　　　　　　　　　　　（　　）

2. 二手车鉴定评估报告书必须有评估机构法人代表的签字。　　　　　　（　　）

3. 如果因客观原因，使评估时间延长，则应更改评估报告的评估基准日期。（　　）

4. 在选择评估目的时，可以同时选择两个。　　　　　　　　　　　　　（　　）

5. 若在二手车鉴定评估报告书有效期内，即使二手车市场价格发生变化，也不需要再做重新评估。　　　　　　　　　　　　　　　　　　　　　　　　　　　（　　）

6. 二手车评估的行为依据就是评估委托书。　　　　　　　　　　　　　（　　）

7. 办理机动车过户手续时，原车主与新车主必须在同一个车管所辖区。　（　　）

8. 交易后的二手车，必须先办理过户手续后，方可办理机动车登记证书。（　　）

9. 如果二手车交易成功后，没有办理保险批改手续，则原保险的受益人为原车主。

（　　）

10. 如果两个人之间私下达成二手车买卖，则没必要开具二手车交易发票。（　　）

11. 机动车或者机动车档案被人民法院、人民检察院、行政执法部门依法查封扣押的车辆不能办理过户。　　　　　　　　　　　　　　　　　　　　　　　　　　（　　）

12. 机动车变更时，需交回原机动车行驶证，领取重新核发的机动车行驶证。（　　）

13. 机动车所有权转移日，是指重新办理了机动车登记的日期。　　　　　（　　）

14. 合同当事人违反合同的，无论这种违约是否已经给对方当事人造成财产损失，都要依照法律规定或合同约定，承担相应的违约责任。　　　　　　　　　　　　　（　　）

15. 办理机动车转出登记时，应交回"机动车登记证书"、机动车号牌和"机动车行驶证"。　　　　　　　　　　　　　　　　　　　　　　　　　　　　　　　　（　　）

16. 提高二手车的收购价格，就意味着将来销售利润的减少。　　　　　　（　　）

17. 二手车鉴定评估的价格，其实就是二手车的收购价。　　　　　　　　（　　）

18. 如果从竞争状况考虑，二手车销售定价时，应选择与竞争对手相同的价格，甚至低

于竞争对手的价格进行定价。 （　　）

19. 二手车销售定价是受国家相关法律制约的。 （　　）

20. 由于二手车的需求价格弹性小,因此,提高价格可能会增加企业利润。 （　　）

四、简述题

1. 说明二手车鉴定评估报告书的作用。

2. 什么情况下不能办理过户手续?

3. 请简要说明二手车直接交易的一般程序。

4. 二手车交易完成后,卖方应向买方交付哪些手续?

5. 二手车销售定价的方法有哪些?

6. 影响二手车收购价格的因素有哪些?

参考文献

[1] 郭志军. 二手车鉴定与评估[M]. 北京:北京理工大学出版社,2013.

[2] 田春霞. 二手车鉴定评估与交易[M]. 北京:机械工业出版社,2017.

[3] 吴兴敏,吴志强. 二手车鉴定与评估[M]. 第2版. 北京:人民邮电出版社,2014.

[4] 邓璘,张俊峰. 二手车鉴定评估与交易[M]. 北京:机械工业出版社,2015.

[5] 明光星. 二手车鉴定评估实用教程[M]. 北京:机械工业出版社,2014.

[6] 黄旭,何晶. 二手车鉴定与评估[M]. 北京:北京邮电大学出版社,2014.

[7] 黄费智. 汽车评估与鉴定[M]. 北京:机械工业出版社,2011.

[8] 赵培全,周稼铭. 二手车鉴定・评估・交易全程通[M]. 北京:化学工业出版社,2016.

[9] 候士元,都萌,等. 二手车鉴定评估与交易[EB/OL]. [2013]. http://218.75.206.106/hn_lms/?q=node/72013.